权威解读

中华人民共和国深海海底区域资源勘探开发法解读

主　编：陆　浩（全国人大环境与资源保护委员会主任委员）

副主编：孙书贤（国家海洋局副局长）

　　　　翟　勇（全国人大环境与资源保护委员会法案室主任）

　　　　刘　峰（中国大洋矿产资源研究开发协会秘书长）

　　　　金建才（中国大洋矿产资源研究开发协会原秘书长）

撰稿人：（以姓氏笔画为序）

　　　　丁　敏　　王凤春　　王秀梅　　付　莎

　　　　李汉玉　　吴　慧　　何宗玉　　宋　芳

　　　　张国斌　　林　丹　　林景高　　金建才

　　　　宗兆霞　　胡学东　　姬英凡　　翟　勇

　　　　薛柱芳　　穆治霖

中国法制出版社

CHINA LEGAL PUBLISHING HOUSE

序　言

近年来，特别是党的十八大以来，党中央、国务院高度重视深海大洋事业发展，把深海确定为四大"战略新疆域"之一。习近平总书记对我国深海大洋事业发展作出了一系列全面而精辟的论述。2016年全国科技大会上首次提出中国深海战略"三部曲"，即"深海进入"、"深海探测"和"深海开发"。习近平总书记的这一重要战略思想为我国从深海活动大国转变为深海强国指明了前进方向。

《中华人民共和国深海海底区域资源勘探开发法》（以下简称深海海底区域资源勘探开发法）于2016年2月26日由第十二届全国人民代表大会常务委员会第十九次会议通过，于2016年5月1日起施行。

深海海底区域资源勘探开发法的制定，以党的十八大和十八届三中、四中、五中全会关于生态文明建设、依法治国和五大发展理念，以及提高海洋资源开发能力，保护海洋环境，发展海洋经济，坚决维护国家海洋权益，建设海洋强国的精神为指导，履行我国作为1994年生效的《联合国海洋法公约》（以下简称《公约》）缔约国的国际义务，保证我国在深海海底区域资源勘探、开发活动中有法可依。法律由七章二十九条组成，分别为第一章总则，第二章勘探、开发，第三章环境保护，第四章科学技术研究与资源调查，第五章监督检查，第六章法律责任，第七章附则。第一章总则统领整部法律，是关于本法立法目的，适用范围，基本行为原则，管理体制，国家政策等内容的规定。第七章附则规定了本法中的术语、涉税事项和实施日期。第二章到第六章分别从不同方面规范深海海底区域资源勘探、开发活动。其中，第二章勘探、开发是本法的核心规范内容，规定了进行深海海底区域资源勘探、开发活动所必须遵行的申请、受理、审查、许可、备案、通报等程序，承包者权利与义务。第三章环境保护的规定既是体现和履行我国的国际责任和承诺，维护人类共同利益的重要组成部分，也是对由我国担保从事深海海底区域资源勘探、开发活动的承包者施加的义务。第四章科学技术研究与资源调查的规定体现了本法推进科学技术研究和资源调查的重要目的，是就国家支持深海科学技术研究、深海公共平台建设和运行，鼓励开展深海科学普及活动，以及对深海海底区域资源调查及勘探、开发活动取得的资料和实物样本汇交与利用做出的专门规定。第五章监督检查和第六章法律责任是保证本法效力的重要内容，也是落实国际法相关要求，管控由我国担保的深海活动主体从事深海海底区域资源勘探、开发活动的重要体现。

2

这部法律主要协调我国政府，从事深海海底区域资源勘探、开发活动的公民、法人或者其他组织和国际海底管理局三者之间的关系。首先，我国政府规范管理我国公民、法人或者其他组织从事深海海底区域资源勘探、开发活动，对从事深海海底区域资源勘探、开发活动的主体实行行政许可并对这些活动进行监管；与此同时，国家保护从事深海海底区域资源调查、勘探、开发活动主体的正当权益，并采取经济、技术政策和措施鼓励深海科学技术研究和资源调查，提升深海海底区域资源勘探、开发和环境保护的能力。第二，作为深海海底区域（《公约》定义的"区域"）法律制度的执行者，"区域"活动的管理者和监管者，国际海底管理局代表全人类行使对"区域"内资源的一切权利。而作为《公约》缔约国，我国有责任确保由我国担保从事深海海底区域资源勘探、开发活动的主体依照《公约》和国际海底管理局的相关规定与要求，开展深海海底区域资源勘探、开发活动，并有义务协助国际海底管理局开展相关工作。第三，我国申请深海海底区域资源勘探、开发活动的主体获得国务院海洋主管部门的许可只是一个前置条件，并不意味着可以直接从事深海海底区域资源勘探、开发活动，还需要向国际海底管理局申请、获得其核准并签订合同成为深海海底区域资源勘探、开发活动的承包者后，方可依据合同授权和规定从事深海海底区域资源勘探、开发活动。

本法贯穿了我国政府对深海海底区域资源勘探、开发活动"管控好、保障好、准备好"的重要立法思想。"管控好"是指从对进行深海海底区域资源勘探、开发活动的申请审查到活动过程中的监督检查，再到法律责任的明确与追溯，对深海海底区域资源勘探、开发活动全过程进行严格管控；"保障好"是指对于由我国担保从事深海海底区域资源勘探、开发活动的我国公民、法人或者其他组织，维护其正当权益，保障其人身、财产等安全；"准备好"是指我国制定有关深海海底区域资源勘探、开发规划，并采取经济、技术政策和措施，鼓励深海科学技术研究和资源调查，提升资源勘探、开发和海洋环境保护的技术装备能力，为从事深海海底区域资源勘探、开发活动和保护海洋环境奠定良好的基础。

本法的逻辑结构，是以法律名称为整部法律规范做出定位，体现本法的核心规范目标和内容；立法目的进一步细化法律名称，又与适用范围和分则、法律责任、附则形成严密的逻辑关系，从而构成本部法律的规范体系。其中分则作为核心规范内容，在立法目的和法律适用范围的基础上构筑诸章内容，通过运用禁止性、限制性、义务性和权利性规定明确基本权利义务关系，并对监管部门的职权与责任等做出细化。最终通过法律责任部分的强制性规范内容予以保障。

为了配合对深海海底区域资源勘探开发法的学习和宣传，全国人大环资委、国家海洋局共同编写了这本《中华人民共和国深海海底区域资源勘探开发法解读》。本书由全国人大环境与资源保护委员会主任委员陆浩担任主编，国家海洋局副局长孙书贤、全国人大环境与资源保护委员会法案室主任翟勇、中国大洋协会秘书长刘峰、中国大洋协会原秘书长金建才担任副主编，全国人大环境与资源保护委员会法案室、全国人大常委会法制工作委员会办公室、中国大洋矿产资源研究开发协会办公室的同志集体撰稿。上海交通大学极地与深海发展战略研究中心的薛桂芳、张国斌承担了《中华人民共和国深海海底区域资源勘探开发法解读》前期研究、编写等大量基础工作。贾宇、吴慧、吴继陆、张丹、张梓太等在法律起草过程中承担了专项课题研究工作，为本书的出版提供了技术支持。刘洋、李淋琳、李裕伟、刘宁武、许学伟、卓晓军等对本书提出了很好的建议。本书力求准确、详尽、通俗地解释每一条内容，以帮助广大读者更好地学习和理解法律的规定。因时间和水平有限，书中如有不妥和疏漏之处，敬请批评指正。

目　　录

第一章 总 则

　　总则统领整部法律，共六条内容，分别规定了本法的立法目的、适用范围、基本行为原则、管理体制和相关的国家政策等。

　　本章明确本法所称深海海底区域是指我国和其他国家管辖范围以外的海床、洋底及其底土，这一区域即《公约》所指的"区域"。"区域"及其资源是人类共同继承财产，由国际海底管理局代表全人类履行组织、控制"区域"内活动、特别是管理"区域"资源的职能。任何国家、组织或者自然人、法人不得将深海海底区域及其资源的任何部分据为己有。依据《公约》和相关法律文件，深海海底区域形成了一套有别于主权国家的独特国际法律制度。深海海底区域资源勘探、开发活动不仅要考虑我国国内法律体系，还要考虑相关国际法律。鉴于此，本法的立法目的和基本原则既体现了维护我国国家利益，也体现了对人类共同利益的考量。本法充分顾及深海海底区域资源勘探、开发活动所具有的国际性、高风险性、高技术性和整体性，对我国深海海底区域活动实行归口管理，由国务院海洋主管部门负责对深海海底区域资源勘探、开发和资源调查活动的监督管理；国务院其他有关部门按照国务院规定的相应职责负责相关管理工作。本章还规定了国家制定深海海底区域资源勘探、开发规划，采取相应的政策措施，鼓励深海科学技术研究和资源调查，并鼓励和支持在深海海底区域资源勘探、开发和相关方面开展国际合作。

第一条 为了规范深海海底区域资源勘探、开发活动，推进深海科学技术研究、资源调查，保护海洋环境，促进深海海底区域资源可持续利用，维护人类共同利益，制定本法。

☛ **条文主旨**

本条是关于本法立法目的的规定。立法目的是成文法的首要内容，一般规定在法律的第一条中。它既表明一部法律的核心规范目的，也体现法律的核心规范内容。立法目的既与法律名称紧密关联，又与适用范围和分则、法律责任（即罚则）、附则形成严密的逻辑关系。从法律名称到立法目的、到适用范围，再到分则，对法律内容持续延伸展开规范，通过法律责任部分的相关强制性规范的内容予

2

以保障，从而构成一部法律严谨的规范系统，形成严密的法律逻辑结构体系。

📢 立法背景

一、深海海底区域国际法律制度的建立

1945 年第二次世界大战后，国际海洋法的编纂成为国际社会最优先处理的事项之一。第一次联合国海洋法会议于 1958 年召开，根据国际法委员会草拟的领海与毗连区、公海、渔业和大陆架草案条款，形成并通过了国际海洋法的四个公约。第二次联合国海洋法会议于 1960 年召开，但未达成任何协议。第三次联合国海洋法会议源于 20 世纪 60 年代末"区域"及其资源法律地位问题的提出，于 1973 年至 1982 年召开。参加会议的成员共计 168 个国家或组织，是联合国召开的时间最长、规模最大的国际立法会议之一。1982 年，会议通过了《联合国海洋法公约》，这是迄今最为全面和综合的管理海洋的国际公约，它包括了国家管辖范围的领海、毗连区、专属经济区、大陆架以及国家管辖范围之外的公海和"区域"等内容。然而至 20 世纪 80 年代末，在世界政治格局发生重大变化，国际金属市场前景未卜的形势下，以美国为首的西方国家强化了对《公约》海底部分重开谈判的立场，从而不仅使《公约》确立的海底制度面临严重挑战，而且直接关系到《公约》

3

的普遍性与完整性问题。为此，从 1990 年 7 月至 1994 年 6 月，两任联合国秘书长先后主持召开了 15 次海底问题的非正式磋商会议，经过各利益集团的反复磋商与讨价还价，达成了《关于执行 1982 年 12 月 10 日〈联合国海洋法公约〉第十一部分的协定》（以下简称《执行协定》），从而为《公约》被普遍接受和确保《公约》的完整性铺平了道路。

深海海底区域国际法律制度主要由《公约》第十一部分"区域"及其附件三"探矿、勘探和开发的基本条件"和附件四"企业部章程"以及《执行协定》构成。《公约》第一条第一款第一项开宗明义的定义"区域"是指国家管辖范围以外的海床和洋底及其底土，即本法所称的深海海底区域。《公约》规定了支配"区域"的人类共同继承财产原则；"区域"内资源勘探、开发制度；"区域"内资源开发的政策；探矿、勘探和开发的基本条件；国际海底管理局组成和职能；企业部；以及海底争端解决等内容。《执行协定》对《公约》第十一部分关于国际海底管理局各机构的决策程序、企业部职能和运作方式、深海采矿的生产政策、财政条款等规定作了重大调整与补充，与《公约》第十一部分共同作为单一文书解释和适用，构成规范深海海底区域活动的国际法律基础。

我国自 1971 年恢复在联合国合法席位之后，即成为联合国海底委员会成员参加相关活动。自 1973 年联合国第三次海洋法会议召开以来，我国一直派遣政府代表团参加历次会议，在会议上发挥了应有的作用。1982 年《公约》通过后，我国自始至终参加了联合国国际海底管理局和国际海洋法法庭筹备委员会和联合国秘书长主持的深海海底问题非正式磋商会，为《公约》生效和建立公平公正的深海海底区域制度、筹备建立国际海底管理局和维护我国的正当权益开展了大量的工作。1994 年 11 月 16 日，《公约》生效，同日国际海底管理局宣告成立。1996 年 5 月 15 日，我国第八届全国人民代表大会常务委员会第十九次会议决定批准《公约》。《公约》不仅对我国施加缔约国的义务，也成为我国海洋法律规范体系的基础之一，《公约》相关内容也转化成为我国法律体系的组成部分。

二、我国深海海底区域立法必要性和紧迫性

随着我国经济社会的快速发展，实施海洋强国战略，走向深海大洋是我国的必然选择。我国在深海海底区域资源勘探和开发研究方面经过多年努力与积累已经形成实质性的利益，海洋强国战略需要走向深海，急需深海立法保驾护航，法律缺失不利于维护我国深海利益，也制约我国在深海国际事务中发挥应有的作用。同时，国际法上的权利、义务需要通过国内立法加以落实、具体化。作为《公约》缔约国，我国在保障所担保的我国公民、法人或者其

他组织行使深海海底区域资源调查、勘探、开发和相关活动的相应权利、特别是保障承包者合法权益的同时，也应履行相应的国际义务，管控好深海海底区域资源勘探、开发活动。进行相关立法，依法规范深海海底资源勘探、开发活动的任务由此提上了工作日程。

《公约》要求缔约国确保其国有企业、或者具有其国籍或者由其本身或其国民有效控制的自然人或者法人依照《公约》开展"区域"内活动，并对此活动提供担保。担保国对承包者因没有履行《公约》规定的义务而造成的损害负有赔偿责任，但如果担保国已经制定法律和规章，并采取行政措施有效管控其担保的承包者在"区域"内的活动，则担保国应当无损害赔偿责任。到目前为止，从事深海海底区域资源勘探、开发活动的主要发达国家和部分发展中国家已经制定或者正在制定深海海底区域资源勘探、开发的相关法律。我国是从事深海海底区域资源勘探、开发研究活动的主要国家之一，通过国家立法有效管控我国担保的承包者在深海海底区域的资源勘探、开发活动和与此相关的环境保护等活动，既是我国行使主权国家的应有权利、履行国际义务，也做到履行国际义务与免除国家赔偿责任相一致。立法有利于对深海海底区域资源勘探、开发活动的合理管控，促进其向科学、合理、安全和有序的方面发展。与此同时，我国的深海科学技术研究水平和深海资源勘探、开发能力建设与发达国家相比，仍存在较大差距，立法有利于推进深海科研水平和资源勘探、开发及环境保护能力的提升，促进我国深海事业的健康发展。深海立法既是深海创新实践的法制体现，也为我国深海事业的健康发展奠定坚实的法律基础。我国作为《公约》缔约国和"区域"活动的担保国，完成国内立法是十分必要的。

从世界相关国家立法的情况和我国在深海活动取得的进展来看，我国制定本部法律相对滞后。所谓滞后，一是反映在时间上，与最早立法的美国相比，晚了三十多年；二是从已经立法的国家数量和类型上看，在我国本部法律制定之前，已经有 14 个国家制定了相关法律，这些国家分别是：美国（1980 年）《深海海底硬矿物资源法》、法国（1980 年）《海底资源勘探和开发法》、英国（1981 年）《深海采矿法（临时条款）》、日本（1982 年）《深海海底采矿暂行措施》、苏联（1982 年）《苏联关于调整苏联企业勘探和开发矿物资源的暂行措施的法令》、澳大利亚（1994 年）《联邦离岸资源法》、俄罗斯（1995 年）《联邦大陆架法》、俄罗斯（1998 年）《联邦专属经济区法》、捷克（2000 年）《国家管辖外海洋矿产资源勘察、勘探和开发法》、库克群岛（2009 年）《海底矿产资源法》、德国（2010 年）《海底开采法》、斐济（2013 年）《国际海底资源管理法》、英国（2014 年）《深海采矿法》、汤加（2014 年）《海底矿产资源法》、比利时（2014 年）《深海海底区域资源调查勘探和开发法》、新加坡（2015 年）《深海海底开采法》。此外，新西兰于 1964 年制定大陆架法，对深海海底资源勘探开发行为做出了规范。在上述这些国家的立法中，英国 2014 年的《深海采矿法》对 1981 年《深海采矿法（临时条款)》进行了修改，与《公约》的要求相一致。韩国、印度等国先于我国启动立法工作，但至今仍在抓紧制定本国的相关法律之中。这些国家大多是当今世界发达国家和海洋强国，或者是高度重视海洋，重视深海资源利用和海洋环境保护的国家。

三、我国深海海底区域立法基础

我国深海立法具有较好的基础。

首先，党中央的战略抉择，全国人大常委会、国务院的高度重视。党的十八大报告提出了提升海洋资源开发能力，发展海洋经济，保护海洋环境，建设海洋强国的战略思想，习近平总书记就有关深海大洋工作多次作出重要批示。从自然地理环境看，我国既是一个陆地大国，同时也是一个海洋大国，拥有 300 万平方公里的管辖海域。随着我国综合国力的提升和"走出去"战略的加大实施，近年来，我国对海洋工作日益重视。习近平总书记提出实施海洋发展战略的思想，使我国的海洋意识和海洋工作发生了重大转变，深海大洋工作在原有基础上也不断取得进展。

与此同时，全国人大代表连续多年提出有关制定深海大洋资源勘探开发法律的议案。全国人大常委会高度重视深海立法工作，于2013年9月将深海海底区域资源勘探开发法列入《十二届全国人大常委会立法规划》，交由全国人大环境与资源保护委员会牵头起草和提请审议。

其次，深海立法具有较好的国内法基础。本法出台之前，我国的国内法中已有与深海海底区域资源勘探、开发活动相关的法律规定，其中包括《中华人民共和国海洋环境保护法》《中华人民共和国环境影响评价法》《中华人民共和国海域使用管理法》《中华人民共和国矿产资源法》《中华人民共和国海上交通安全法》《中华人民共和国国家安全法》等的相关规定；一些行政法规，诸如《中华人民共和国矿产资源法实施细则》《矿产资源开采登记管理办法》《中华人民共和国海洋石油勘探开发环境保护管理条例》《中华人民共和国海洋倾废管理条例》《防治船舶污染海洋环境管理条例》《防治海洋工程建设项目污染损害海洋环境管理条例》等的相关规定；一些规章，诸如《矿产资源规划编制实施办法》《海洋石油安全生产规定》《中华人民共和国船舶污染海洋环境应急防备和应急处置管理规定》《矿产资源开采登记有关规定》《海洋标准化管理规定》等的相关规定。此外，在大洋样品资料管理方面，中国大洋矿产资源研究开发协会（以下简称中国大洋协会）制定了

《大洋样品管理条例》《大洋样品管理细则》《大洋资料管理规定》等规范性文件，直接针对深海海底区域资源调查、勘探和开发研究活动。近年来，我国有关环境资源开发、利用、保护和管理的立法有了长足的进展，环境资源法律框架体系已经基本形成。深海海底区域资源勘探、开发活动既涉及资源勘探、开发，又涉及对深海资源的合理利用和对海洋环境的保护。上述法律法规从不同角度规范我国公民在我国领土或者管辖海域内的资源开发、利用以及保护问题。虽然这些活动不涉及我国管辖范围以外的海域，但是我国政府坚持规范的一致性，使得这些国内法为我国制定、实施深海海底区域资源勘探开发法奠定了良好的基础。

再次，深海实践及其形成的利益维护和拓展提出了立法的强烈需求，并为立法奠定了物质基础。

1. 获批深海勘探矿区，深度参与深海活动。1991 年，中国大洋协会申请深海海底多金属结核资源矿区获得联合国国际海底管理局和国际海洋法法庭筹备委员会批准，在联合国登记注册为"区域"活动先驱投资者，时任联合国秘书长德奎利亚尔签署了登记证书。以申请矿区为契机，我国开始系统部署和开展深海海底区域调查和研究活动，我国几代大洋科考工作者肩负着祖国和人民的重托，不畏艰险、开拓进取。截至目前，我国获得了深海海底区域三种主要矿产资源的 4 块勘探合同矿区。我国作为拥有 13 亿人口的发展中国家，积极开展深海海底区域资源勘探、开发活动，既有权享用"人类共同继承财产"的相应份额，也有义务保护深海环境和海洋生态系统，需要立法管控我国公民、法人和其他组织在深海海底区域的资源勘探、开发行为，并保护其正当权益。

2. 持续开展深海勘查，进军深海奠定基础。深海航次调查是开展深海海底区域工作的基础。中国大洋协会成立以来，已先后组织开展了40多个航次，对深海海底多金属结核、多金属硫化物和富钴结壳资源、深海环境和生物多样性等开展了调查，调查区域遍及太平洋、印度洋和大西洋，"多种资源、多个海域、多船作业"的海上调查格局逐步形成并不断巩固。在以寻找新的可开发资源，推动地球科学和深海高新技术发展的目标导向下，我国深海航次为深海海底矿区申请、深海科学探索与研究、深海高新技术和装备研发等奠定了坚实的基础，深海活动能力和航次影响力不断提升和显现。目前除我国已获批的4块深海海底勘探合同区外，以深海调查资料为基础提交的70多个国际海底地名命名提案已经国际海底地名分委会审议通过，传承中华文明的海底地理实体命名已遍及三大洋。

3. 大力发展深海技术，为挺进深海提供保障。由我国自主设计、集成创新、具有自主知识产权的载人潜水器"蛟龙"号于2012年6月成功完成7000米级海试，标志着我国在深海海底区域资源勘探、开发的设备研发工作中取得了重大进展。目前，我国深海装备渐成体系，初步具备了6000米深海探测作业能力：以"蛟龙"号载人潜水器、"海龙""海马"号缆控潜水器和"潜龙"号自主潜水器为代表的水下运载装备系列成为深海海底区域资源和环境调查中的重要手段；电磁法拖曳系统、中深钻、6000米声拖系统和4500米级深海资源自主勘查系统等我国自主研制的深海装备在深海航次中得到充分应用，为我国开展深海调查、评价与研究，履行国际义务提供了有力保障。经过多年努力，我国在发展勘查深海海底资源、保护深海环境的技术装备等方面实现重大进展，在深海耐压舱、深海浮力材料、深海推进器、深海液压控制、深海通信与定位技术、深海机械手等方面均取得了突破。深海装备技术水平的提升带动了我国相关领域的技术发展，为我国进军深海和保障深海法律出台后的有效实施提供了坚实的基础。

4. 适时建立深海产业，产业基础初步成型。随着我国综合国力的提升，海洋新兴产业快速发展，沿海各地形成了规模不等、类型多样的海洋产业集群。深海技术装备国产化率不断提高，企业与地方参与深海资源勘探开发的步伐加快，"十二五"期间中国五矿集团申请获得深海海底矿区的勘探权，相关企业通过资产并购与合同承接，与国际深海矿业财团开展了务实合作。在此基础上，国家"十三五"相关规划提出以推进深海产业发展为方向，积极引导企业参与深海资源勘探开发，加快深海技术装备研发成果转化步伐，发展深海装备制造业，积极培育深海矿业，努力提高着眼深海资源开发的产业化水平。本法在规范企业从事深海海底区域资源勘探、开发活动的同时，通过国家鼓励相关产业合作和支持企业开展深海科学技术研究和技术装备研发，切合我国适时建立深海产业的需求，为引导企业作为深海资源开发中的主体地位提供了制度上的保障。

● 条文解读

一、关于规范深海海底区域资源勘探、开发活动

深海海底区域活动具有国际性、整体性、前瞻性。首先，从国际性看，深海海底区域资源勘探、开发活动的对象与客体位于国家管辖海域之外，针对这些对象或者客体的活动须遵循以"人类共同继承财产"原则为基础的国际海底制度，服从国际海底管理机构的管理。其次，从整体性看，深海海底区域活动按其阶段为资源调查、勘探、开发，前一阶段的活动为后一阶段作准备，构成深海海底区域活动的持续性、系统性。其中，资源调查不受国际公约限制，不是本法规范限制的活动，是勘探、开发必要的准备活动。而深海海底区域资源勘探、开发活动过程涉及对海洋环境和生物多样性的保护、国际法律与事务、海底与

地球科学前沿领域、新技术装备研发与试验、深海产业培育与发展以及对其他合法行使海洋权利的影响等诸多事务。最后，从前瞻性看，深海海底区域资源勘探、开发活动发展空间巨大，涉及人类对海底新认识、资源新发现、装备新发展以及深海战略性新兴产业的形成与发展，并影响深海海底制度的发展及海洋新秩序的建立与完善，需要提前对此作出判断，并准备相应的应对措施。

随着人类对深海海底区域资源认识的不断提高和深海科技、装备水平的提升，人类对深海海底区域资源勘探、开发活动的兴趣与日俱增，进入深海领域的主体逐渐增多，商业主体从事深海海底区域资源勘探、开发活动的趋势日益明显。就我国情况看，在中国大洋协会获得深海海底区域三块勘探合同矿区之后，中国五矿集团公司成功获批深海海底勘探合同矿区。可预见的是，与我国综合国力的稳步提升和"走出去"战略的加大实施相适应，随着深海海底区域资源商业开发时机的到来，我国将会有更多主体以不同形式参与深海海底区域资源勘探、开发活动和相关的环境保护、科学技术研究和资源调查等活动。亟需国家出台相关法律对深海海底区域资源勘探开发及相关活动进行规范管理，包括明确深海海底区域资源勘探、开发主体的法律资格、准入条件，以及对我国相关主体与国际海底管理局签订合同成为承包者后的勘探开发活动进行有效管控。

14

本法将规范深海海底区域资源勘探、开发活动列为立法的首要目的，体现了规范深海海底区域资源勘探、开发活动是本法的核心规范内容。本法以专章的形式在第二章对勘探、开发申请者申请许可的程序，勘探、开发活动主体承包者的权利和义务，勘探、开发活动期间发生或者可能发生严重损害海洋环境等事故时的应急处置等作出了明确规定；在第五章对国务院海洋主管部门监督管理承包者的活动作出了明确规定。在第三章、第四章对与勘探、开发活动相关的海洋环境保护，科学技术研究与资源调查活动的规范管理分别作出了规定；在第六章明确了主要针对深海海底区域资源勘探、开发申请者和承包者的法律责任。从对勘探、开发活动本身事前审查、事中监管、事后追责的全过程管控，以及规范管理与勘探、开发活动相关的环境保护，科学技术研究与资源调查，体现了本法"管控好"的重要立法思想。

二、关于推进深海科学技术研究、资源调查

深海科学技术研究和资源调查是开展深海海底区域资源勘探、开发活动的基础和前提，是深海海底区域活动主体取得资源专属勘探、开发权的基础，也是提高对深海海底认知能力、有效保护海洋环境的基础性工作。推进深海科学技术研究至关重要，没有坚实的科学基础和先进的技术装备能力，就难以可持续利用深海资源和真正保护海洋

环境，也难以履行应尽的国际法律义务，实现可持续利用人类共同继承财产的目标与愿望。

我国从 20 世纪 70 年代末起就积极推进深海科学考察和科学技术研究，为 1991 年在联合国登记成为深海海底区域活动先驱投资者奠定了基础。1990 年国务院决策设立国家大洋专项以来，按照"持续开展深海勘查、大力发展深海技术、适时建立深海产业"的工作方针，我国在深海海底区域资源调查与科学技术发展方面取得了积极进展，为全面走向深海奠定了坚实的基础。但从历史发展角度，我国对深海的科学认知水平与能力仍处在起步阶段，与西方发达国家相比，我国在深海基础科学研究、技术装备发展和资源调查的效率与效益仍存在着较大的差距。推进深海科学技术研究、资源调查，是我国作为深海活动大国，提升深海海底资源勘探、开发和海洋环境保护能力的基础；也是实施海洋强国战略，提升我国海洋整体科学技术水平的重要步骤。

推进深海科学技术研究也为国际法所重视。《公约》规定，国际海底管理局应当促进和鼓励在"区域"内进行海洋科学研究，并应协调和传播海洋科学研究成果；缔约国可在"区域"内进行海洋科学研究，并以适当方式促进"区域"内海洋科学研究方面的国际合作。

本法将推进深海科学技术研究、资源调查列为立法的重要目的，并在本章第四条和第四章对实现这一立法目的作了明确规定。包括国家制定规划，采取经济、技术政策和措施，鼓励深海科学技术研究和资源调查；国家支持深海科学技术研究和专业人才培养，将深海科学技术列入科学技术发展的优先领域，鼓励与相关产业的合作研究；国家支持深海公共平台的建设和运行，鼓励开展深海科学普及工作；国家规范管理深海活动取得的资料、实物样本等，体现了本法"准备好"的重要立法思想。

三、关于保护海洋环境

海洋是自然生态系统的重要组成部分，也作为整体环境保护工作的组成部分，加强对海洋环境的保护是我国政府常抓不懈的任务，而通过立法保护海洋环境也是我国政府的一贯做法。《中华人民共和国环境保护法》规定，国务院和沿海地方各级人民政府应当加强对海洋环境的保护。向海洋排放污染物、倾倒废弃物，进行海岸工程和海洋工程建设，应当符合法律法规规定和有关标准，防止和减少对海洋环境的污染损害。考虑到我国海洋环境保护工作的特殊性，我国还专门制定了海洋环境保护领域的专门法律——《中华人民共和国海洋环境保护法》。在海洋环境保护领域，我国制定的法律文件包括《中华人民共和国海洋倾废管理条例》《防治海洋工程建设项目污染损害海洋环境管理条例》《中华人民共和国防治海岸工程建设项目污染损害海洋环境管理条例》《防治船舶污染海洋环境管理条例》等海洋环境保护领域的行政法规。

保护海洋环境也是《公约》的基本原则之一，《公约》第十二部分明确规定了缔约国有保护和保全海洋环境的义务。《公约》明确指出各国应制定法律和规章，以防止、减少和控制由悬挂其旗帜或在其国内登记或在其权力下经营的船只、设施、结构和其他装置所进行的深海海底区域内活动造成对海洋环境的污染。作为《公约》的缔约国，一方面，我国有权利依照《公约》开展深海科学技术研究、资源调查，海洋利用与开发活动；另一方面，有义务在深海海底区域资源勘探、开发等方面与《公约》所要求的责任相一致，重视保护深海海洋环境。

为此，本法将环境保护制度作为本法制度建设的重要组成部分，并列为本法的重要立法目的之一，并在第三条立法原则重申了保护环境、第三章以专章形式对环境保护作了具体规定，在第六章明确了针对造成海洋环境污染损害的法律责任。从对立法目的与原则的体现、规范管理与勘探、开发活动相关的环境保护活动，到相关责任的追究，进一步体现了本法"管控好"的重要立法思想。

四、关于促进深海海底区域资源可持续利用

国内外的历史发展表明，资源是一个历史范畴。在以传统农业为主的社会经济发展阶段，资源并未成为经济增

18

长的瓶颈，资源问题也未显露出来。但在以工业化和后工业化为主的社会经济发展阶段，人口剧增、发展的渴望、科技现代化等强大的驱动力，导致对资源的利用达到空前的程度。资源短缺等一系列问题以及由此引发的环境问题接踵而来。资源科学是一门研究资源的形成、演化、质量特征，及其与人类和社会发展相互关系的科学。其目的是为了更合理开发、利用、保护和管理资源，协调资源与人口经济和环境之间的关系，促使其向有利于人类生存与发展的方向演进。要实现资源的可持续利用，就要建立一套保证资源可持续利用的法律和法规体系。

可持续发展是指既满足当代人的需求，又不损害后代人需求的发展观。其根本是指将经济、社会发展与资源合理利用和环境保护相协调。它们是一个密不可分的系统，既要达到发展经济的目的，又要保护好人类赖以生存的大气、淡水、海洋、土地和森林等自然生态系统，使子孙后代能够永续发展和安居乐业。可持续发展的核心概念是公平和发展，强调发展要受到公平的制约。公平包括代内公平与代际公平。代内公平主要是指代内的所有人，无论其国籍、种族、性别、经济发展水平和文化等方面的差异，对于利用公共自然资源与享受清洁、良好的环境均有平等的权利。代内公平是同代人之间的横向公平，是可持续发展原则在空间维度的要求，即当代一部分人的发展不能以损害另一部分人的发展为代价。代际公平，是指当代人和后代人在利用自然资源、满足自身利益、谋求生存与发展上权利均等。即当代人必须留给后代人生存和发展必要的自然资源。

在陆地资源日益枯竭的情况下，深海海底区域资源是人类在地球上尚未开发的最后资源，人类利用深海海底区域资源是未来的发展趋势。我国是国际海底管理局理事会的主要成员，也是深海活动的大国，在深海海底区域资源的勘探和开发研究方面开展了大量有益的工作，取得了显著成绩。深海海底区域资源丰富，对全人类意义重大，在深海海底区域资源利用方面，任何国家都不能抱着"跑马圈地抢资源"的心态，以破坏环境为代价搞"蓝色圈地运动"。本法将促进深海海底区域资源可持续利用作为立法目的之一，表明我国将实现全人类的永续发展作为主动承担的国际责任，体现了我国作为发展中大国的担当。

五、关于维护人类共同利益

"人类共同利益"是指将整个人类作为一个利益主体，所有人类活动应为人类整体谋求福利。维护与追求全人类共同利益已经不再是某一国或者某几国可以独立完成的事项，它需要国际社会的共同努力。人类共同利益既不是某个单一国家的利益，也不是国际社会中各国利益的简单相加。关于人类社会的利益可能高于各国利益之和的信念，已得到越来越广泛的传播。有很多问题，如外层空间和海洋的和平利用、臭氧层的保护、生态的保护、非殖民化、穷国的发展等，如果离开了全人类共同利益这个概念，是无法得到正确的理解和解决的。关注国际社会的整体利益，为了全人类的共同未来携手进行国际合作、协调乃至必要的让步或牺牲自我的一定利益，而不是"你死我活"的斗争，是处理当今和未来国际关系必须予以考虑的因素，因为这样可能更有利于实现各国的根本利益。

党的十八大报告提出，"这个世界，各国相互联系、相互依存的程度空前加深，人类生活在同一个地球村里，生活在历史和现实交汇的同一个时空里，越来越成为你中有我、我中有你的命运共同体。"2013 年 3 月，中国国家主席习近平在莫斯科国际关系学院演讲，第一次向世界传递对人类文明走向的中国判断。此后，中国一直致力于对人类共同利益的关注和坚持。近些年来，习近平在一系列国际场合提出建设人类命运共同体的重要倡议，向国际社会提供了一份思考人类发展的"中国方略"，成为引领中国对外发展的一面重要旗帜。中国也正在为这一构想的实施做出许多富有成效的努力。

地球是人类共同家园，海洋是人类共同财富。古罗马的《优士丁尼法典》宣布海洋是"大家共有之物"，海洋应属于全人类共同使用，任何特定的个人和国家都不能占有海洋。较之古罗马时期，当今国际海洋法律制度已经发生很大变化，在沿海国家主权和主权管辖的海域范围与制度已基本确定的情况下，在海洋中仍然存在着面积约 2 亿多平方公里的国际海域。国际海域是指国家管辖范围以外的公海和深海海底区域（"区域"）。公海适用公海自由制度，包括航行自由、飞越自由、铺设海底电缆和管道的自由、建造国际法所容许的人工岛屿和其他设施的自由、捕鱼自由和科学研究的自由。各国在行使公海自由时，须适当顾及其他国家行使公海自由的利益，并适当顾及"区域"内活动有关的权利。"区域"适用人类共同继承财产原则，任何国家不应对"区域"的任何部分或者其资源主张或行使主权或主权权利，任何国家或自然人或法人，也不应将"区域"或其资源的任何部分据为己有。任何主权和主权权利的主张或行使，或这种据为己有的行为，均应不予承认。对"区域"内资源的一切权利属于全人类，由国际海底管理局代表全人类行使。可见，国际海域利用的两个基本原则有其共同性，它们都平等适用于世界各国，无论沿海国还是内陆国，真正做到国之有份。但是，深海海底区域资源勘探、开发还涉及国际社会对人类共同继承财产的惠益共享，公海自由原则并不涉及这一点。

我国一贯坚持维护"区域"及其资源是人类共同继承财产原则，支持国际海底管理局履行管理"区域"资源的职能，特别顾及到发展中国家利益，保护海洋环境，公平分配与分享深海海底区域资源开发利益。除了在深海海底区域资源管理上维护人类共同利益，我国还强调在其他方面维护人类共同利益，例如深海科学研究的全球共享、平衡内陆国、小岛国、发展中国家方面的利益需求等。为此，本法将维护人类共同利益作为本法的立法目的之一，它涵盖了人类共同继承财产的基本精神，但其范围比人类共同继承财产原则更加广泛。

● 相关规定

《联合国海洋法公约》第一条、第十一部分、附件三；《关于执行 1982 年 12 月 10 日〈联合国海洋法公约〉第十一部分的协定》；《中华人民共和国矿产资源法》；《中华人民共和国海洋环境保护法》；《中华人民共和国矿产资源法实施细则》；《矿产资源开采登记管理办法》；《中华人民共和国环境影响评价法》；《中华人民共和国海域使用管理法》；《中华人民共和国海上交通安全法》；《中华人民共和国国家安全法》；《矿产资源开采登记管理办法》；《中华人民共和国海洋石油勘探开发环境保护管理条例》；《中华人民共和国海洋倾废管理条例》；《防治船舶污染海洋环境管理条例》；《防治海洋工程建设项目污染损害海洋环境管理条例》；《矿产资源规划编制实施办法》；《海洋石油安全生产规定》；《中华人民共和国船舶污染海洋环境应急防备和应急处置管理规定》；《矿产资源开采登记管理办法》；《海洋标准化管理规定》。

第二条 中华人民共和国的公民、法人或者其他组织从事深海海底区域资源勘探、开发和相关环境保护、科学技术研究、资源调查活动，适用本法。

本法所称深海海底区域，是指中华人民共和国和其他国家管辖范围以外的海床、洋底及其底土。

☛ **条文主旨**

本条是关于本法适用范围的规定。

☛ **立法背景**

法律适用范围明确法律的效力，包括地域效力、对人的效力和对行为的效力。每部法律对一定的行为作出规范，即具有一定的行为效力。法律适用范围与国家主权相联系，是国家主权权力的显著体现之一。所以，在成文法体系中，每部法律的适用范围是必不可少的，但表现的方式有所不同。严格的法律规范内容中，需要明确法律适用的地域范围即法律的地域效力，并对其特定规范的行为作出基本定义，以便使此法律区别于彼法律，体现每部法律对行为规范的特殊性。因此，每部法律对其规范的特定行为以及对这种特定行为的指向作出的定义，作为法律适用范围的重要组成部分，而对行为的指向做出的定义，即为法律的基本行为定义。如本法规定的特定行为指向是深海海底区域资源勘探、开发，而对这种行为所指向的即深海海底区域资源勘探、开发的定义，也是基本行为定义的组成部分。

在本法审议的过程中，有代表提出，根据《公约》，从事深海海底区域资源勘探、开发活动的主体也应包括《公约》缔约国本身、《公约》缔约国或者其国民有效控制下的其他主体。本法没有将这些主体列入本条是否意味着本法排除了我国作为缔约国和其他主体参与深海海底区域资源勘探、开发活动的可能。立法工作者经过研究认为：缔约国的国内法主要是缔约国规范其国内各类主体从事深海海底区域资源勘探、开发的行为规范，不排斥也不影响缔约国本身按《公约》规定以国家名义直接申请和从事深海海底区域资源勘探、开发活动的权利。本条规定适用的主体也包含我国或我国公民、法人有效控制下的其他主体，本法对此未作明确规定并不影响我国与其他国家合作申请勘探、开发深海海底区域资源的活动。

此外，一些常委会组成人员和地方、专家、企业提出，"国际海底区域"的表述比"深海海底区域"更为严谨，建议将本法名称及相关条款中的"深海海底区域"改为"国际海底区域"。考虑到本法规定的一些内容，难以回避深海及深海海底的提法，且深海及深海海底的表述已被绝大多数有此类立法的国家所使用，全国人大法律委员会经同环境与资源保护委员会、国务院法制办公室、外交部、国家海洋局等部门研究协商，建议本法仍使用"深海海底区域"表述为宜。

☞ 条文解读

本条主要包括三层含义：一是关于主体范围的规定；二是关于客体范围的规定；三是关于地域范围的规定。

一、关于主体范围

本条第一款规定了从事深海海底区域资源勘探、开发和相关环境保护、科学技术研究、资源调查活动的主体范围，即中华人民共和国的公民、法人或者其他组织。本法在效力方面具有特殊性适用的范围不是我国领域及管辖的海域，不适宜采用属地主义管辖，而应采用属人主义管辖。属人主义，是指法律对公民（自然人）、法人、其他组织的效力以国籍为准，适用于本国人，不适用于外国人。具体内容包括本国人无论在国内还是国外，本国法律都有效。需要特别说明的是，本法在属人主义原则下，对人的适用效力范围，包括由我国担保的从事深海海底区域资源勘探、开发的所有主体。

本法确立的主体范围，还源于《公约》的有关规定。《公约》第一五三条规定，"区域"活动应该：（a）由企业部进行；（b）由缔约国或者在缔约国担保下的国营企业、或者具有缔约国国籍或者由这类国家或者其国民有效控制的自然人或者法人、或者上述各方的任何组合进行。

公民通常指的是具有某个国家国籍的自然人。我国宪法第三十三条第一款规定："凡具有中华人民共和国国籍的人都是中华人民共和国公民。"我国民法通则第三十六条第一款规定："法人是具有民事权利能力和民事行为能力，依法独立享有民事权利和承担民事义务的组织。"关于法人的国籍，我国主张根据法人的设立登记地来确定法人国籍。在我国境内设立的企业如果是经过我国主管部门批准并在我国工商行政管理机关登记而设立的，我国法律确定该企业为中国法人。其他组织一般而言是指合法成立、有一定的组织机构和财产，但又不具备法人资格的组织，考虑到深海海底国际法律制度中的特殊规定，本法有关其他组织的规定也包括受我国、我国企业或者公民有效控制的相关主体。

据此，本条规定的从事深海海底区域资源勘探、开发活动可能的主体包括：

第一，我国公民。

第二，我国企业法人。

包括全民所有制企业法人、集体所有制企业法人、私营企业法人、联营企业法人、中外合资经营企业法人、中外合作经营企业法人、外资企业法人等。

第三，我国非企业法人。

包括机关法人、事业单位法人、社会团体法人等。

第四，受我国、我国企业或公民有效控制，但在国外申请深海海底区域资源勘探、开发工作计划的企业或者个人。

第五，上述各方的组合。

深海海底区域资源勘探、开发活动是一个系统的过程，根据本条涵盖的深海海底区域的活动阶段与内容，其主体也具有多元性。从活动阶段来讲，首先是资源调查活动，然后是深海海底区域资源勘探、开发活动。资源调查活动主体无专属权，活动不受期限和空间限制；勘探、开发活动主体则必须与国际海底管理局签订合同成为承包者后才能开展相关活动，这一主体具有相应的专属勘探、开发权，其活动受到明确的期限和空间限制。而与深海海底区域资源勘探、开发相关的活动还涉及其他主体，例如进行深海科学技术研究的主体、深海科学普及活动的主体等。

二、关于客体范围

本条第一款还规定了适用本法的客体范围，即主体在深海海底区域从事活动的对象和适用的活动范围。本法针对的活动对象是深海海底区域资源，主要适用主体在深海海底区域勘探、开发资源的活动，对与勘探、开发活动相关的环境保护、科学研究、资源调查也做出了法律适用的规定。

其一，深海海底区域资源勘探、开发活动的对象是深海海底区域资源。从客观上看，深海海底区域资源包括矿产资源和生物资源。本法所称资源赋存于国家管辖范围以外的深海海底区域，这一区域在空间范围上与《公约》定义的"区域"相同，而根据《公约》第一三三条规定，"区域"资源是指"区域"内在海床或其下原来位置的一切固体、液体或气体矿物资源。本法所指的深海海底区域资源与《公约》对"区域"资源的规定是一致的。

其二，深海海底区域的资源勘探、开发活动。勘探是指在深海海底区域探寻资源，分析资源，使用和测试资源采集系统和设备、加工设施及运输系统，以及对开发时应当考虑的环境、技术、经济、商业和其他有关因素的研究。开发是指在深海海底区域为商业目的回收资源并从中选取矿物，包括建造和操作为生产和销售资源服务的采集、加工和运输系统。本法第九条规定了勘探、开发活动的专属性，承包者对勘探、开发合同区域内特定资源享有相应的专属勘探、开发权，这意味着在指定区域对指定类别资源勘探、开发活动的排他性。

其三，与深海海底区域资源勘探、开发活动相关的活动。这些活动包括环境保护、科学技术研究和资源调查。环境保护、科学技术研究贯穿整个勘探、开发活动进程中，适用范围涵盖这些活动体现对海洋环境保护的重视和对深海科学技术研究重要性的认识。资源调查是深海海底区域资源勘探、开发活动的前期和基础。从权属上看，深海海底区域资源调查不受时间和空间的限制，无专属权利。本法适用范围涵盖深海环境保护、科学技术研究和资源调查活动，表明了这些活动既与勘探、开发活动之间的紧密关联，又在活动阶段、权属与规范内容等方面与之有着明确的区别。

三、关于地域范围

本条第二款规定了从事深海海底区域资源勘探、开发及相关活动的地域范围，本法所称深海海底区域是指中华人民共和国和其他国家管辖范围以外的海床、洋底及其底土。深海海底区域与《公约》用语"区域"一词是同一地域范围，《公约》第一条定义"区域"是指国家管辖范围以外的海床和洋底及其底土。本法未照搬《公约》所界定的地域范围的用语，并不意味着深海海底区域资源与《公约》所指的"区域"资源不相一致，而是随着对深海海底科学认知能力的提升、审查《公约》所确立的"区域"制度与机制运行的进展、深海底部生物基因资源法律地位的确定及其相关协定的出台，可以对在我国和其他国家管辖范围以外的海床、洋底及其底土的资源范围做出与国际法律制度发展相一致的相应解读。

本法所称的深海海底区域与国家管辖的大陆架是此消彼长的关系。相对于公海与国家管辖的专属经济区之间的明确边界，深海海底区域与国家管辖的大陆架之间的边界尚不确定。《公约》规定了大陆架制度，沿海国的大陆架包括其领海以外依其陆地领土的全部自然延伸，扩展到大陆边外缘的海底区域的海床和底土，如果从测算领海宽度的基线量起到大陆边的外缘的距离不到 200 海里，则扩展到 200 海里的距离。这表明如灵大陆边外缘距领海基线的距离超过 200 海里，沿海国可以主张超过距领海基线 200 海里以外的大陆架，也就是说，公海的底部并非就是国家管辖范围以外的深海海底区域，还有可能被沿海国主张为大陆架。对有意从事深海海底区域资源调查、申请勘探、开发工作计划的主体，认识这一点尤为重要，避免因选区的不当造成不必要的损失和纠纷。

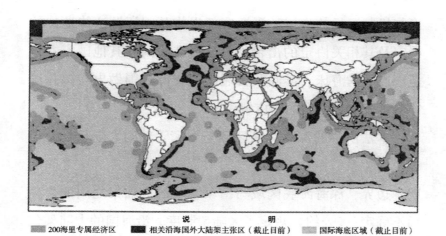

说　　明　　██ 200海里专属经济区　██ 相关沿海国外大陆架主张区（截止目前）　██ 国际海底区域（截止目前）

国际海底区域范围示意图

⬤ **相关规定**

《联合国海洋法公约》第一条、第一三三条、第一五三条；《中华人民共和国宪法》第三十三条；《中华人民共和国民法通则》第三十六条。

第三条　深海海底区域资源勘探、开发活动应当坚持和平利用、合作共享、保护环境、维护人类共同利益的原则。

国家保护从事深海海底区域资源勘探、开发和资源调查活动的中华人民共和国公民、法人或者其他组织的正当权益。

条文主旨

本条是关于对从事深海海底区域资源勘探开发及相关活动应遵循的基本原则的规定。

立法背景

本法立法过程中，对立法原则的讨论和确定经历了一个反复修改的过程。最早拟定本法的立法原则为"深海海底区域资源勘探、开发活动应当坚持保护环境、依靠科学、加强合作、维护人类共同利益的原则"。本法审议过程中，全国人大常委会委员和部门代表、专家提出，"依靠科学"的原则比较宽泛，不宜作为勘探、开发的原则，应将和平利用作为首要原则，以体现我国遵守"区域"法律制度、和平利用深海海底区域的决心，并建议相应增加保护我国深海活动主体合法权益的内容。本法最终确立了深海海底区域资源勘探、开发活动应当坚持和平利用、合作共享、保护环境、维护人类共同利益的原则。通过确立这些原则，明确我国公民、法人或者其他组织在深海海底区域内活动的行为准则，向国际社会表明我国负责任的态度；同时也体现了我国政府保护本国公民和法人应尽的责任，即使是在我国管辖范围外的深海海底区域，我国对从事深海海底区域资源勘探、开发和资源调查活动的我国公民、法人或者其他组织的正当权益予以保护。

◢ 条文解读

一、关于和平利用原则

当今世界正在发生深刻复杂变化，和平、发展、合作、共赢已经成为时代的潮流，中国坚定不移走和平发展道路，是符合中国根本利益，符合世界各国利益的行为。我国多次向世界宣示，中国始终不渝走和平发展道路，在坚持自己和平发展的同时，致力于维护世界和平，积极促进各国共同发展繁荣。在进入 21 世纪第二个十年和中国共产党成立 90 周年之际，中国再次向世界郑重宣告，和平发展是中国实现现代化和富民强国、为世界文明进步作出更大贡献的战略抉择。中国将坚定不移沿着和平发展道路走下去。

在利用海洋方面，结合中国实施海洋强国战略面临的国际环境、时代条件以及肩负的历史使命，和平是中国海洋强国之路的重要特征。首先，中国以和平、发展、合作、共赢的方式拓展海上权力和海洋利益，核心是以和平的形式谋求海上崛起。历史上，各海洋强国的崛起无不伴随着大规模战争。尽管中国几乎与周边所有的海上邻国存在着不同程度的海洋领土争端，但中国一直倡导通过谈判协商解决争端。习近平总书记多次强调"坚持用和平方式、谈判方式解决争端，努力维护和平稳定"。"和"的本质是中

34

国对海上武力的克制及对和平环境的诉求。中国海洋强国之路所具有的这种特点首先与中国和平发展的大战略密切相关，海洋战略是中国和平发展战略的重要组成部分，海洋强国之路自然不能违背和平发展的大局。其次，和平的选择也得益于当今海洋秩序的相对开放性。由于经济全球化和相互依存的发展，世界海上通道的安全、公海航行的自由日益依赖于世界各国尤其是大国的努力，任何国家都不可能单枪匹马地维持世界海洋的秩序，中国可以通过承担国际义务等方式获得一定的海上权力地位。再次，以《公约》为基础的现代海洋秩序也给予世界海洋国家一个相对平等的参与国际海洋政治的机会，为各国通过外交博弈、国际法斗争等解决纠纷、扩大影响创造了条件。

和平利用海洋是《公约》赋予缔约国的一项基本义务，它要求缔约国在根据《公约》行使其权利和履行其义务时，应不对任何国家的领土完整或政治独立进行任何武力威胁或使用武力，或以任何其他与《联合国宪章》所载国际法原则不符的方式进行武力威胁或使用武力。《公约》专门规定了"区域"应为所有国家使用，不论是沿海国或内陆国，专为和平目的利用。

二、关于合作共享原则

推动海洋合作、共同应对挑战、实现可持续发展，已成为世界多数海洋国家的共识。海洋为人类提供了重要的交通航道，是人类食品和能源的重要来源，也是未来人类可持续发展的重要空间与资源来源。目前海洋合作面临着很多新挑战，如海平面的上升、渔业资源的减少、海盗横行和原油泄漏等，对人类社会经济可持续发展带来负面影响，世界各国必须协同一致，共同应对这些挑战。

我国是快速发展的海洋国家，海洋也是我国开展国际合作的重要领域。我国大力推进的 21 世纪海上丝绸之路建设是在经济全球化和世界多极化的时代，规划海上合作支点与海上经济走廊，推动全方位海上合作。我国在维护自身固有海洋权益的同时，愿同各国共同努力构建合作共赢的海洋伙伴关系。

合作共享是达成《公约》的基本精神之一，也是和平解决海洋问题必不可少的前提。国际合作原则也是现代国际法的基本原则之一，它促进了各国在海洋领域相互交流，在和平共存中进行广泛合作，在国际合作中求得共同发展。《公约》规定，各国在"区域"的一般行为应当遵守国际法规则，促进国际合作和相互了解。

三、关于保护环境原则

保护环境既是本法的立法目的，也是本法的重要原则之一。海洋是环境的重要组成部分，作为整体环境保护工作的一部分，加强对海洋环境的保护是我国政府常抓不懈的任务，也是环境立法重点关注的对象。保护海洋环境既是中国政府改善本国海洋环境的一项重要工作，也是中国政府对国际海洋环境保护事业的重要贡献。作为国际社会的一名成员，中国在致力于保护本国沿海和海洋环境的同时，积极参与国际海洋环境保护事业，努力推进海洋环境保护的国际合作，认真履行所承担的国际义务。

保护海洋环境是《公约》建立国际海洋法律秩序的题中之意，它体现在《公约》各处。《公约》第十二部分专门规定海洋环境的保护和保全，缔约国应按照《公约》对"区域"内活动采取必要措施，以确保切实保护海洋环境，不受这种活动可能产生的有害影响。与此同时，国际海底管理局应制定适当的规则，规章和程序来保护海洋环境。

四、关于维护人类共同利益原则

维护人类共同利益既是本法的立法目的，又是本法的立法原则。本法的一大特点是适用范围在国家管辖范围以外的海域，强调属人管理。在国家管辖范围以外的深海海底区域从事资源勘探、开发及相关活动，应当遵守以人类共同继承财产原则为基础的"区域"制度，而人类共同继承财产是人类共同利益的重要组成部分。本法将维护人类共同利益作为立法原则，旨在表达我国在深海海底区域维护本国利益的同时兼顾国际社会和他国合理关切，在谋求本国发展中促进各国共同发展。

五、关于国家保护我国主体的正当权益

国家安全法第三十二条规定，国家坚持和平探索和利用外层空间、国际海底区域和极地，增强安全进出、科学考察、开发利用的能力，加强国际合作，维护我国在外层空间、国际海底区域和极地的活动、资产和其他利益的安全。近年来，随着中国在全球政治、经济、文化、安全等领域全方位的崛起，中国参与世界事务的规模不断扩大、方式不断增多。呈现在世人面前的景象是：中国企业及中国公民更多地走出国门；海外留学生、海外务工人员以及出境游人数每年都在增加；世界几乎各个角落都能看到中国人的身影。随着我国综合国力和科学技术能力的提升，我国在外层空间、深海海底区域和极地等战略新疆域的活动日趋增多。"海外中国"局面的形成也把保护海外中国公民这一议题提到中国政府的面前。中国政府在面临各种突发事件上，能够快速反应、积极应对和妥善部署，极大程度上维护了海外公民的权益，充分体现了一个执政为民的政府应有的责任和及时有效保护海外公民利益的能力，在推进国家发展过程中发挥了积极的作用。

我国公民、法人和其他组织从事深海海底区域资源勘探、开发和相关活动的地点尽管并不处于我国领土和我国管辖范围海域之内，但根据相关国际法规则，我国可以依据属人管辖权和保护性管辖权对从事深海海底区域资源勘

探、开发和资源调查活动的我国公民、法人或者其他组织进行管辖，保护他们的正当权益。随着我国深海事业的逐步推进以及深海海底区域资源勘探、开发活动重心由资源勘探向资源开发的转变，未来将会有更多中国主体从事深海活动，从事深海活动的范围会更广、频度更高，本条相关规定的重要性必将随着深海事业的发展更加显现。

☛ 相关规定

《联合国海洋法公约》；《联合国宪章》；《中华人民共和国国家安全法》第三十二条。

第四条 国家制定有关深海海底区域资源勘探、开发规划，并采取经济、技术政策和措施，鼓励深海科学技术研究和资源调查，提升资源勘探、开发和海洋环境保护的能力。

☛ 条文主旨

本条是关于国家通过规划、政策、措施提升深海海底区域活动能力的规定。

☛ 立法背景

随着我国海洋强国建设的加快推进，深海海底区域资源勘探与开发在增加战略资源储备、拓展国家活动空间、发展深海技术装备、培育深海产业、参与全球深海治理等方面的战略地位日益凸显。为此立法工作者在广泛听取相关部门与行业代表意见的基础上，将国家制定深海海底区域资源勘探开发规划，采取经济、技术政策和措施，鼓励深海科学技术研究和资源调查，作为提升深海海底区域资源勘探、开发和环境保护能力的重要举措写入本条。本条和本法第四章是本法立法思想"准备好"的具体体现，对于我国实施海洋强国战略意义重大，也充分体现我国作为深海活动大国对保护海洋环境的高度重视和应尽责任。

● 条文解读

一、关于制定有关深海海底区域资源勘探、开发规划

中国特色的社会主义体制和我国在深海海底区域资源调查和勘探、开发研究活动的实践和进展表明，国家制定相关战略和宏观政策、规划对提升我国深海活动能力至关重要。从"七五"开始，国务院相关职能部门围绕确定的相关政策、方针和战略，将规划深海海底区域的研究开发活动作为一项重要工作常抓不懈。进入"十三五"以来，围绕海洋强国建设和"一带一路"倡议的战略思想，国家海洋局等部门联合印发了深海海底区域资源勘探开发"十三五"规划，国务院相关部门相继印发了海洋领域、资源领域科技创新"十三五"规划等。这些规划在统筹国家相关行业与领域的科技力量，持续开展深海资源与环境调查评价，推动深海技术装备发展、培育深海产业等方面已经发挥、并必将继续发挥重要作用。

制定深海海底区域资源勘探、开发规划，要高举中国特色社会主义伟大旗帜，按照"四个全面"战略布局，坚持"创新、协调、绿色、开放、共享"的发展理念，以"海洋强国"战略思想、"21世纪海上丝绸之路"倡议和深海战略为引领；坚持立足资源、超越资源，以拓展国家海洋权益和发展空间为核心，以提高深海资源勘探开发和环境保护能力为重点，以推进深海产业发展为方向，加强统筹协调，发挥社会主体作用，强化人才、技术和装备支撑能力，全面提升我国在深海新疆域的竞争力和影响力。

本法明确国家制定有关深海海底区域资源勘探、开发规划，是中国特色社会主义制度的充分体现，是对国务院相关职能部门制定深海相关规划所发挥作用的充分肯定，为国务院海洋主管部门和规划部门未来制定深海海底区域资源勘探、开发规划提供了法律依据和制度保障，对规范深海海底区域资源勘探、开发活动，推动深海科学技术发展，提升资源勘探、开发和海洋环境保护等能力建设必将发挥重要作用。

二、关于采取经济、技术政策和措施

国家采取经济、技术政策和措施的目的是鼓励开展深

41

海科学技术研究和资源调查，以提升深海海底区域资源勘探、开发和海洋环境保护的能力。在经济政策和措施方面，依据我国科学技术进步法的有关规定，国家加大财政性资金投入，并制定产业、税收、金融、政府采购等政策，鼓励、引导社会资金投入，推动全社会科学技术研究开发经费持续稳定增长。深海环境特点决定了深海资源勘探、开发和海洋环境保护的高风险、高难度，为此开展的深海科学研究和技术装备研发极具挑战性。在深海海底区域活动方面，鼓励深海科学技术研究和资源调查，提升资源勘探、开发和海洋环境保护的能力，需要国家在资金、信贷、税收、技术等方面给予支持，依法建立和采取促进深海科学技术研究及提升相关能力的经济激励机制，充分做好风险预判和应急预案，保障经费投入力度。深海海底区域资源开发产业目前还处于培育阶段，作为高投入、高风险、高技术的行业，现阶段企业作为市场主体参与的积极性还不高，政府应发挥引导作用，改革促进企业参与培育战略性新兴产业的绩效考评机制，建立稳定增长的中央财政科技投入机制，创新投融资机制，按照"利益共享、风险共担"的原则，鼓励和带动地方、社会资本等多元投入，鼓励金融机构开展知识产权质押业务，鼓励和引导金融机构在信贷等方面支持深海科学技术应用和高新技术产业发展，鼓励保险机构根据高新技术产业发展的需要开发保险品种。

在技术措施和政策方面，依据我国科学技术进步法规定，国务院领导全国科学技术进步工作，制定科学技术发展规划，确定国家科学技术重大项目、与科学技术密切相关的重大项目，保障科学技术进步与经济建设和社会发展相协调。在深海海底区域资源勘探、开发方面，我国遵循深海科学技术活动服务国家目标与鼓励自由探索相结合的原则，超前部署和发展基础研究、前沿技术研究和社会公益性技术研究，支持基础研究、前沿技术研究和社会公益性技术研究持续、稳定发展。与此同时，国家推动深海科学技术研究开发与产品、服务标准制定相结合，科学技术研究开发与产品设计、制造相结合；引导深海科学技术研究开发机构、高等学校、企业共同推进国家深海重大技术创新产品、服务标准的研究、制定和依法采用。在深海科学技术奖励方面，国家应建立科学技术奖励制度，对在深海科学技术进步活动中做出重要贡献的组织和个人给予奖励。

三、关于鼓励深海科学技术研究和资源调查

深海科学技术研究是人类提高深海海底区域认知水平的基础，是提升深海海底区域资源勘探、开发能力和环境保护能力的关键。深海科学技术研究贯穿深海海底区域资源调查、勘探、开发活动全过程，是不同阶段深海活动的重要内容。资源调查是指在深海海底区域搜寻资源，包括估计资源成分、多少和分布情况及经济价值。从阶段划分

上，深海海底区域资源调查是深海海底区域资源勘探、开发活动的前期和基础；从形式上，深海海底区域资源调查往往通过海洋科学研究的方式进行。

目前，我国的深海科学技术研究水平、深海资源调查的效率和效益与发达国家相比仍存在较大差距。本法紧扣第一条立法目的"推进深海科学技术研究、资源调查"，在本条基础上，以专章的形式在第四章对鼓励深海科学技术研究和资源调查作出明确规定。国家支持深海科学技术研究和专业人才培养，将深海科学技术列入科学技术发展的优先领域，鼓励产业合作和企业进入深海；国家支持深海公共平台建设和运行，开展深海科学普及活动；建立深海资料样本汇交和利用制度等，通过具体的政策和措施提升深海海底区域资源勘探、开发和海洋环境保护能力。

四、关于提升资源勘探、开发和海洋环境保护的能力

提升资源勘探、开发和海洋环境保护的能力是本条的落脚点，是国家制定深海海底区域资源勘探、开发规划，采取经济、技术政策和措施，鼓励深海科学技术研究和资源调查要达到的重要目标。提升资源勘探、开发和海洋环境保护的能力也是落实海洋强国战略思想的重要举措，契合国家"21世纪海上丝绸之路"倡议。提升深海相关能力、加强能力建设是本法立法思想"准备好"的具体体现，呼应本法第一条立法的两个重要目的——推进深海科学技术研究、资源调查和保护海洋环境。为实现这两个重要立法目的，本法除在第四章对深海科学技术研究与资源调查作出明确规定外，也以专章的形式在第三章对海洋环境保护作出明确规定，以实际举措保护海洋环境。

一个海洋强国必然是深海强国。"十三五"时期是我国实施"海洋强国"战略的关键时期，积极开展深海海底区域工作，着力提高深海海底区域资源勘探与开发能力，大幅提升深海环境调查、认知与评价能力，推动我国全面走向国际海域，事关我国由海洋大国向海洋强国的转换，对拓展蓝色发展空间、实现"两个一百年"目标具有重要的战略意义。

● 相关规定

《中华人民共和国科学技术进步法》。

第五条 国务院海洋主管部门负责对深海海底区域资源勘探、开发和资源调查活动的监督管理。国务院其他有关部门按照国务院规定的职责负责相关管理工作。

● 条文主旨

本条是关于深海海底区域资源勘探、开发及相关活动监督管理部门的规定。

◖ 立法背景

本条是对我国在深海海底区域资源勘探、开发活动先行管理体制的确认。

长期以来，我国管辖海域的管理体制是一种"条条"与"块块"相结合的模式，涉海部门较多且各自进行管理和执法活动。改革开放以来，我国的海域管理体制经历了重大的发展和变革。1988年，国务院明确了国家海洋局作为海洋综合管理部门的地位，从而拉开了海域综合管理的帷幕。随着现代海洋法的发展趋势和我国法律体系的不断完善，我国政府对海洋整体性认识不断提高，海洋管理立法工作全面推进。具体体现在：在海域使用管理方面，相继建立了海域使用审批、有偿使用、功能区划等制度；在海洋环境管理方面，建立和完善了海洋环境监测系统；在海上监管方面，加大了海上执法和处罚力度。深海海底区域位于我国和其他国家管辖范围以外海域，尽管资源勘探、开发及相关活动涉及多领域和多个涉海部门，但各领域之间关系密切，系统性和整体性强，需要统筹协调、形成合力。为此本法借鉴了近年来我国对管辖范围内海域综合管理的成功经验和在深海海底领域组织协调的成功实践。

我国对深海海底区域资源勘探、开发活动的管理实践可以追溯到20世纪80年代。1984年，国家海洋局等4个部门制定了《大洋锰结核资源调查开发研究规划纲要（1986～1990）》（以下简称《规划纲要》）。《规划纲要》确定"七五"期间的工作以资源调查与勘探为重点，同时开展采、选、冶试验研究。《规划纲要》明确了部门间分工：资源调查、勘探研究由国家海洋局和地质矿产部负责，采、选、冶工艺技术研究由冶金部和中国有色金属工业总公司负责。1990年国务院批准同意国家海洋局等7个部门关于以中国大洋协会名义申请国际海底矿区和设立国家大洋专项的报告，同年中国大洋协会在联合国登记为"区域"活动先驱投资者，并在国家海洋局指导监督和国务院相关职能部门的大力支持下，通过国家大洋专项统筹国内各领域、各专业优势力量开展深海海底区域资源勘探、开发研究活动，在维护我国深海权益、申请深海海底矿区、发展深海高新技术、参与国际深海事务等方面取得了积极进展。这一统筹协调我国深海事务及业务方面的机制与实践得到了国务院相关职能部门的认可。2012年2月国家海洋局、外交部、国家发改委、财政部、科技部、国土资源部6部委局联合印发的《国际海域资源调查和开发"十二五"规划》明确"中国大洋协会是协调我国国际海域相关工作的职能部门，要加快从大洋专项管理向国际海域工作综合指导、协调的职能转变；内设机构重点从大洋专项管理向战略研究、规划编制、行业指导、政策制定与专项管理相结合转变"。提出"要完善国际海域事务管理的运行机制，提高大洋工作的决策、协调和应变能力。进一步发挥大洋协会的机制优势，充分调动各部门的积极性。利用由国家综合管理部门为主组成的大洋协会常务理事会，建立国家高层次的决策磋商机制，加强对国际海域工作的统筹与协调；以多部门、多单位组成的大洋协会理事会为依托，形成开展国际海域工作的骨干与基础"。同年 5 月，中共中央编制委员会办公室批复同意中国大洋协会加挂"中国大洋事务管理局"牌子。这为本法确立的"归口管理、分工负责"管理体制提供了实践基础，在起草、审议过程中得到了国务院相关职能部门的肯定，也是本法立法进程得以较快推进的重要原因。

🌑 条文解读

本条规定"国务院海洋主管部门负责对深海海底区域资源勘探、开发和资源调查活动的监督管理，国务院其他有关部门按照国务院规定的职责负责相关管理工作"的表述确立了我国对深海海底区域活动实行"归口管理、分工负责"的管理体制。根据目前国务院机构职能与设置，国务院海洋主管部门应指国家海洋局。国务院其他有关部门是指根据本法所涉事项需要负责相关管理工作的政府部门。

一、关于国务院海洋主管部门监督管理职能

作为国务院海洋主管部门的国家海洋局，其职能随着我国社会经济的发展和海洋形势的变化而调整。依据2013年《国务院办公厅关于印发国家海洋局主要职责内设机构和人员编制规定的通知》，国家海洋局主要负责海洋立法、规划和管理以及对海洋事务的综合协调。本法赋予国家海洋局对深海海底区域资源勘探、开发和调查活动的监督管理职能涵盖：制定本法配套制度与规定；编制深海海底区域资源勘探、开发规划；受理深海海底区域资源勘探、开发主体申请与审查资质，行改许可与出具文件，监督检查承包者的勘探、开发活动，对违法行为、特别是损害海洋环境的行为进行追责；与国务院其他有关部门协调并向其通报有关深海活动与事务；代表政府履行担保国的责任，开展与国际海底管理局和相关国际机构的合作；应对深海海底区域勘探、开发和相关活动中的突发事件；鼓励深海科学技术研究和资源调查，包括管理深海公共平台和资源调查、勘探、开发取得的资料和实物样本，科学普及深海知识等。

二、关于国务院其他有关部门相关管理职能

国务院其他有关部门按照国务院规定的职责负责相关的管理工作，其中包括了深海海底区域资源勘探、开发活动外交政策与国际事务，深海海底区域资源勘探、开发和

资源调查者合法权益的保护，促进深海科学技术发展的政策与措施、装备发展，海洋环境保护工作，海上突发事件应对，维护海上安全等。

中华人民共和国外交部（简称外交部）主要职能为贯彻执行国家总体外交方针和国家外交政策，维护国家最高利益，代表国家处理双边和多边外交事务。深海资源勘探、开发活动在国际海域进行，离不开外交部职能的发挥。例如，外交部牵头参加国际海底管理局会议，维护我国在深海活动方面的国家利益；就深海海底区域资源勘探、开发活动中的重大涉外问题，负责与有关单位协调，向党中央、国务院报告情况、提出建议；牵头或参与拟订国际深海事务相关政策，指导协调深海对外工作；处理和协调关系深海国家安全问题的有关涉外事宜等。

中华人民共和国国家发展和改革委员会（简称国家发改委）是综合研究拟订经济和社会发展政策，进行总量平衡，指导总体经济体制改革的宏观调控部门。国家发改委的重要职能之一为承担规划重大建设项目和生产力布局的责任，衔接平衡需要安排中央政府投资和涉及重大建设项目的专项规划。安排中央财政性建设资金，按国务院规定权限审批、核准、审核重大建设项目、重大外资项目、境外资源开发类重大投资项目和大额用汇投资项目。深海资源勘探开发活动是我国战略高技术部署所在，事关我国海洋强国战略的实施，同时具有耗资巨大、风险高的特点。国家发改委应当衔接平衡需要安排中央政府投资和涉及重大建设项目的深海设施、装备、科学技术研究的专项规划。

中华人民共和国科学技术部（简称科技部）主要职能是研究提出科技发展的宏观战略和科技促进经济社会发展的方针、政策、法规；研究科技促进经济社会发展的重大问题；研究确定科技发展的重大布局和优先领域；推动国家科技创新体系建设，提高国家科技创新能力。作为科技的前沿，深海科技进步、装备发展等离不开国家支持的宏观战略。科技部应当研究制定加强深海科技基础性研究、深海技术发展的政策措施；制定与组织实施深海科技攻关计划。例如，《"十三五"国家科技创新规划》指出，面向2030年，"深海空间站"科技创新项目为体现国家战略意图的重大科技项目。科技部在2016年2月发布国家重点研发计划深海关键技术与装备等重点专项项目。

中华人民共和国财政部（简称财政部）是国家主管财政收支、财税政策、国有资本金基础工作的宏观调控部门。财政部承担中央各项财政收支管理的责任。深海海底区域资源勘探开发和相关活动的开展要求财政部编制深海海底区域活动的中央预决算草案，并进行财政收支管理和制定相关财税政策。

中华人民共和国交通运输部（简称交通部）主要职责

是拟订并组织实施公路、水陆、民航行业规划、政策和标准，承担涉及综合运输体系的规划协调工作，促进各种运输方式相互衔接等。深海海底区域资源勘探、开发活动处于国际海底，其上覆水域可能为国际航道，而交通部承担水上交通安全监管责任，其应该对水上交通与深海海底区域资源勘探、开发活动所潜在或发生的冲突进行协调，对深海勘探、开发活动中发生的水上交通安全事故、海上人命搜救等活动进行组织协调安排。

第六条 国家鼓励和支持在深海海底区域资源勘探、开发和相关环境保护、资源调查、科学技术研究和教育培训等方面，开展国际合作。

◖ 条文主旨

本条是关于深海海底区域资源勘探、开发及相关活动国际合作的规定。

◖ 立法背景

合作共享是本法确立的基本原则之一，也是《公约》倡导的基本精神，是和平解决海洋问题必不可少的前提。国际合作原则是现代国际法的基本原则之一，它促进了各国在海洋领域相互交流，在和平共存中进行广泛合作，在国际合作中求得共同发展。《公约》要求各国在"区域"的一般行为应当遵守国际法规则，促进国际合作和相互了解。作为一般规则，缔约国应促进有关各方在"区域"内活动上进行国际技术和科学合作，或通过制定海洋科学和技术及海洋环境的保护和保全方面的培训、技术援助和科学合作方案促进这种合作。通过国际合作，一方面，我国可以学习借鉴发达国家先进的深海科学技术、管理经验等，以提升我国在深海海底区域资源勘探、开发和海洋环境保护等方面的能力；另一方面，我国也可以为其他发展中国家培训人员、分享信息，为人类共同利益做贡献。

长期以来，我国坚持和平利用海洋的基本政策，积极参与各种国际海洋事务，推动多边和区域性海洋事务的合作，加强与主要海洋大国在国际海域事务方面的合作；充分利用国际组织与机制，发挥我国的作用，增强在国际海洋事务方面发言权和影响力；积极参与国际海洋科技合作，提高参与国际重大海洋科技计划的广度和深度，为促进深海科学技术发展、传播深海科学科研知识和研究成果作出了应有的贡献。在本法立法过程中，遵循我国一贯倡导的和平利用和合作共享的原则，立法工作者认为鉴于深海海底区域活动的国际性，并考虑到我国在这一领域的现有实践基础和未来发展需要，有必要时在总则中就国家鼓励和支持在深海海底区域开展国际合作作出明确规定。

一、关于国家鼓励和支持在深海海底领域开展国际合作

深海海底区域活动的最显著特点是其国际性。开展深海海底区域活动应遵守以人类共同继承财产原则为基石的国际法律制度和国际海底管理局的管理。深海又是科学技术研究和创新的前沿领域，深海活动对促进地球科学、生命科学和高新技术装备的发展意义重大。深海海底区域远离陆地，资源勘探、开发及相关活动对科学技术、相关支撑装备要求高，同时涉及海洋环境保护、其他海洋权利的行使等，一些问题的解答必须依靠各国共同的努力和广泛的合作。国家鼓励和支持在深海海底领域的国际合作，一方面，我国的深海科学技术研究水平和深海资源勘探、开发能力建设与发达国家、地区相比，在深海基础科学研究、技术装备研发以及在参与深海规则标准制定等方面仍存在较大差距。无论是理论上还是技术上，美国、欧盟等发达国家、地区均处于领先的位置。国际合作有利于使我国深海科学研究、技术装备发展、海洋环境保护以及参与规则制定等方面的能力在较短的时间内达到国际水平。另一方面，我国作为发展中大国和从事深海海底区域资源勘探、开发活动的主要国家之一，负有协助国际机构推进深海科学技术交流与合作、传播深海科学研究成果、为发展中国家培训人才的义务与责任，遵循深海活动国际化的特点，有效利用我国深海活动的优势与资源，建立以我为主、互惠互利、长期有效的国际合作机制，将提升我国在国际深海事务中的影响力，体现我国大国担当和为人类共同继承财产所作的积极努力与贡献。

二、关于深海海底区域资源勘探、开发活动合作内容

开展深海海底区域的国际合作是实现我国深海战略目标的重要途径。本条所指的国际合作涵盖了本法所规范的深海海底区域的所有活动，也是我国从事深海活动的主体行使合同权利、履行合同义务，提高勘探开发效益，提升环境影响评估和监测等能力的有效途径。在深海海底区域资源勘探、开发方面，我国公民、法人或其他组织可以联合其他国家实体共同成为深海勘探、开发活动的承包者；通过与其他承包者的立场协调、技术交流和信息交换等，我国承包者可以学习借鉴其他承包者成功的深海实践和管理经验等，更好地对接国际海底管理局相关规章与指南；我国作为可从深海海底区域取得的各类矿物所产金属的最大消费国，应鼓励国内具有产能优势的企业与国际矿业公司开展务实合作，把控国际金属市场的发展趋势和商业时机的判断，提高深海海底区域资源开发利用的经济效益。此外，深海勘探、开发活动中获取的资料样品交流交换和成果共享、资源评价及规范标准设定等领域均具有广阔的国际合作前景。

在勘探开发相关活动方面：深海勘探、开发进程中有关技术装备研发的高投入、高风险、高难度，可促使相关国家在资金、技术等方面的务实合作，以实现"利益共享、风险共担"；在海洋环境保护方面，深海海底生物物种丰富，人类目前仍对其知之甚少。通过国际合作扩大研究范围和深度，不断提高人类对深海的科学认知能力和保护海洋环境的能力，是各国科学家的共同愿望。中外科学家可以加强交流，以解决重大环境问题为目标，在海底生物鉴定标准、相关技术研究、构建深海环境评价体系、海洋保护区建设等方面加强合作。此外，还可以在深海资源调查、深海教育培训等方面进行国际合作。除了在深海海底区域活动进行国际合作外，在深海海底区域国际制度方面，政府相关部门、深海科研机构、高校等单位应当与国际海底管理局、相关国家保持密切关系，积极参加有关深海海底区域资源勘探、开发活动的国际会议，加强人员互访，促进深海科学、管理人才交流等。

◖▬ **相关规定**

《联合国海洋法公约》。

第二章 勘探、开发

本章由五条内容组成。一是规定了中华人民共和国的公民、法人或者其他组织从事深海海底区域资源勘探、开发活动所应遵循的程序，即在向国际海底管理局提交申请前，须先经过国内申请、审查和许可的程序，明确在与国际海底管理局签订合同成为承包者后方可从事深海海底区域勘探开发活动。二是明确了承包者勘探、开发深海海底区域资源的相应权利和义务；勘探、开发活动期内承包者权利和义务转让、合同变更、终止的相关要求。三是规定了勘探、开发活动期间发生或可能发生严重损害海洋环境等事故时应立即启动应急预案和应采取的相关措施。

本章体现了本法的核心规范内容是深海海底区域资源勘探、开发活动。国家通过设立行政许可制度明确申请、审批、报备等程序，确定承包者的权利和义务，规定应对勘探、开发活动中突发事件的处置机制，以确保有能力的主体有序地进行深海海底区域资源勘探、开发活动，并确保其遵守《公约》的规定，也体现了我国作为《公约》缔约国应履行的国际义务。

第七条　中华人民共和国的公民、法人或者其他组织在向国际海底管理局申请从事深海海底区域资源勘探、开发活动前，应当向国务院海洋主管部门提出申请，并提交下列材料：

（一）申请者基本情况；

（二）拟勘探、开发区域位置、面积、矿产种类等说明；

（三）财务状况、投资能力证明和技术能力说明；

（四）勘探、开发工作计划，包括勘探、开发活动可能对海洋环境造成影响的相关资料，海洋环境严重损害等的应急预案；

（五）国务院海洋主管部门规定的其他材料。

● 条文主旨

本条是关于深海海底区域资源勘探、开发活动所应取得国务院海洋主管部门许可的申请程序及申请材料的规定。

行政许可的申请是指自然人、法人或者其他组织向行政机关提出拟从事依法需要取得行政许可的活动的意思表示。申请者是从事深海海底区域资源勘探、开发的我国公民、法人或者其他组织。为防止不合格的人取得行政许可，法律、法规、规章往往规定不少条件，只有符合规定条件的申请人才能取得行政许可。按照本条的规定，国家对从事深海海底区域资源勘探、开发活动的主体进行资格审查、确认，而个人、组织是否符合规定的条件，必须由其自己举证。举证是在申请过程中完成的，只有申请者提出申请，行政机关才能据此判断其有拟从事需要取得行政许可的活动的意思，才能适用有关法律法规对其是否符合法定条件进行审查。可以说，行政许可申请在自然人、法人或者其他组织拟从事某项活动的愿望与行政机关依法许可其从事该项活动之间建立起一座桥梁。

本条的规定既是我国对拟从事深海海底区域勘探、开发活动的申请者所应具备能力的一种要求，同时也是我国履行《公约》规定的义务。我国作为《公约》缔约国有义务确保我国公民、法人或者其他组织在勘探、开发活动中履行《公约》的规定。首先是确保其具备依据《公约》规定和合同条款开展深海海底区域资源勘探、开发活动的资质和能力。通过要求申请者提交本条中规定的材料来证明符合行政许可的条件，是为防止不合格的申请者成为承包者。同时，对深海海底区域活动的规范管理也是促进和保护有资质、有能力的主体进行深海海底区域活动。审议中，也有企业与行业部门的代表表示关切，深海海底区域资源勘探、开发国际制度仍在发展进程中，各类行政许可的申请程序也越来越专门化，申请者不可能预先知道深海海底区域资源勘探、开发的许可程序规则及申请许可要提交的材料目录及格式。国务院海洋主管部门应加强与国际海底管理局的信息交流，确保申请者提交材料的一致性；对新设的行政许可申请，应尽快出台相应办法，明确有关部门在实施行政许可过程中负有公布有关行政许可事项的规定的公开义务，指导、帮助申请者完成行政许可申请的义务。

◖▶ **条文解读**

本条目的是规范进入深海海底区域资源勘探、开发活动所应遵循的程序和具备的条件。一是从程序上规定了我国公民、法人或者其他组织在向国际海底管理局申请从事深海海底区域资源勘探、开发活动前，应向国务院海洋主管部门提出许可申请。二是明确申请材料的内容，通过对申请材料内容的要求，体现对申请者从事深海海底区域资源勘探、开发活动有关资质与能力的要求。

一、关于深海海底区域资源勘探、开发活动

深海海底区域资源勘探是指在深海海底区域探寻资源，分析资源，使用和测试资源采集系统和设备、加工设施及运输系统，以及对开发时应当考虑的环境、技术、经济、商业和其他有关因素的研究；深海海底区域资源开发是指在深海海底区域为商业目的回收资源并从中选取矿物，包括建造和操作为生产和销售矿物服务的采矿、加工和运输系统。勘探和开发深海海底区域资源的活动即为《公约》所界定的"区域"内活动。有意开展深海海底区域资源勘探、开发活动的《公约》缔约国和相关实体可向国际海底管理局申请核准关于"区域"内活动的工作计划，而工作计划一经核准，国际海底管理局即应按照其制定的规则、规章和程序，以合同形式授予经营者在工作计划所包括的区域内勘探和开发指明类别资源的专属权利。如果申请者申请核准只包括勘探阶段或开发阶段的工作计划，核准的工作计划应只就该阶段给予这种专属权利。从上述定义和表述可以看出，申请深海海底区域资源勘探、开发活动的工作计划可以分为两类：一类是包括勘探和开发两阶段的工作计划；一类是只包括勘探阶段或开发阶段的工作计划。在后一种情况下，经营者可先申请勘探阶段工作计划，而后再申请开发工作计划；或在勘探阶段期间或终止时放弃或转让相关权利，不再申请开发阶段的工作计划。这也表

61

明存在着经营者不从事勘探阶段活动、直接申请开发工作计划的可能。在实践中，考虑到《公约》生效和国际海底管理局成立初期深海海底区域资源开发前景不明，《执行协定》强调在《公约》生效至第一项开发工作计划获得核准之前，国际海底管理局的重点工作包括：处理请求核准勘探工作计划的申请；监测以合同形式核准的勘探工作计划的履行；监测和审查深海海底采矿活动方面的趋势和发展，包括定期分析世界金属市场情况和金属价格、趋势和前景。从国际海底管理局成立至今受理的"区域"活动工作计划申请，均为勘探阶段工作计划的申请，其主要原因，一是开发深海海底区域资源的市场前景不明，二是国际海底管理局前期的主要任务是制定出台"区域"内资源的探矿和勘探规章。随着深海海底区域活动逐渐从资源勘探转向开发，国际海底管理局近期已将制定"区域"内资源开发规章作为其优先事项。需要明确的是，无论是申请核准哪种计划，首先应当按照本条规定向国务院海洋主管部门提出相应的许可申请。

二、关于从事深海海底区域资源勘探、开发活动的申请者、申请程序和受理机构

本法规定的深海海底区域从事勘探、开发活动申请者是我国公民、法人或者其他组织。按照本法第二条的规定，申请者包括国内企业事业单位、组织和个人，也包括具有我国法人资格的外资、合资企业和在国外申请深海海底区域资源勘探、开发工作计划但受我国有效控制的企业或个人。

本条下接第八条，明确了申请者申请进入深海海底区域资源勘探、开发活动的程序是：（1）申请者按照本条规定向国务院海洋主管部门申请许可，并提交材料；（2）申请者获得国务院海洋主管部门的许可后，向国际海底管理局提出申请并应获得国际海底管理局的核准；（3）根据本法第八条的规定，申请者在与国际海底管理局签订勘探、开发合同成为承包者后方可从事勘探、开发活动。本条提到了两个受理申请的机构，一是国务院海洋主管部门，二是国际海底管理局。前者作为缔约国政府的职能部门，履行缔约国应尽的责任与义务，确保具有缔约国国籍或受其控制的活动主体按照《公约》规定和合同条款开展深海海底区域资源勘探、开发活动；后者依据《公约》规定而设置并履行职责。《公约》规定，"区域"及其资源是全人类共同继承财产，由代表全人类利益的国际海底管理局行使管理、控制"区域"活动的职能。

国际海底管理局是一个政府间组织，是《公约》缔约国按照《公约》和《执行协定》所确立的"区域"制度管理和控制"区域"内活动，特别是管理"区域"资源的国际组织。国际海底管理局于1994年11月16日《公约》生效之日起成立，总部设在牙买加首都金斯敦。国际海底管理局的主要机构为大会、理事会和秘书处，还包括在适当时直接从事深海海底区域资源商业开发活动的企业部。此外有两个由专家组成的常设附属机构：由大会选举的成员组成财务委员会；由理事会选举的成员组成法律技术委员会。深海海底区域资源开发一旦可行，将增设另一专家机构，即由理事会选举产生的经济规划委员会。国际海底管理局主要采用召开年会的方式开展工作，期间所有机构均举行会议，一般为期两周。这些会议通常于每年7、8月间在位于牙买加金斯敦的国际海底管理局总部举行。

大会由国际海底管理局所有成员、即《公约》缔约国组成，为国际海底管理局的最高权力机构，负责制定一般性政策，决定公平分配"区域"内活动取得的财政和其他经济利益，采取经济调整援助措施等。理事会由5组共36个成员国组成，为国际海底管理局的执行机构，负责制定"区域"内资源探矿、勘探和开发规章；核准深海海底区域资源勘探、开发工作计划；制定环境标准和其他标准；监督管理深海海底区域勘探、开发活动等。秘书处由秘书长和专职工作人员组成，负责执行大会和理事会确定的任务，监测"区域"活动，举办各类研讨会和专题会议；建立中央数据库，运行国际海底管理局网站。并在企业部成立前监测国际矿业市场趋势和发展情况，评估联合企业的运行方式，研究企业部的管理政策，为未来企业部开展业务作准备。

三、关于申请深海海底区域资源勘探、开发活动的相关要求

本条对申请深海海底区域勘探、开发活动所提交的材料要求，体现国家对进入深海海底区域从事勘探、开发活动的主体资质、能力等方面的要求。这些要求既符合我国现行法律法规对相关领域与行业活动的要求，也与《公约》和国际海底管理局已制定的规则、规章相一致。

1. 申请者基本情况

申请者的基本情况反映的是申请者的基本信息；这些信息足以确定申请者身份与状况，包括相关的资信证明材料：申请者（单位和个人）的合法身份证明或法人代表身份证明、注册资金与注册地点，主要营业地点或住所，通讯资信。在合资或合伙情况下，还包括每一合资或合伙者的基本信息，如是否中外合资，是否有效控制在他国注册的企业或受他国或他国国民有效控制的情况。

2. 拟勘探、开发区域位置、面积、矿产种类等说明

深海海底区域资源拟勘探、开发区域的位置主要取决于不同矿产资源的成矿环境与地理特征。如多金属结核主要存在于海底盆地，多金属硫化物存在于大洋中脊附近（另一类存在于弧后盆地的硫化物则位于国家管辖的专属经

济区内），富钴结壳则存在于海底山顶部。申请材料应以符合公认国际标准的坐标表界定拟勘探、开发区域的具体位置与界限（范围）。提供拟勘探、开发区域位置与范围还应说明是否会与同一区域其他可能的活动产生冲突或潜在冲突，如是否坐落在集中捕鱼区或主要航道上，是否有海底电缆经过同一区域。这些资料将有助于受理申请的国务院海洋主管部门和国际海底管理局协调与其他海洋活动及主管机构之间的关系，国际海底管理局也可据此判定是否在不同国籍的申请者之间存在拟勘探、开发区域的重叠问题，从而作出是否受理申请的决定。

深海海底区域资源勘探、开发区域的面积大小取决于两个因素。一是由于不同海底矿产种类所处的地理环境、矿床特征、有用金属组成等方面的不同，导致商业上有利可图的开发项目所需的资源量不同，使得不同矿产资源的勘探、开发区面积有着明显的差别，如勘探区的最大面积多金属结核资源可至 15 万平方公里，多金属硫化物为 1 万平方公里、富钴结壳则为 3000 平方公里。二是取决于申请者申请前资源调查和评价的程度。申请者可根据前期资源调查程度作出评估，在国际海底管理局规定的最大勘探区面积范围内决定拟勘探区域的大小。

在一些情况下，勘探区域面积并不等同于拟勘探的申请区面积。基于人类共同继承财产原则的"区域"制度规定了国际海底管理局参与勘探、开发活动的两种方式，由勘探申请者在申请时作出选择。一是申请者需要提交总面积两倍于勘探区的拟勘探申请区，并将其分成两组具有同等估计商业价值的海底区域，由国际海底管理局指定其中一组作为其保留矿区，留待企业部或发展中国家进行勘探开发，另一组分配给申请者作为勘探区。二是申请者提交与勘探区等同面积的拟勘探申请区，但申请者须允许国际海底管理局企业部在未来商业开发时以参股的方式与承包者组成联合企业参与矿区的开发，其参股比例不超过50%。国际海底管理局规定了多金属结核资源的勘探申请者须按第一种方式，向国际海底管理局提交保留矿区。而多金属硫化物和富钴结壳勘探申请者可在提供保留矿区或企业部参股两种方式之间二择其一。

矿产种类。现阶段国际海底管理局根据已制定的规章可以受理申请的是勘探阶段的活动、并在核准后能够授权承包者进行勘探的矿产种类为多金属结核、多金属硫化物和富钴结壳。

多金属结核又称锰结核，分布在水深 4000～5500 米的深海海盆，主要有用组分为镍（1.1%～1.4%）、铜（1%～1.3%）、钴（约0.25%）和锰（约30%）。矿体在海底表层就地聚集成单层状。矿体的这一天然形态表明，多金属结核矿址以二维空间大面积分布。多金属硫化物多数矿点位于水深 2500 米~4000 米的大洋中脊,矿床成分取决于不同性质火山岩淋滤出的金属元素类型,为隐伏的三维矿床。科学家也认识到,生物活动过程,尤其是多金属硫化物聚集的海底热液喷口附近的生态系统是深海矿物矿化过程中的重要因素。富钴结壳形成于水深 800 米~3000 米的海底山、海台的斜坡和顶部,矿床钴平均含量可高达 0.5%~0.8%,也含有其他许多金属和稀土元素。结壳厚度最高可达 20 厘米~30 厘米,延展面积达数平方千米。根据品位、丰度和海洋学等条件,最具开采潜力的结壳矿址,位于赤道附近的中太平洋地区。

3. 财务状况、投资能力证明和技术能力说明

财务状况、投资能力证明和技术能力说明等信息反映了申请者的经济和技术能力。申请者在申请书中应载明足够详细的资料,使国务院海洋主管部门能够据此确定申请者是否拥有执行工作计划所需的财政和技术资源,以履行未来国际海底管理局合同规定的义务。勘探阶段的这些证明和说明应包括:

(1)关于财务状况、投资能力证明

国有企业的申请应提交政府相关部门证明其拥有执行工作计划所需财政资源的文件。

其他实体提出的申请应附有最近三年符合国际公认会计原则并由合格的公共会计师事务所核证的经审计的财务

报表，包括资产负债表和损益表的副本。如果申请者是新组成的实体，则应提交经认证的预计资产负债表；如果申请者是另一个实体的子公司，则应提交该实体所核证的财务报表副本，及该实体证明申请者具有所需财政资源的文件；如果申请者受国有企业控制，应提交该国有企业证明申请者具有所需财政资源的文件。

（2）关于技术能力说明

申请应附有申请者相关的先前经验、知识、技能、技术资格和专长的一般说明；预期用来执行合同的设备和方法的一般说明，以及关于这些技术的特点的其他非专有性相关资料；和申请者处理对海洋环境造成严重损害的事件或活动的财政和技术能力的一般说明。

如果申请者是合伙企业或联营企业，则各合伙者或联营者均应提供上述所要求的财务和技术资料。

强调申请人的财务、投资能力和技术能力是建立我国深海海底区域资源勘探、开发市场准入制度的重点内容，也是切实履行国家确保只有具备相关资金和技术等资质的申请者才能进入深海海底区域从事资源勘探、开发活动的责任，避免因主体资质欠缺而造成无法履行其后的勘探、开发合同。

4. 勘探、开发工作计划和应急预案

深海海底区域资源勘探工作计划一般为期15年，主要内容包括：（1）勘探方案的一般说明和时间表，包括未来

5 年的活动方案，例如对勘探时必须考虑的环境、技术、经济和其他有关因素进行的研究；（2）进行海洋学和环境基线研究方案的说明，这些研究是为评估勘探活动对环境的潜在影响；（3）勘探活动可能对海洋环境造成的影响的初步评估；（4）为防止、减少和控制对海洋环境污染和其他危害以及可能造成的影响的相关措施；（5）未来 5 年活动方案的预期年度支出表。

借鉴陆地矿产资源开采和近海石油开发业务，国际海底管理局正在制定的深海海底区域资源开发规章草案所考虑的开发工作计划包括的主要内容：（1）开发可行性研究报告；（2）环境与社会影响评价报告；（3）深海采矿计划；（4）财务计划；（5）环境管理与监测计划；（6）关闭计划。

勘探、开发工作计划所包括的应急预案是指承包者为有效应对因海上活动而可能对人身、海洋环境和财产造成严重损害或带来严重损害威胁的事故的紧急响应机制和应急计划。这种紧急响应机制和应急计划应确定特别程序，并应规定备有足够和适当的设备，以应对此类事故的发生。

5. 国务院海洋主管部门规定的其他材料

从事深海海底区域资源勘探、开发的申请者需提交国务院海洋主管部门规定提交的其他资料，这是从立法技术

70

上考虑的弹性要求。国务院海洋主管部门规定的其他材料是指海洋主管部门依据本法制定的相关规定和办法所要求提交的材料，这些材料应与国内相关法律和与国际相关制度要求相一致。由于立法条件所限和目前深海海底区域活动所处的阶段特征，本法所要求申请者提交的材料难以罗列和囊括全部资料清单。随着对深海海底勘探、开发活动实践经验的不断丰富、技术装备能力的发展、对深海科学认知能力和环境评价能力的提升，国务院海洋主管部门可能会对从事深海海底区域勘探、开发和环境保护等活动提出相应要求，国际海底管理局也将制定出台开发规章和相应的规定和指南。本条规定充分考虑了国际义务与国内法的衔接，随着国际海底管理局"区域"资源开发规章的出台及相应制度的发展，国务院海洋主管部门可依法对申请者需提交的其他材料作出相应的补充规定，列明申请者提交符合与国内相关法规和深海海底国际制度要求相一致的材料清单。

● 相关规定

《联合国海洋法公约》；《关于执行 1982 年 12 月 10 日〈联合国海洋法公约〉第十一部分的协定》；《"区域"内多金属结核探矿和勘探规章》；《"区域"内多金属硫化物探矿和勘探规章》；《"区域"内富钴铁锰结壳探矿和勘探规章》。

第八条　国务院海洋主管部门应当对申请者提交的材料进行审查，对于符合国家利益并具备资金、技术、装备等能力条件的，应当在六十个工作日内予以许可，并出具相关文件。

获得许可的申请者在与国际海底管理局签订勘探、开发合同成为承包者后，方可从事勘探、开发活动。

承包者应当自勘探、开发合同签订之日起三十日内，将合同副本报国务院海洋主管部门备案。

国务院海洋主管部门应当将承包者及其勘探、开发的区域位置、面积等信息通报有关机关。

☞ 条文主旨

本条是关于国务院海洋主管部门对申请者提交的材料进行审查、予以许可和承包者勘探、开发合同备案的规定。

☞ 立法背景

行政许可的审查程序是指行政机关对已经受理的行政许可申请材料的实质内容进行核查。行政机关审查行政许可申请就是核实申请者是否具备法定的行政许可条件，以便依法决定是否准予行政许可。我国行政许可法第十八条规定："设定行政许可，应当规定行政许可的实施机关、条

72

件、程序、期限。"考虑到本法起草的背景，不宜规定过细，以便为将来实践发展留有余地，本法只对上述内容作了原则性规定。

在本法的立法过程中，是否新设行政许可经历了反复讨论与论证。《公约》附件三第四条有关深海海底区域资源勘探、开发申请者的资格规定。每一申请者应由其国籍所属的缔约国担保。如果申请者具有一个以上的国籍（如由几个国家的实体组成的合伙团体或财团），所有涉及的缔约国都应担保申请；如果申请者是由另一个缔约国或其国民有效控制，两个缔约国都应担保申请。在深海海底区域矿产资源勘探、开发活动中，缔约国所承担的是确保承包者遵守承包者与国际海底管理局签订的合同以及《公约》《执行协定》与国际海底管理局规章所规定义务的责任，其主要目的是确保承包者按照《公约》和《执行协定》确立的深海海底区域制度，国际海底管理局制定的规则规章以及《公约》第一五三条第三款以合同形式存在的"正式书面工作计划"从事勘探、开发活动。担保国的作用在于"协助"国际海底管理局监督、管理承包者，控制"区域"内活动，采取预防性措施和最佳环境做法以有效保护海洋环境，在管理局为保护海洋环境发布紧急命令的情形下采取措施提供相应保证等，其担保义务是一种适当尽责的义务。根据《公约》附件三第四条规定，如果担保国已制定法律和规章，并已采取行政措施，而这些法律和规章及行政措施在其法律制度范围内可以合理地认为足以使在其管辖下的人遵守时，则该国对其所担保的承包者因不履行义务而造成的损害，应无赔偿责任。国际海洋法法庭海底分庭有关担保国责任的"咨询意见"认为，如果担保国已采取"一切必要的和适当的措施以确保"被担保的承包者"切实遵守"其义务，则可免除担保国的损害赔偿责任。鉴于担保国的"尽责"义务是确保承包者的义务可以被执行，因而监管制度设计的核心是法律效果，而非表现形式，缔约国可以据其法律制度文化，选择适合本国国情的制度履行担保责任，达到预期法律效果。采用许可制度对拟从事深海海底区域资源勘探、开发活动的我国公民、法人或者其他组织予以审查，不仅是我国对其有效控制和监管的表现，同时也是我国为其提供担保文件的一个前置审查程序。只有符合本法规定的主体，才能够获得我国许可，从而得到我国的担保。这也是国际上比较通行的做法，英国、德国、新加坡等国都采取此种许可制度。

采用许可制度，既符合我国实际情况，体现我国国家意志，又能在客观上有效履行担保国的担保责任，从而更好维护我国国家利益和人类共同继承的财产。首先，许可制对深海海底区域资源勘探开发活动的管控更加有效。国务院海洋主管部门通过对从深海海底区域资源勘探、开发活动的申请受理到审查批准以及在不同情况下的备案和通报制度，国家对承包者的勘探、开发活动做到全程监管。与此同时，如果承包者违反法律或合同规定，国家将依法追究其法律责任，并课以行政处罚及刑事处罚。监管与惩罚并用的深海行政许可为规范承包者的资源勘探、开发活动提供了制度上的保障。

其次，许可制更能促进我国深海海底区域资源勘探开发活动的有序进行和长远发展。许可制的采用实际上是为进入深海海底区域资源勘探、开发活动设立了一个门槛，只有在资金、技术等方面符合国家要求才有可能得到国务院海洋主管部门的批准。设立门槛并不是人为造成进入深海领域的障碍，而是出于维护国家利益、维护人类共同继承财产原则，保护有意愿、有能力且深海活动规划合理的主体进入深海领域，也将在此过程中规范、整合社会深海力量，鼓励他们进入良性竞争、强强联合。与此同时，国家对行政许可的条件还可以根据我国国家利益的调整、深海事业的规划等因素进行调整，控制进入深海海底区域资源勘探、开发活动的主体、规模等。

● 条文解读

国务院海洋主管部门对申请者提交的材料进行审查，对于符合条件的予以许可，是属于国务院职能部门行政许可事项。新设此行政许可十分必要，表明国家对规范深海海底区域资源勘探、开发活动的重视，这是在借鉴发达国家经验的基础上，通过我国对深海海底活动进行宏观调控的有力手段，保障进行深海海底区域资源勘探、开发活动主体的合法权益、维护社会经济秩序、促进资源的合理配置和环境保护等活动，同时也维护了人类共同继承财产这一基本原则。

一、关于审查、许可与出具相关文件

本条规定了国务院海洋主管部门应当对申请者根据第七条提交的申请材料进行审查，强调对于符合国家利益并具备资金、技术与装备等能力条件的申请，应当在六十个工作日予以许可，并出具相关文件。

1. 关于国家利益

在深海海底区域资源勘探、开发领域，是否符合国家利益，首要因素是勘探、开发活动应当有利于维护我国政治利益和国家安全，通过参与深海海底资源利用和海洋环境保护等活动，既体现出我国良好的国际形象，展现我国作为负责任大国的政治气度和智慧，也是保障国家资源、环境等领域安全的重要手段。其次，深海海底区域资源勘探、开发应当符合我国的海洋战略。海洋战略是指导国家海洋事业发展和保障国家海洋利益及安全的总体方略，是国家战略在海洋事务中的运用和体现，是集指导海洋经济发展、海洋科技进步、海洋环境保护和海上安全保障等于一身的战略体现。中共十八大报告提出的"提高海洋资源开发能力，发展海洋经济，保护海洋生态环境，坚决维护国家海洋权益，建设海洋强国"的战略思想也是衡量我国走向深海、开展深海海底区域资源勘探、开发活动是否符合国家利益的主要尺度。再次，具有潜在经济利益，有利于公共利益提升。深海海底区域资源勘探、开发中存在两项公共利益：一是深海海底资源勘探、开发带来的经济利益，二是深海海底生境与深海生物多样性构成的生态利益与环境利益。要保证经济利益实现，需要申请者诚信经营，具备足够的技术、资金能力；丙要保证生态利益和环境利益，就需要对勘探、开发活动进行环境影响评估、采取环境保护措施。

2. 关于具备资金、技术、装备等能力条件

资金、技术和装备是确定申请者是否具有足够的财政和技术能力履行今后与国际海底管理局签订的合同和执行勘探、开发工作计划，也是确保承包者通过勘探、开发深海海底资源实现经济利益的基本条件。基于深海海底资源勘探、开发具有投资大、风险高、周期长、技术性强等特点，国务院海洋主管部门通过审查应确定申请者能否承担和筹措足够的财政资源以支付拟议的勘探、开发作业估计成本和预计投入，勘探、开发合同所要求的应交费用和有

关活动费用，持续监控和管理海洋环境的估计费用；建立必要的风险评估和管理系统的费用，包括满足健康、安全和环境要求的责任保险。从技术、装备角度，深海海底资源勘探、开发环境不同于陆地资源勘查与开发环境，例如海底无光线、水深压力、地形复杂、洋流变幻等环境，海面风浪对现场作业的影响等。由于深海海底环境复杂，资源勘探、开发作业困难，申请者和承包者需要具备足够的技术能力应对这些困难，需要斥资购买或研发能够进行深海资源勘探、开发的设备，需要培养具有专业技能的相关人员和建立相对稳定的专业队伍；同时根据本法规定的应急处置机制，勘探、开发活动过程中应备有足够和适当的设备，以应对可能发生的环境损害等紧急事故。

3. 关于在六十个工作日内予以许可

规定行政机关审查行政许可事项的期限，可以规范行政机关的行为、提高行政效率的同时，也便于申请者监督行政机关的行为。"六十个工作日"是国务院海洋主管部门审查申请者提交材料的时限，规定了在一个时间段里进行许可。行政活动要遵守效率原则，国务院海洋主管部门要积极履行法定职责，禁止不作为或者不完全作为，六十个工作日便是法定时限，禁止超越法定时限或者不合理延迟。规定一个较短的审批时限也是考虑到了深海海底活动的实际情况。向国际海底管理局申请勘探深海海底是"先到先得"原则，也就是国际海底管理局根据申请的先后顺序受理申请。深海海底区域活动复杂多变，国务院海洋主管部门在受理申请后的较短时间内审查许可申请者的申请，有利于申请者在向国际海底管理局的申请中抓住时机，掌握申请主动权。"六十个工作日"是审批的上限时间，实际上，审批部门应当本着"从速审议"的原则进行审议，审批部门当然可以提前于六十个工作日期限内进行审批。

4. 关于相关文件

国务院海洋主管部门审查之后，出具相关文件。"相关文件"除行政许可证书等文件外，主要指申请者向国际海底管理局申请勘探、开发工作计划时须一并提交的国家担保文件。根据国际海底管理局要求，国家担保文件应以提交该担保文件的国家名义正式签署，并应载有：（a）申请者名称；（b）担保国国名；（c）一份陈述，声明申请者是担保国国民或受担保国或其国民的有效控制；（d）担保国的陈述，表示该国担保该申请者；（e）担保国交存《公约》批准书、加入书或继承书的日期；（f）担保国按照《公约》第一三九条、第一五三条第四款和附件三第四条第四款承担责任的声明。中国大洋协会和中国五矿集团公司以往向国际海底管理局提交的深海海底区域资源勘探工作计划的申请书均附有国务院授权的国家海洋局出具的国家担保文件。本法在我国实践的基础上，根据第五条所确立的管理体制，明确了国务院海洋主管部门对符合审查条件的深海海底区域资源勘探、开发申请者予以许可、出具相关文件，包括代表国家出具国家担保文件的程序。

二、关于获得许可的申请者在与国际海底管理局签订勘探、开发合同成为承包者后，方可从事勘探、开发活动

这里强调的是，通过国内审查、许可、取得国家担保是具有我国国籍的申请者进入深海海底区域从事资源勘探、开发活动的前置条件，是我国作为担保国管辖权（属人管辖）、履行担保义务的体现。国务院海洋主管部门审查批准了申请者深海海底活动的许可申请，并出具了国家担保文件，并不意味着申请者就可以进行深海海底区域勘探、开发活动，而必须按"区域"制度要求，通过国际海底管理局履行一系列必要的程序，在与国际海底管理局签订勘探、开发合同成为承包者后才可从事深海海底区域资源勘探、开发活动。这是因为"区域"及其资源是人类共同继承的财产，位于我国和其他国家管辖范围以外的海域，由国际海底管理局代表全人类进行管理。

1. 关于承包者

承包者是指与国际海底管理局签订了勘探、开发合同，依合同开展深海海底区域资源勘探、开发活动的主体。除《公约》所规定的《公约》缔约国直接从事勘探、开发活动外，承包者是指缔约国所担保的国有实体、私有实体，或这两种形式的任意组合的联合体。成为承包者须有国家担保，在由多个国籍实体组成的联合企业或合伙企业的情况下，所有组成联合企业或合伙企业的实体须由各自国籍所在的缔约国担保。本法所指的承包者是指与国际海底管理局签订了勘探、开发合同，依合同开展深海海底区域资源勘探、开发活动的中国公民、法人或者其他组织，如本法第二条所界定的各类存在形式。

承包者与国际海底管理局之间是合同关系。合同是承包者参与深海海底区域资源勘探、开发活动的法律依据。国际海底管理局对承包者深海海底区域资源勘探、开发活动具有管理权，包括审批、核准勘探和开发工作计划、签订合同和监管以合同形式核准的工作计划的实施。承包者有义务与国际海底管理局开展合作，包括合作制定环境监测方案，与国际海底管理局下属的企业部联营。

承包者与所在国籍国或受有效控制的国家之间的关系可确定为担保关系。担保国应制定法律法规、采取行政措施，并确保这些法律法规及措施是可执行的。我国对深海海底活动的"确保"责任体现在依据本法对申请者和承包者的全程管理，包括审查、许可和监管、追责。上述前提下，承包者在勘探、开发活动中出现损害环境等问题，担保国可免除损害赔偿责任。

承包者与国际海底管理局、担保国三者是深海海底区域勘探、开发活动的共同与主要参与方，三者不可或缺。此外，承包者与其他相关利益方、包括其他深海海底区域活动主体之间存在互动与相互适应的关系。

承包者与其他深海海底区域活动主体的关系：一是与其他承包者的关系。现阶段作为同一个利益集团，在环境评估、技术发展与标准制定，利益分配如缴费制度等方面，需要这一利益集团的通力合作。在矿区申请、市场份额及占有、技术装备的研制与发展等方面又是竞争者。二是与矿产资源勘探开发行业其他活动主体的关系，有关承包者转让权力（部分或全部）的规定、开发规章草案有关合同可以采取抵押、典当、留置等方式进行融资，说明承包者可以通过不同形式与这一行业中其他活动主体建立新的合作或合同关系。三是承包者在同一合同区域内与其他活动者之间的关系，这些活动主要是公海自由原则下的相关活动，如海洋科学研究、捕鱼、航行、海底管道或电缆的铺设与海上设施设置。与这些活动主体之间需要相互适应与协调，确保在同一区域开展不同海洋活动时不致造成相互干扰。

承包者与国际海底管理局，或与其他"区域"活动主体之间，如就深海海底区域资源勘探、开发和其他活动出现争端，争端的解决适用《公约》第十一部分第五节和

《公约》第二八五条的规定。

2. 关于成为承包者的程序

根据《公约》相关规定、国际海底管理局已出台的勘探规章和正在制定的开发规章，获得国务院海洋主管部门许可的申请者成为勘探、开发合同承包者的程序如下：

申请者由其指定的代表或国家指定的机构按照相关要求向国际海底管理局秘书长提交请求核准勘探、开发工作计划的申请书，并出具国家担保文件，同时须缴纳规定的申请费用。

国际海底管理局秘书长应当在一定期限内（如收到勘探申请书后的 30 天内）书面确认收到请求核准勘探、开发工作计划的申请书，并注明收件日期。

秘书长在收到请求核准勘探、开发工作计划的申请书后，即应通知国际海底管理局法律技术委员会成员并将该申请书的审议列入委员会下一次会议议程。法律技术委员会应按收件的先后次序从速审议申请书，并应考虑到国际海底管理局会议的时间表，利用第一个可能的机会向理事会提交审议报告和建议。

国际海底管理局理事会应按《执行协定》的相关规定审议法律技术委员会关于核准勘探、开发工作计划的报告和建议。

最后，一项勘探、开发工作计划如经理事会核准，应当写成国际海底管理局与申请者之间的合同,由国际海底管理局秘书长与申请者代表签署。合同自签署之日起生效,此时,申请者成为深海海底区域资源勘探、开发活动承包者,方可根据合同开展深海海底区域资源勘探、开发活动。

三、关于备案

本条要求承包者自与国际海底管理局签订勘探、开发合同之日起三十日内,将合同副本报国务院海洋主管部门备案。一般而言,备案是指向主管机关报告事由,存案以备考查。备案的核心内涵是指当事人向主管机关报备相关事项,是行政机关依照法律法规的规定,接受行政相对人报送符合条件的资料和文件,并进行收集存档,以作为后续监管和执法的信息基础。此处的备案是指承包者向国务院海洋主管部门报送合同副本以备查考,这有利于国务院海洋主管部门知悉、掌握承包者从事深海海底区域活动的详细内容和进展,也有利于国家保护承包者的合法权益。备案不对承包者的合同权利义务、从事深海勘探、开发的资格产生实质影响。国务院海洋主管部门通过备案制的实施进行信息收集和信息披露,存档备查,为其行政决策和行政执法提供信息基础,也起到监督检查的作用。规定合同签订之日起三十日内报备是为给定一个合理的时限,既有利于国务院海洋主管部门及时了解、掌握相关情况,也考虑到承包者签订合同可能出现的不同情况,给签订合同的承包者一个合理的报备准备时间。

四、关于信息通报

通报制度是我国立法中常用的一种制度，便于相关部门监督管理，便于公民及时知晓相关情况。国务院海洋主管部门应当将承包者及其勘探、开发的区域位置、面积等信息通报有关机关，首先是承包者的相关信息，包括应能使有关机关及时知悉掌握与其管理职能相关的信息，便于有效保护承包者的权益和利益，及时处置勘探、开发活动期间可能的突发事件和紧急情况。此外进行深海海底区域资源勘探、开发活动，也可能会涉及同一区域内其他海洋活动，例如海上航行、捕鱼、铺设管道、科学研究等。《公约》规定，"区域"活动应当与海洋环境中的其他活动相互合理地顾及，为此承包者勘探、开发的区域位置、面积等信息应当为我国相关部门所知晓，以对相关海洋活动进行提示和相互顾及。"有关机关"应包括本法第五条中所指的负责相关管理工作的国务院其他有关部门，如外交部、交通部等；也应包括应知情的相关部门与行业，如科学院、新闻机构等。

● 相关规定

《联合国海洋法公约》第一三九条、第一四七条、第一五三条；《联合国海洋法公约》附件三第四条；《关于执行

1982 年 12 月 10 日〈联合国海洋法公约〉第十一部分的协定》;《"区域"内多金属结核探矿和勘探规章》;《中华人民共和国行政许可法》第十八条。

第九条 承包者对勘探、开发合同区域内特定资源享有相应的专属勘探、开发权。

承包者应当履行勘探、开发合同义务,保障从事勘探、开发作业人员的人身安全,保护海洋环境。

承包者从事勘探、开发作业应当保护作业区域内的文物、铺设物等。

承包者从事勘探、开发作业还应当遵守中华人民共和国有关安全生产、劳动保护方面的法律、行政法规。

◖ **条文主旨**

本条是关于承包者权利、义务的规定。

◖ **立法背景**

为了对在深海海底区域从事勘探、开发活动我国公民、法人或者其他组织实行有效控制,保障其合法权益,同时确保其履行《公约》义务,根据我国有关法律和《公约》规定,本法设定了承包者的权利和义务。

⬤ 条文解读

一、关于承包者的权利

专属勘探、开发权来自深海海底区域资源所有者代表——国际海底管理局对承包者的授权，特别是深海海底矿物根据《公约》回收时，其所有权即应转移至合同的承包者。本款所指的承包者的权利是对勘探、开发合同区域内特定资源享有相应的专属勘探、开发权。通过对专属勘探、开发权和合同区域与特定资源的限定，明示本法所授的权利与国际海底管理局和承包者签订的合同中所赋予承包者的相应权利相一致。

国际海底管理局勘探规章规定，承包者对一项勘探工作计划所涉区域的指定类别资源享有专属勘探权，而持有一项已核准的勘探工作计划的承包者，只应在那些就同一区域和资源提出开发工作计划的各申请者中享有优惠和优先，即目前勘探阶段通常所说的承包者享有的专属勘探权和优先开发权。这意味着勘探合同的承包者在目前阶段只对合同区域特定资源的勘探具有专属权，而开发只有优先权，不具专属权。随着深海海底区域资源开发阶段的临近，相应的专属开发权有待于深海海底区域资源开发法律制度加以明确。《公约》附件三第三条第四款规定，每一核准的工作计划应按照国际海底管理局的规则、规章和程序，授予经营者在工作计划所包括的区域内勘探和开发指明类别的资源的专属权利。根据《公约》这一条款，国际海底管理局将通过制定开发规章，授予符合开发规章要求的承包者相应的专属开发权。本法中"相应的"一词便是基于此种情况考虑，无论是当前的深海海底区域法律规定还是未来法律制度的完善，都可以依据本法对其进行与《公约》规定相一致的深海海底区域法律制度的解释。

承包者相应的专属勘探、开发权利限定于勘探、开发合同区域内的特定资源。这里需明确的是"勘探合同区域"随着勘探进程需进行放弃而不断缩小。勘探合同承包者在勘探合同到期时，或申请开发权时（以较早者为准），可在剩余的勘探合同区中指定一个区域，保留作开发之用。"特定资源"是指合同区内指定类别的资源，而不是合同区域内所有资源。这意味着承包者只对合同区域内的特定资源享有相应的专属勘探、开发权，即使承包者在勘探、开发合同区过程中发现了其他种类的资源，也不具有勘探、开发其他资源的权利。因此在同一块深海海底区域中，理论上存在着不同种类矿产资源的专属勘探、开发权并存的可能。本法有关深海海底区域资源勘探、开发申请、审查许可直至进行勘探、开发活动的规定应解读为分别适用于同一区域不同种类矿产资源的勘探、开发。

二、关于承包者履行勘探、开发合同义务，保障从事勘探、开发作业人员的人身安全，保护海洋环境

承包者履行勘探、开发合同义务是对承包者的基本要求。在合同中，承包者承诺同意合同的条款是可执行的，并将予以遵守；并承诺诚意履行合同规定的义务。承包者应依照合同的条款和诚意履行合同义务的承诺，进行深海海底区域活动。本条在规定承包者应当履行勘探、开发合同义务的同时，特别强调了承包者保障从事勘探、开发作业人员的人身安全，保护海洋环境的责任，结合本章第十一条对勘探、开发活动中突发事件的应急处置的有关要求，本法在强调"管控好"的同时，也充分体现了"保障好"的立法思想。

保障从事勘探、开发作业人员的人身安全，既是我国相关法律的要求，也是承包者应履行的合同义务。我国安全生产法中对我国生产经营单位提出了安全生产、保障员工人身安全的义务。《公约》要求在"区域"内活动，应采取必要措施，以确保切实保护人命安全。国际海底管理局制定的合同标准条款规定，承包者应遵守主管国际组织或外交大会所制定的关于海上人命安全和防止碰撞的公认国际规则和标准以及管理局可能通过的关于海上安全的规则、规章和程序。用于在"区域"内进行活动的每一船舶应持有按照这些国际规则和标准颁发的有效证件。

承包者从事勘探、开发活动应切实履行保护海洋环境的责任，在合理与可行范围内采取必要措施防止、减少和控制其"区域"内活动对海洋环境造成的污染和其他危害。保护海洋环境是本法立法的重要目的与原则，为此在第三章专章就环境保护作了明确规定。

三、关于承包者从事勘探开发作业应当保护作业区域内文物、铺设物等的义务

　　关于文物。《中华人民共和国文物保护法》规定，一切机关、组织和个人都有依法保护文物的义务。文物是不可再生的文化资源。国家加强文物保护的宣传教育，增强全民文物保护的意识，鼓励文物保护的科学研究，提高文物保护的科学技术水平。我国文物保护法提出了保护文物的理念、义务和行为规范。这种理念、义务和行为规范同样适用于中国公民、法人和组织在境外处置、保护文物的行为。

　　《公约》规定，在"区域"内发现的一切考古和历史文物，应为全人类的利益予以保存或处置，但应特别顾及来源国，或文化上的发源国，或历史和考古上的来源国的优先权利。国际海底管理局规章要求，在勘探区内发现任何具有考古或历史意义的遗骸或任何类似性质的文物或遗址时，承包者应立即将该事及发现的地点以书面方式通知秘书长，包括报告已采取的保全和保护措施。秘书长应将

这些资料转交联合国教育、科学及文化组织总干事以及任何其他主管国际组织。在勘探区发现这种考古或历史意义的遗骸、文物或遗址后，为了避免扰动此类遗骸、文物或遗址，在国际海底管理局作出决定前，承包者不得在一个合理范围内继续进行勘探。

关于铺设物。我国为加强海底电缆管道的保护，保障海底电缆管道的安全运行，维护海底电缆管道所有者的合法权益，制定了《铺设海底电缆管道管理规定》和《海底电缆管道保护规定》。《公约》规定，深海海底区域内的活动需要与海洋环境中的其他活动相互适应，合理顾及海洋环境中的其他活动。与国际海底管理局签订的合同也需要承包者承诺合理顾及海洋环境中的其他活动，这些活动一般是指公海自由原则下的相关活动，包括海底电缆与管道的铺设。

四、关于承包者遵守国内有关安全生产、劳动保护方面的法律、行政法规

承包者从事勘探、开发作业，有关安全生产、劳动保护方面还需遵守我国相关法律和行政法规。《中华人民共和国安全生产法》第四条规定，生产经营单位必须遵守本法和其他有关安全生产的法律、法规，加强安全生产管理，建立、健全安全生产责任制和安全生产规章制度，改善安全生产条件，推进安全生产标准化建设，提高安全生产水平，确保安全生产。从业人员是生产经营单位中从事生产经营活动的主体，按照宪法、劳动法等法律的规定，应当受到劳动保护，同时，也应当遵守法律、法规和生产经营单位的规章制度，履行安全生产义务。这也是保证生产经营单位安全生产的重要方面。与此同时，我国劳动法规定，用人单位必须建立、健全劳动安全卫生制度，严格执行国家劳动安全卫生规程和标准，对劳动者进行劳动安全卫生教育，防止劳动过程中的事故，减少职业危害。用人单位必须为劳动者提供符合国家规定的劳动安全卫生条件和必要的劳动防护用品，对从事有职业危害作业的劳动者应当定期进行健康检查。例如，劳动者享有平等就业和选择职业的权利、取得劳动报酬的权利、休息休假的权利、获得劳动安全卫生保护的权利、接受职业技能培训的权利、享受社会保险和福利的权利、提请劳动争议处理的权利以及法律规定的其他劳动权利。安全生产工作应当以人为本，坚持安全发展，坚持安全第一、预防为主、综合治理的方针，强化和落实生产经营单位的主体责任，建立生产经营单位负责、职工参与、政府监管、行业自律和社会监督的机制。本款规定是本法"保障好"立法思想和本法第三条国家保护我国公民正当权益的具体体现。

《联合国海洋法公约》附件三第一条、第三条第四款；《中华人民共和国文物保护法》；《中华人民共和国劳动法》；《中华人民共和国安全生产法》第四条。

第十条 承包者在转让勘探、开发合同的权利、义务前，或者在对勘探、开发合同作出重大变更前，应当报经国务院海洋主管部门同意。

承包者应当自勘探、开发合同转让、变更或者终止之日起三十日内，报国务院海洋主管部门备案。

国务院海洋主管部门应当及时将勘探、开发合同转让、变更或者终止的信息通报有关机关。

● 条文主旨

本条是关于承包者合同变更、转让、终止的规定。

● 立法背景

在履行与国际海底管理局签订的承包合同期间，随着国际形势以及承包者本身情况的变化等，承包者可能产生转让合同的意愿。承包者享有此权利，可以对合同进行转让、做出重大变更。而且，合同除了正常到期之外，一定条件下，承包者也可以提前终止合同。合同的变更、转让条款使得一些企业有机会在深海海底区域资源勘探、开发活动进程中进入深海，成为承包者或承包者的组成部分；也给现阶段特定承包者职能转变，转让勘探权打下法律基础。这将促进企事业单位在深海海底区域活动不同阶段进行合作，优化配置资源，促进强强联合。本条规定为承包者转让合同权利、义务提供了法律上的依据。

● 条文解读

一、关于承包者转让勘探、开发合同的权利和义务

转让是指一方将自己的某一权利或财物让与另一方，从而取得一定的报酬作为对价的行为。权利与财物的原拥有方为出让人，接受权利或财物方为受让人。承包者对深海海底合同区域指定资源进行勘探、开发的相应专属权可视为国际矿业界的矿业权，是一种财产权利，具有可流转性。承包者同国际海底管理局签订合同之后，经国际海底管理局同意，并按照相关规定，可全部或部分转让合同规定的权利和义务。合同的条款、承诺和条件应对合同各方及其各自的继承者和受让者生效，使他们从中受益并受其约束。

合同规定的承包者权利与义务的转让一是全部转让，合同的主体发生更换，也即国务院海洋主管部门许可的对象发生变更；在此情况下，全部转让即债权与债务的转让，

也可视为权利与义务的继承。二是部分转让，国际海底管理局正在拟定的深海海底资源开发规章草案有关承包者可以通过合同抵押、典当、留置等方式进行融资，说明承包者可以将合同所赋予的专属权利作为资产，通过资产抵押和转让的不同形式与相关的活动主体进行资产重组，建立新的利益关系。此处需要强调的是，合同权利的受让者应当是符合国际海底管理局相关规定条件的申请者，并且承担与承包者转让的合同权利相应的一切义务，而获得国际海底管理局同意的前提是受让者国籍所在国是《公约》缔约国，且该缔约国应当对受让者进行担保。

二、关于承包者对勘探、开发合同作出重大变更

承包者同国际海底管理局签订合同之后，可以基于一定条件对合同进行变更。勘探合同规定，如果已经发生或可能发生的情况使管理局或承包者认为将使本合同有失公允，或使本合同或《公约》第十一部分和《执行协定》所订的目标无法或不可能实现，双方应进行谈判，对合同做出相应的修改。承包者和管理局也可以协议修改本合同，以便利执行管理局在本合同生效以后通过的任何规则、规章和程序。合同的变更、修正或改动，须得到承包者和管理局的同意，按照经由双方授权的代表签署的适当文书履行。

何谓"重大变更"？我国合同法并未对合同变更概念做

定义，但一般来说，合同变更是指合同的内容发生变化和更改，即通过有效的合同变更行为使得合同所对应的权利、义务发生变动。本法所称"重大变更"是指由于深海海底区域勘探、开发活动主体、内容、方式或性质等发生改变，国务院海洋主管部门颁发的原许可证已不能适用，需要对许可的主体、条件、范围等内容作出调整或改变。勘探、开发合同主体的变更无疑是一种重大变更，但可由合同转让的相关规则来调整。合同期限发生变化，如承包者在合同期内由于自身原因或基于特定事实的出现向国际海底管理局提出放弃合同或提前终止合同、或承包者与国际海底管理局签订勘探合同延期协议或续订开发合同，应视为合同的重大变更。由于深海海底资源勘探、开发合同的特殊性，承包者和国际海底管理局对合同中关于深海海底资源勘探、开发的区域、位置、面积及作业方案等内容作出的变更如对承包者的权益及国家对深海海底资源的权益造成实质性影响等情况，也应视为重大变更。

三、关于勘探、开发合同转让、变更或终止的报批、报备与信息通报

对承包者转让勘探、开发合同的权利和义务，或对勘探、开发合同作出重大变更，应事先报经国务院海洋主管部门同意。这是因为行政许可证具有确定力，无论是对持证人还是对行政许可机关，许可证一经颁发，非经法定程序不得随意变更。本条也考虑了深海海底区域资源利用作为一项正在形成的新兴产业，其勘探、开发活动的风险与不确定性，随着情况的发展变化，允许被许可人向国务院海洋主管部门提出对原许可事项予以变更的申请。对被许可人而言，未经国务院海洋主管部门通过法定程序，持证人不得自行更改许可证内容，或从事超出许可范围的活动，或自行中止合同。对国务院海洋主管部门而言，变更许可证应对变更申请进行认真审查，确定其是否符合法定的条件和标准，并且依照法定程序办理变更手续，经审查后重新核发许可证，并出具相关文件。对承包者在合同期内由于自身原因或基于特定事实的出现确实无力再继续履行合同、而请求放弃合同或提前终止合同的情况，应依据法定程序收回行政许可、办理注销手续，并同时撤回国家担保文件。由此可见，如同向国际海底管理局申请深海海底区域资源勘探、开发工作计划须事先经国务院海洋主管部门审查许可，承包者对合同进行转让、作出重大变更，包括中止合同，在向国际海底管理局提出并获得同意之前，须先经过国务院海洋主管部门审查同意，这是我国为承包者转让合同、作出重大变更的事前控制，对其进行把关、审查的行为，也是我国履行担保国责任应负的监管职责。

承包者自勘探、开发合同转让、变更或者终止之日起三十日内，报国务院海洋主管部门备案。对合同转让、变更或者终止作出如同本法第八条要求承包者报备合同副本的规定，以便国务院海洋主管部门存案备查，同样有利于国务院海洋主管部门知悉、掌握承包者进行深海海底区域活动的详细情况，也有利于保护承包者的合法权益。

国务院海洋主管部门及时将勘探、开发合同转让、变更或者终止的信息通报有关机关，如同本法第八条国务院海洋主管部门将承包者及其勘探、开发活动相关信息通报有关机关的规定，使有关机关及时知悉掌握与其管理职能相关的信息变化，便于有效保护承包者及继承人的权益和利益；也使同一区域内的其他海洋活动，例如海上航行、捕鱼、铺设管道、科学研究等，及时作出与勘探、开发活动主体及相关变化相适应的调整，以使不同活动之间相互合理地顾及。

● 相关规定

《联合国海洋法公约》；《关于执行 1982 年 12 月 10 日〈联合国海洋法公约〉第十一部分的协定》。

第十一条　发生或者可能发生严重损害海洋环境等事故，承包者应当立即启动应急预案，并采取下列措施：

（一）立即发出警报；

（二）立即报告国务院海洋主管部门，国务院海洋主管部门应当及时通报有关机关；

（三）采取一切实际可行与合理的措施，防止、减少、控制对人身、财产、海洋环境的损害。

🖝 条文主旨

本条是关于深海海底区域资源勘探、开发活动中面对突发事件应采取应急预案的规定。

🖝 立法背景

海洋勘探、开发活动复杂并且处于气候变幻莫测的海洋上，极易发生损害海洋环境和人身伤害、财产损失等事故。深海海底区域活动可供借鉴的经验教训是近海石油勘探开发作业。例如1979年11月25日，在中国渤海湾钻探海底石油的"渤海2"号钻井船，由拖轮拖带迁移井位航行途中遇10级狂风导致钻井船倾覆沉没，72人遇难的特大死亡事故，直接经济损失3735万元。自然条件固然是事故产生的原因，但绝大多数情况下预防不足、应对不利才是导致事故发生的根本原因，而缺乏应对突发事故的应急处置机制更是值得警醒和需要加以防止的方面。为此实施应急预案能够最大限度防止、减少、控制对人身、财产、海洋环境的损害。

我国相关法律对突发事件的应急处置作了明确规定。

我国突发事件应对法规定，国家应建立健全突发事件应急预案体系。国务院制定国家突发事件总体应急预案，组织制定国家突发事件专项应急预案；国务院有关部门根据各自的职责和国务院相关应急预案，制定国家突发事件部门应急预案。我国安全生产法第七十六条规定，国家加强生产安全事故应急能力建设，在重点行业、领域建立应急救援基地和应急救援队伍，鼓励生产经营单位和其他社会力量建立应急救援队伍，配备相应的应急救援装备和物资，提高应急救援的专业化水平。此外，该法还特别规定实施应急预案。我国海洋环境保护法也对海上突发事件的处置机制作出了相关规定。

本法草案讨论与审议过程中的一个基本共识是，深海海底资源勘探、开发活动区域远离陆地，尤其是未来的商业开发涉及大范围的海洋环境和重大工程装备的应用，应充分体现立法原则中的环境保护原则和以人为本的思想，未雨绸缪，建立应对突发事件的应急处置机制。

● 条文解读

一、应急预案及其实施的必要性

目前，我国生产安全事故应急能力建设相对不足，安全生产应急救援工作仍面临一些亟待解决的问题，救援力量仍较薄弱，应对重特大事故灾难的大型及特种装备较为缺乏，盲目施救造成事故扩大的情况时有发生，部分重大事故致灾机理和安全生产共性、关键性技术研究有待进一步突破。鉴于此，我国专门立法对国家加强生产安全事故应急能力建设作了专门规定。发生或者可能发生严重损害海洋环境、人身、财产等突发事件，启动应急预案非常必要。中外海洋油气资源勘探、开发实践中都曾发生过致使海洋环境受到严重污染的溢油事故。深海海底区域资源勘探开发活动作业区远离陆地、作业时间长、风险高，存在诸多不确定性，也发生过船只碰撞、沉没、人命损失、失火等突发事件，应急机制更显必要。本条中的"等"字表明了启动应急预案的情况不仅仅是发生或者可能发生严重损害海洋环境，还有可能是发生人身、财产损害事故。这也与本法第七条要求申请者所提交的申请材料包括勘探、开发活动可能对海洋环境严重损害等的应急预案，第九条第二款规定，承包者应当履行勘探、开发合同义务，保障从事勘探、开发作业人员的人身安全，保护海洋环境，和本条第三项的规定相呼应，体现了本法"管控好"和"保障好"的重要立法思想。

二、应急处置机制

如果承包者的活动已经、正在或可能对海洋环境造成严重损害等事故，承包者应立即启动应急预案。根据本条规定，承包者应采取的措施包括：

101

1. 立即发出警报，包括在勘探、开发活动区域发出警报，警告可能进入毗邻水域的船只。

2. 立即报告国务院海洋主管部门。在发生事故的第一时间报告国务院海洋主管部门，并立即报告事故的详情，其中包括：已受影响的或可以合理地预期会受影响的区域的位置坐标；说明承包者正在采取什么行动来防止、控制、减轻和弥补对人身、海洋环境和财产造成或可能造成严重损害的情况；说明承包者正在为监测事故对海洋环境的影响而采取的行动；根据合同要求向国际海底管理局报告的事项和按其要求采取的措施；以及国务院海洋主管部门可能要求提供的补充资料。

3. 采取一切实际可行与合理的措施，防止、减少、控制对人身、财产、海洋环境的损害，并随时向国务院海洋主管部门报告已采取的措施的细节、这些措施产生的成效和需进一步采取的行动。其中包括遵从国际海底管理局为了防止、控制、减轻或弥补对海洋环境造成或可能造成严重损害的情况而发布的紧急命令和要求立即采取的临时措施，包括立即暂停或调整其在勘探、开发合同区域内任何活动的措施。如果承包者不迅速遵从这种紧急命令或立即采取临时措施，国际海底管理局可采取必要的合理措施。由此发生的费用由承包者承担，承包者应迅速向国际海底管理局偿还为此发生的费用。这种费用不包括在根据本法对承包者课处的任何罚款之内。

国务院海洋主管部门应当及时将承包者有关事故的报告和已采取的措施通报有关机关，有关机关应根据相应的职责协助国务院海洋主管部门及时处置对海洋环境造成严重损害等事故。

◖ **相关规定**

《中华人民共和国突发事件应对法》；《中华人民共和国安全生产法》第七十六条。

第三章　环境保护

　　本章共三条内容，规定了承包者在深海海底区域进行勘探开发活动时保护海洋环境的义务。一是对承包者保护海洋环境的原则规定和要求。采取必要措施防止、减少、控制在勘探、开发区域内的活动对海洋环境造成污染和其他危害。二是对承包者确定环境基线、进行海洋环境影响评估、制定和执行环境监测方案以及保护海洋生物多样性的具体要求。三是要求承包者采取必要措施保护和保全稀有或者脆弱的生态系统等。

　　本章专门规定承包者在深海海底区域进行勘探开发活动时保护海洋环境的义务，强化了海洋环境保护规范，体现了我国履行海洋环境保护的国际责任和承诺。

　　第十二条　承包者应当在合理、可行的范围内，利用可获得的先进技术，采取必要措施，防止、减少、控制勘探、开发区域内的活动对海洋环境造成的污染和其他危害。

☚ 条文主旨

本条是关于承包者在深海海底区域资源勘探、开发活动中保护海洋环境的原则性规定。

☚ 立法背景

深海海底区域资源勘探、开发有可能对海洋环境造成多种影响。随着人们对海洋环境和生物多样性保护重要性认识的不断加深，深海海底区域勘探、开发活动过程中的海洋环境保护已经越来越引起国际重视。

有关国际公约和规定中对担保国在海洋环境保护方面的义务已经做出了明确规定。《公约》及其《执行协定》与国际海底管理局勘探规章都规定了担保国在海洋环境保护方面的责任和义务，包括采取最佳环境做法和预防做法，协助管理局控制"区域"内活动，采取预防措施，在发出为保护海洋环境的紧急命令时确保采取必要措施，对污染造成的损害可以提起申诉以获得赔偿，以及进行环境影响评价等。

2010年5月6日，国际海底管理局理事会通过决定，就担保国责任问题请国际海洋法法庭海底争端分庭发表咨询意见。2011年2月1日，国际海洋法法庭正式就此发表咨询意见，认为担保国应当制定法律和规章并且采取行政措施，在其法律制度的框架下"合理适当地"确保其管辖下的人遵守环境保护义务。这个意见强调了担保国应当重视"区域"内活动的海洋环境和生态保护问题，并采取法律、规章和行政措施，以履行其确保遵守的义务，即一旦承包者违规作业并造成损害，有无国内立法将是担保国是否承担赔偿责任的必要条件。

我国作为《公约》缔约国和深海海底区域资源勘探开发活动的担保国，有责任采取一切必要和适当的措施，确保被担保的承包者在深海勘探开发活动中遵守《公约》等的规定，进行环境保护。尽管我国已经制定了《中华人民共和国矿产资源法》《中华人民共和国矿产资源法实施细则》《中华人民共和国海洋环境保护法》《防治海洋工程建设项目污染损害海洋环境管理条例》等法律法规，但其适用范围限于我国的管辖海域，在本法出台之前，并没有关于深海资源勘探开发的专门法律。为了遵守国际公约和有关规定，避免担保国承担对"区域"内活动造成环境污染损害的责任，必须建立强有力的环境保护制度。因此，本法特别设置了环境保护一章，建立健全深海海底区域资源勘探开发的环境保护制度，尽量避免在深海海底区域勘探和开采过程中造成海洋环境污染和生态破坏。

◖ 条文解读

承包者进行深海海底区域资源勘探、开发活动应当采取必要措施，切实保护海洋环境，避免可能产生的有害影响。管理局与承包者签订的勘探合同中规定，承包者应在合理可能的范围内采取预防性做法和最佳环境做法，采取必要措施，防止、减少和控制其"区域"内活动对海洋环境造成的污染和其他危害。

我国公民、法人或者其他组织在向国际海底管理局申请从事深海海底区域资源勘探、开发活动前，应当向国务院海洋主管部门提出申请，并提交关于提议勘探、开发工作计划的一般性说明。一般性说明应当包括申请者未来五年的工作计划，包括对从事勘探、开发活动时必须考虑的环境、技术、经济和其他有关因素进行的研究。申请者所提交的有关环境方面的资料应该包括：对海洋学和环境基线研究方案的说明，以便评估拟议勘探、开发活动对环境的潜在影响；关于为防止、减少和控制对海洋环境的污染和其他危害，以及可能造成的影响而提议的措施；拟议勘探、开发活动可能对海洋环境造成影响的初步评估；勘探、开发活动可能对海洋环境造成的严重影响。

一、关于防止、减少、控制对海洋环境造成的污染和其他危害

海洋环境的污染是指人类直接或间接地把物质或能量引入海洋环境，其中包括河口湾，以致造成或可能造成损害生物资源和海洋生物、危害人类健康、妨碍包括捕鱼和海洋的其他正当用途在内的各种海洋活动、损坏海水使用质量和减损环境优美等有害影响。我国海洋环境保护法规定，海洋环境污染损害，是指直接或者间接地把物质或者能量引入海洋环境，产生损害海洋生物资源、危害人体健康、妨害渔业和海上其他合法活动、损害海水使用素质和减损环境质量等有害影响。海洋环境是指包括影响和决定海洋生态系统、海洋水域及这些水域的上空，以及海床和洋底及其底土的生产力、状态、状况和素质的物理、化学、地质和生物组成部分、条件和因素。"对海洋环境造成严重损害"是指深海海底区域内活动对海洋环境所造成的任何影响，按照管理局根据国际公认标准和惯例所制定的规则、规章和程序断定，这种影响使海洋环境出现显著不良变化。"其他危害"并无明文规定，但可以对类似国际公约进行借鉴。《东北太平洋海洋和海岸环境保护与可持续发展合作公约》规定，"其他形式的环境恶化"是指可能改变海洋环境及其资源质量的人为活动，诸如因采取降低侵蚀、外来物种的引入、试图促进自然生态保护能力自然恢复和再生等措施而影响了海洋环境。防止、减少、控制指的是污染防治的不同方式。防止是防患于未然；减少是降低已经发生污染的程度和强度；控制是不允许污染再继续加剧。

二、关于承包者应当采取可获得的先进技术和采取必要措施

本条规定和国际环境法中的风险预防原则和最佳环境做法密切相关。为了确保有效保护海洋环境，使其免受深海海底区域活动可能造成的有害影响，承包者应采取风险预防原则和最佳环境做法。由于发达国家和发展中国家在环境保护的相关科学技术方面存在着差距，风险预防原则和最佳环境做法并没有统一的、强制性的国际标准。

2017 年 1 月，国际海底管理局起草了关于深海海底区域内矿产资源开发的环境规章草案。其中对一些概念的定义可以为更好地理解本条的规定提供参考。如第八条将最佳环境实践解释为"应按照良好的行业实践，并通过可获得的最佳技术，将环境管理和应对措施相结合。应不断修改完善环境标准并促进议定书的发展和适用，以取得对海洋环境的有效保护，包括降低污染和减少源排放。这种修改完善应当依据技术的发展和科技的进步，在经济上也应当是可行的，当所谓的最佳环境实践并未达到可接受的效果时，应当采取额外的或其他措施，所谓的最佳环境实践也应当重新定义。"在附录中对"可获得的最佳技术"还进行了定义，即为了预防、减少和控制海洋环境污染、减少开发活动所造成的有害影响，采取的特定措施，其具有可适用性，并代表了最新的技术发展水平、操作工具或方法。

《联合国海洋法公约》；《关于执行 1982 年 12 月 10 日
〈联合国海洋法公约〉第十一部分的协定》；《东北太平洋
海洋和海岸环境保护与可持续发展合作公约》；《"区域"
内多金属结核探矿和勘探规章》；《中华人民共和国海洋环
境保护法》；《中华人民共和国矿产资源法》；《中华人民共
和国矿产资源法实施细则》；《防治海洋工程建设项目污染
损害海洋环境管理条例》。

第十三条 承包者应当按照勘探、开发合同的
约定和要求、国务院海洋主管部门规定，调查研究
勘探、开发区域的海洋状况，确定环境基线，评估
勘探、开发活动可能对海洋环境的影响；制定和执
行环境监测方案，监测勘探、开发活动对勘探、开
发区域海洋环境的影响，并保证监测设备正常运行，
保存原始监测记录。

● 条文主旨

本条是关于对承包者在深海海底区域资源勘探开发过
程中应当进行海洋环境影响评估和监测的要求。

110

☞ 立法背景

　　我国一贯重视对海洋环境的评价评估和监测工作。环境影响评价法、海洋环境保护法等法律都对我国管辖海域内的环境影响评价和监测作出了规定。但是适用于我国管辖海域的环境影响评价制度和针对深海海底区域的环境影响评估制度从管辖范围、主体和管理程序上都有较大的差别。为了避免混淆，本法中用"评估"代替"评价"，以示区别。

　　深海环境影响评估制度，是指在深海海底区域进行矿物资源的勘探开发时，应对可能造成的环境影响进行分析、预测和评估，提出预防或者减轻不良环境影响的对策和措施，进行跟踪监测的方法与制度。环境影响评估必须客观、公开、公正，综合考虑深海海底资源勘探开发对各种环境因素及其所构成的生态系统可能造成的影响，为决策提供科学依据，对凡是会造成海洋资源和生态环境恶化，以及对周围国家和地区造成巨大影响、危害和经济损失的，应禁止开发。

　　海洋环境监测，是指间断或连续地测定海洋环境中污染物的性质、浓度，观察、分析其变化及对海洋环境影响的过程。海洋环境监测的基本目的是全面、及时、准确掌握人类活动对海洋环境影响的水平、效应及趋势。海洋环境监测工作承担着为海洋环境管理提供信息服务的任务。一方面，海洋监测数据及信息产品是制定海洋政策的基本依据，是海洋环境管理的工作基础和技术保障；另一方面，海洋环境监测又是监督管理海洋环境的重要手段，是海洋环境管理执法体系的基本组成部分。因此，海洋环境监测是海洋环境保护的基础性工作，具有涉及面广、专业性强、耗资大等特点。对承包者在深海海底区域的勘探活动，国际海底管理局现有的勘探规章及环境指南中对环境影响评估及监测作了明确规定，本法规定的这些深海环境保护措施不低于《公约》以及国际海底管理局的相关标准，并将在今后的具体行政规章中进一步细化和充实。

◉▶ **条文解读**

本条中有关环境影响评估制度和监测制度的内容在国际海底管理局出台的规章中都有相关规定。因此，实施这些环境保护措施既是承包者作为合同一方履行其对国际海底管理局的环保义务，也是其作为被许可人所应当履行的国内法义务。

在深海海底区域资源勘探、开发领域，国际海底管理局应制定并定期审查环境规则、规章和程序，以确保有效保护海洋环境，使其免受"区域"内活动可能造成的有害影响，并应与担保国一道按照国际海底管理局法律技术委

112

员会的建议对这些活动采取预防方法。深海海底区域资源勘探合同要求承包者收集海洋和环境基线数据，建立环境基线，以便对照评估其勘探工作计划和活动方案可能对海洋环境造成的影响，合同还要求承包者制定监测和报告这些影响的方案。承包者应与管理局和担保国合作制定和执行这种监测方案。承包者应每年报告环境监测的结果。此外，在提出请求核准勘探工作计划的申请时，申请者应当提交按照相关规章及管理局制定的任何环境规则、规章和程序的要求，开展海洋学和环境基线研究方案的说明，并提交关于拟议中的勘探活动可能对海洋环境造成影响的初步评估报告。

一、关于环境基线

承包者应当按照合同的约定和要求，并根据国务院海洋主管部门的相关规定调查研究勘探、开发区域的海洋状况，搜集自然状态下的海洋相关数据，确定环境基线。

具体来说，承包者需要参照国际海底管理局法律技术委员会的建议，收集环境基线数据并确定环境基线，以便对比评估其勘探工作计划所列的活动方案可能对海洋环境造成的影响。合同要求在开始勘探活动之前，承包者应向管理局提交可用于制定环境基线的数据，并应依照规章，随着勘探活动的不断深入和发展，收集环境基线数据，确定各种环境基线，以此来对照评估承包者的活动可能对海洋环境造成的影响。

在法律技术委员会出台的《关于承包者评估"区域"内海洋矿物勘探活动可能对环境造成的影响的指南》中，要求承包者应从勘探区域取得足够信息，记录试采前的自然状况，了解颗粒扩散和沉淀以及底栖动物演替等自然过程，采集其他数据，以便能获得准确预测环境影响的必要能力。周期性自然过程可能对海洋环境有重要影响，但没有很好地量化。因此，应尽可能长期了解海洋表层、中层水和海床群落对自然环境变数的自然反应。关于基线数据要求，为了根据规章的相关规定确定勘探区的环境基线，承包者应利用可获得的地理信息系统等最佳技术，并在制定采样策略时利用健全的统计设计收集数据，以确定物理、化学、生物和其他参数的基线状况。这些能表征生态系统特征的参数是可能会受到勘探和试采活动影响的系统特性。记录试采前自然状况的基线数据十分重要，可以检测试采影响带来的变化，预测商业采矿活动的影响。

二、关于环境影响评估

环境影响评估贯穿深海海底区域资源勘探、开发活动整个过程，包括勘探、开发活动本身及期间特定活动开始前的预评估、活动进行过程中的事中评估和活动结束后的后评估工作。承包者应按照勘探、开发合同的约定和要求、国务院海洋主管部门的相关规定评估勘探、开发活动可能对海洋环境的影响。

承包者应在开始勘探、开发活动之前，向国务院海洋主管部门和国际海底管理局提交关于拟议活动对海洋环境潜在影响的评估报告、关于确定拟议活动对海洋环境潜在影响的监测方案的建议以及评估拟议活动对海洋环境影响的数据。国际海底管理局法律技术委员会勘探环境指南要求承包者在开始特定活动，如进行开采装备或采矿试验活动之前一年、管理局年会举行前三个月向管理局秘书长提交此类活动的事前环境影响评估报告和相关资料，有关监测方案则必须包括如何评估采矿试验活动环境影响的细节。

承包者在勘探阶段应随着勘探活动的不断深入和发展，收集环境基线数据并确定环境基线，以供对比评估承包者的活动可能对环境造成的影响。

三、关于环境监测

承包者应当按照合同的约定和要求、国务院海洋主管部门的相关规定，制定和执行环境监测方案，监测勘探、开发活动对勘探、开发区域海洋环境的影响，并保证监测设备正常运行，保存原始监测记录。

承包者需监测和报告其勘探（开发）工作计划所列的活动可能对海洋环境造成影响的方案。承包者应与管理局和担保国合作制定并执行这种监测方案。承包者应每年以书面方式向秘书长报告监测方案的执行情况和结果，并提交数据和资料。

● 相关规定

《联合国海洋法公约》;《"区域"内多金属结核探矿和勘探规章》;《关于承包者评估"区域"内海洋矿物勘探活动可能对环境造成的影响的指南》;《中华人民共和国环境影响评价法》;《中华人民共和国海洋环境保护法》。

第十四条 承包者从事勘探、开发活动应当采取必要措施，保护和保全稀有或者脆弱的生态系统，以及衰竭、受威胁或者有灭绝危险的物种和其他海洋生物的生存环境，保护海洋生物多样性，维护海洋资源的可持续利用。

● 条文主旨

本条是关于深海海底区域资源勘探开发活动过程中对保护生物多样性的原则要求。

● 立法背景

由于自然资源的合理利用和生态环境的保护是人类实现可持续发展的基础，生物多样性的研究和保护已经成为世界各国普遍重视的一个问题。无论是联合国还是世界各国政府每年都投入大量的人力和资金开展生物多样性的研究与保护工作，一些非政府组织也积极支持和参与全球性的生物多样性保护工作。出于对海底生物多样性的关切，国际社会正在制定相关国际条约规制、管理生物多样性问题。我国是地球上生物多样性最丰富的国家之一，在生物多样性保护方面一贯予以重视。我国于1993年加入《生物多样性公约》，积极履行保护生物多样性义务。由于科技和认识的局限，人类目前对深海生物多样性知之甚少，在进行深海海底区域资源勘探、开发活动中，应当按照环境预警原则和最佳环境做法进行。

● 条文解读

一、关于采取必要措施，保护和保全稀有或者脆弱的生态系统，以及衰竭、受威胁或者有灭绝危险的物种和其他海洋生物的生存环境

生态系统是由生物群落及其生存环境共同组成的动态平衡系统。不同等级的海洋生态系统构成大的生态系统，每一个生态系统都有其空间分布，并包含着相互作用、紧密联系、共存共生的生物与非生物组成，通过能量流动和物质循环，从而构成具有特定的结构和功能的统一体，只有在一定的时间和相对稳定的条件下，生态系统的各部分、

内部结构、物能运动等才能处于相互适应与协调的动态平衡之中，生态系统才能达到良性循环状态。"海洋生态系统"是指在一定时间和海洋空间范围内，海洋生物和非生物的成分之间，通过不断的物质循环、能量流动和信息联系而相互作用、相互依存的统一整体。而在一定空间的各种海洋生物的总和又称为海洋生物群落，因而海洋生态系统可以概括为海洋生物群落与其生存环境构成的综合体。不同层次的海洋生态系统的健康是维护整个海洋生态平衡的关键。海洋生态的保护应当根据不同的保护对象采取相应的措施，如建立保护区、控制污染、合理开发海洋生物资源等。海洋生态环境是海洋生物生存和发展的基本条件，生态环境的任何改变，都有可能导致生态系统和生物资源的变化，海水的有机统一性及其流动交换等物理、化学、生物、地质的有机联系，使海洋的整体性和组成要素之间密切相关，任何海域某一要素的变化（包括自然的和人为的），都不可能仅仅局限在产生的具体地点上，有可能对邻近海域或其他要素产生直接或间接的影响和作用。生物依赖于环境，环境影响生物的生存和繁衍。当外界环境变化量超过生物群落的忍受限度，就会直接影响生态系统良性循环，从而造成生态平衡的破坏。

随着科学技术的发展和人类探寻深海资源的进程，人类不断加深对深海海底生物多样性的认识。人类对深海环境的认识已日益清楚地表明：深海生物多样性与深海矿产资源所处的环境紧密联系，彼此不可分离。不仅如此，科学研究也显示出，生物活动过程，尤其是多金属硫化物聚集的海底热液喷口附近的生态系统是深海矿物矿化过程中的重要因素。

为此，承包者必须采取措施保护和保全稀有或脆弱的生态系统，以及衰竭、受威胁或有灭绝危险的物种和其他形式的海洋生物的生存环境，还应防止、减少和控制由于在其管辖或控制下使用技术不当而造成的海洋环境污染，或出于疏忽或偶然在海洋环境某一特定部分引进外来物种。

二、关于保护海洋生物多样性，维护海洋资源的可持续利用

生物多样性是指所有来源的活的生物体中的变异性，包括陆地、海洋和其他水生生态系统及其所构成的生态综合体；它包括物种内、物种之间和生态系统的多样性。海洋生物多样性的减少，是人类生存条件和生存环境恶化的显著标志。这一恶化趋势目前还在加速过程中，其影响固然直接危及当代人的利益，但更为主要的是对后代人未来持续发展的积累性危害后果。人类不能等到生物多样性减少到难以维持最起码的生态平衡需要，生存环境发生崩溃，持续发展产生"断层"时才去保护海洋生态系统。必须加

119

强海洋生态环境保护，以便可以持续利用海洋资源。

可持续发展原则已经受到广泛认同，作为协调环境和发展的精神指标。在国际环境法中，通过诸多国际条约、宣言的实践，可持续发展已经具有国际习惯法的地位。本条规定强调当代人在开发和利用深海资源的过程中应当不能威胁到后代人对此种资源的利用，《公约》规定深海海底区域及其资源是人类共同继承财产，这里的人类包括后代人。代际公平是可持续发展的一个重要内容，从这个意义上说，保护生物多样性，促进可持续发展原则也起到了协调当代人和后代人之间利益冲突的作用。

☞ **相关规定**

《联合国海洋法公约》；《生物多样性公约》。

第四章 科学技术研究与资源调查

本章共四条，是对总则中第一条"推进深海科学技术研究、资源调查"立法目的和第四条"国家采取经济、技术政策和措施，鼓励深海科学技术研究和资源调查，提升资源勘探、开发和海洋环境保护的能力"规定的展开，包括国家支持深海科学技术研究和专业人才培养，鼓励产业合作和企业进入深海；支持深海公共平台建设和运行；鼓励单位和个人通过多种方式开展深海科学普及活动；建立深海资料样本汇交制度和向社会提供利用等规定。

本章具体体现了"准备好"的重要立法思想，以提升深海海底区域资源勘探、开发和海洋环境保护的能力，推进深海强国建设。其中包含以扎实的科学技术研究和人才培养实现深海海底区域资源的有效勘探与开发；以科学技术进步和高科技手段保护海洋环境；以支持企业培育未来深海资源开发产业；以传播与普及深海海底科学知识，向社会提供资料样本的利用，以提升公众对深海的认知能力和参与深海活动的积极性。

第十五条　国家支持深海科学技术研究和专业人才培养，将深海科学技术列入科学技术发展的优先领域，鼓励与相关产业的合作研究。

国家支持企业进行深海科学技术研究与技术装备研发。

● 条文主旨

本条是关于国家支持深海科学技术发展和支持企业的规定。

● 立法背景

我国科学技术进步法规定，国家鼓励科学技术研究开发；引导和扶持企业技术创新活动，发挥企业在技术创新中的主体作用。本法制定过程中，围绕推进深海科学技术研究、资源调查的立法目的，立法工作者一致认为应在本法中明确国家支持深海科学技术研究的相关举措；并认为深海科学技术研究、技术装备研发及相关产业发展，离不开企业的积极参与，对此国家应予以鼓励支持。为此本法在全国人大常委会一审之后增添了第二款的表述，明确国家支持企业进行深海科学技术研究与技术装备研发。

● 条文解读

深海是科学技术的前沿。本条内容体现了本法推进深海科学技术研究的立法目的，也是对鼓励深海科学技术研究应采取的政策和措施的阐述和展开。国家通过支持深海科学技术研究和专业人才培养，将深海科学技术列入科学技术发展的优先领域，鼓励与相关产业的合作研究，支持企业进行深海科学技术研究和技术装备研发，以提升深海海底区域资源勘探、开发和海洋环境保护的能力，达到促进深海海底区域资源可持续利用、维护人类共同利益的立法目的。

一、关于国家支持深海科学技术研究和专业人才培养

我国坚持科学发展观，实施科教兴国战略，实行自主创新、重点跨越、支撑发展、引领未来的科学技术工作指导方针，构建国家创新体系，建设创新型国家。国家鼓励科学技术研究开发，推动应用科学技术改造传统产业、发展高新技术产业和社会事业。在深海领域，国家支持科学技术研究十分必要。第一，从科学技术角度，深海科学涉及地球科学、生命科学等重大理论问题和前沿领域；深海技术包括深海探测和开发技术等，无论是人类对深海的科学认知水平还是应用的技术手段仍处于比较初级的阶段。第二，从人类发展角度，深海空间以及深海资源将是人类

123

可持续发展的重要支撑，围绕深海空间、资源必将形成新的高新技术产业。第三，从深海资源角度，深海海底区域资源勘探、开发之前的海上活动，包括资源调查等，在很大程度上是以科学研究和科学考察的方式进行，国家支持深海科学技术研究来提高对深海海底区域资源和环境的认知能力，为勘探、开发深海海底区域资源和保护海洋环境奠定良好基础。

人才是经济社会发展的第一资源，是创新的根基，创新驱动实质上是人才驱动。人才资源在我国深海战略中发挥着举足轻重的作用。我国在深海领域的专业人才包括从事深海海底资源、环境调查与评价等领域的科学技术人员，开展深海探测、开发和加工设施及设备研发的工程技术人员，和从事深海管理和国际事务方面的专业人员等。深海人才的数量、质量、结构和作用关系到我国深海事业的兴盛与发展，而深海人才培养则直接关系着深海核心竞争力的提升和发展。国家支持深海专业人才培养，应坚持把人才驱动作为本质要求，落实人才优先发展战略，在国家层面制定深海专业人才培养的相关政策；建立"以人为本"的深海创新人才培养、管理和流动制度，注重多层次、跨行业、跨专业的人才培养；结合深海事业的发展和资源勘探、开发的需求，建立长期稳定的深海专业人才培养体系。

二、关于国家将深海科学技术列入科学技术发展的优先领域

我国《国家中长期科学和技术发展规划纲要（2006～2020年)》明确地将"加快发展空天和海洋技术"作为我国未来15年必须把握的5个科技发展战略重点之一。随着综合国力的提升和海洋强国战略的提出，我国对深海科学技术发展日益重视。《国民经济和社会发展第十三个五年规划纲要》提出，坚持战略和前沿导向，加强深海、深地、深空、深蓝等领域的战略高技术部署，并提出了"蛟龙探海"等重大海洋工程。依据这一规划纲要，国家海洋局等部门制定的《深海海底区域资源勘探与开发"十三五"规划》提出，突出科学技术创新在国际海域工作的前沿位置，提升自主发现、高效勘探和科学评价深海海底资源的能力，大幅提升国际海域环境调查、评价与认知能力。国土资源部印发的《"十三五"科技创新发展规划》提出了"十三五"期间要以深海为重要主攻方向和突破口，构建向深海空间拓展的国土资源战略科技新格局。特别强调了向深海空间拓展，推进深海矿产资源勘查。

本法将深海科学技术列入科学技术发展的优先领域，体现了我国政府高瞻远瞩，对深海事业的全面谋划。第一，深海海底区域勘探、开发有赖于我国科学技术总体能力的支撑，将深海科学技术列入科学技术发展的优先领域，将

更快促进我国勘探、开发深海海底资源和保护海洋环境能力的提升，确保以强大的科学技术和人才实力支持我国走向深海的战略。第二，深海是海洋科学技术发展的最前沿与制高点，将深海科学技术列入科学技术发展的优先领域，必将带动和提升海洋资源开发和海洋环境保护的整体能力，以深海强领跑海洋强，是海洋强国建设的重要内容。第三，"下五洋"与"上九天"的技术完全可以等量齐观。深海作为战略新疆域的高地，将深海科学技术列入科学技术发展的优先领域，有助于加深"四深"战略高技术的融合发展，培育和发展战略性新兴产业，也将对相关领域与行业的科学技术及装备发展形成强劲的辐射与带动。

三、关于国家鼓励深海领域科学技术与相关产业的合作研究

我国鼓励科学技术研究开发与产业发展相结合。深海海底区域资源勘探、开发活动也是培育和发展深海战略性新兴产业的过程。深海科学技术研究与相关产业的发展相辅相成。深海海底区域资源调查、勘探、开发活动，有赖于相关产业的技术装备和产品成果，同时深海海底区域活动过程也是一个新技术、新装备，包括新型船舶研发、试验、应用、完善的过程，为相关产业提供了新的发展机遇和创新动力。在这一过程中，深海技术装备出现的问题，特别是瓶颈性问题，也正是相关产业和领域可能攻克的难

点问题。这是一个促进深海科学技术发展、引导产业和市场需求的过程，也是深海科学技术研究与相关产业相互促进的过程。国家鼓励在深海科学技术与相关产业的合作研究，有助于在深海领域推动产业培育和变革，构筑国家在深海海底区域资源利用方面的先发优势，为提升传统产业竞争力、培育依靠创新驱动、构筑先发优势的新型产业提供有力支撑。

四、关于国家支持企业进行深海科学技术研究和技术装备研发

我国正在大力推进以企业为主体，以市场为导向，企业同科学技术研究开发机构、高等学校相结合的技术创新体系建设，鼓励企业增加研究开发和技术创新的投入，自主确立研究开发课题，开展技术创新活动；鼓励企业同其他企业或者科学技术研究开发机构、高等学校联合建立科学技术研究开发机构。企业是社会经济生活的主体，也是促进产业结构升级、提高国家竞争力、增强综合国力的主要力量。在我国大力实施"走出去"和"海洋强国"战略的引领下，本法从法律层面明确国家支持企业进行深海科学技术研究和技术装备研发，我国企业可以并且应当勇于发挥更重要的作用。

从国际实践来看，当前深海海底区域活动正由资源勘探转向资源开发，国际海底管理局正在紧锣密鼓地制定深海海底资源开发规章。而从近年实践来看，深海海底区域资源勘探权的申请和着眼未来商业开发的准备，企业作为主体的趋势日益明显，一些有实力的西方企业通过各种方式获取深海海底矿区，发展深海技术装备，引导深海海底资源开发国际规则的制定，为深海海底区域资源的商业开发作准备。我国深海海底区域活动应当顺应国际形势，积极构建以市场为导向、以企业为主体的深海海底资源商业开发模式。

国家支持企业进行深海科学技术研究和技术装备研发，正是考虑到企业在深海海底区域资源调查、勘探、开发过程中的作用，特别是作为深海海底资源未来商业开发活动的主体，企业需要尽早地进入深海活动，如结合深海海底资源调查、勘探的需求，开展深海科学技术研究和技术装备研发，通过深海活动实践培育和发展企业未来开发利用深海海底区域资源的能力，促进建设以企业为主体的深海技术装备创新体系和构筑以市场为导向的深海矿业及相关产业的产业基础。

● 相关规定

《中华人民共和国可再生能源法》第十二条；《中华人民共和国科学技术进步法》第二十二条；《中华人民共和国特种设备安全法》第十条；《联合国海洋法公约》第十三部分"海洋科学研究"。

第十六条　国家支持深海公共平台的建设和运行，建立深海公共平台共享合作机制，为深海科学技术研究、资源调查活动提供专业服务，促进深海科学技术交流、合作及成果共享。

条文主旨

本条是关于国家支持深海公共平台建设和运行的规定。

立法背景

我国重视通过公共平台促进不同领域的交流与合作。我国科学技术进步法规定，国家对公共研究开发平台和科学技术中介服务机构的建设给予支持。建立深海公共平台是推进深海科学技术研究、资源调查的具体措施，有助于促进深海科学技术交流、共享合作和提升深海资源勘探、开发和海洋环境保护的能力。

在本法立法过程中，立法工作者通过调研切身体会到我国在深海领域公共平台建设缺乏规范、布局分散，未形成有效的资源共享机制，难以满足深海科学研究与技术装备研发、海上试验和成果推广应用的需求。国家推进建立深海公共平台合作共享机制，不仅是为深海科学技术研究、资源调查提供专业服务，还应促进科技创新、成果共享和公共服务。立法工作者、专家学者一致认可国家应通过建设和运行深海公共平台来提供深海专业服务、促进深海资源共享和交流合作，为我国走向深海、勘探开发深海资源和保护海洋环境提供支撑和保障。为此在对本条表述达成一致意见的基础上，立法工作者和相关专家学者还对深海公共平台的定义、功能和涵盖的范围进行了广泛的讨论。

● 条文解读

一、关于深海公共平台的基本功能

公共平台涉及领域多、用途广泛。深海公共平台包括各类深海活动的业务平台，也涉及软科学、人才平台；深海公共平台的功能界定既要考虑当前需求，也要兼顾长远发展。本条没有直接定义深海公共平台的概念，而是通过描述其基本功能的方式来界定深海公共平台。深海公共平台应同时满足以下基本功能：第一，能够为深海科学技术研究、资源调查活动提供专业服务；第二，能够促进深海科学技术交流、合作及成果共享。由此界定，现阶段我国的国家深海基地、深海装备试验基地、深海专用调查船和科考船、大洋样品馆、深海资料数据库，大学高校、科研院所等深海重点实验室和人才培训基地都可以称之为深海公共平台；未来我国深海事业的发展，对可能形成的深海科技创新平台、深海高技术产业孵化平台、深海信息服务咨询平台、深海人才交流平台等，也应符合本法所界定的平台功能。

二、关于国家支持深海公共平台建设

整合建立深海公共平台是我国推进深海事业的重要抓手，我国需要依法调动深海科研、装备、制造、能源、矿产等诸多行业的积极性并为这些行业的"协同创新"打造平台并提供法律保障。我国采取经济、技术政策和措施，支持多方式、多资金渠道开展深海海底区域活动，其中一项重要举措是深海公共平台的建设和运行。建设深海公共平台，一方面需要社会各领域关注、予以鼎力支持，鼓励社会资本投资建设国家相关深海平台；另一方面需要在国家统一规划下进行，防止浪费国家资源，避免低水平重复建设。深海勘探、开发及环境保护等活动成本高、风险大，对船舶、专业人才、设备等有特殊的要求，深海又是海洋科学技术的最前沿与制高点，应选择国内有前期工作基础和人才、设备等条件优良的单位，建设深海公共研究与资源平台。从深海事业发展需要出发，应积极打造深海科技创新平台、推进建设深海科技成果交易和转化服务平台以及高技术产业孵化基地，构建深海信息服务创新平台、搭建深海人才培训、交流平台等，以实现深海各类资源共享和高效利用，提升深海事业的可持续发展能力。国务院海洋主管部门应制定深海公共平台的建设规范和标准，支持符合条件的行业、企业及地方依法依规建设深海公共平台；对已建成的深海公共平台应登记造册，促进深海科学技术和各类人才的交流，推进深海样品、数据、船舶、装备等资源共享使用。

三、关于国家支持深海公共平台运行

本条明确应建立深海公共平台共享合作机制，为深海科学技术研究、资源调查活动提供专业服务，促进深海科学技术交流、合作和成果共享。这既表明了建设深海公共平台的目的，也明确了运行深海公共平台的基本要求。国家支持深海公共平台的运行，首先应规范和完善现有深海船舶、样品、资料和研究等平台的运行，建立优胜劣汰的机制，建立健全深海装备、资料、样品和实验室仪器设备的共享机制，打造具有一定优势和公众影响力的深海公共研究平台；在此基础上，鼓励利用深海公共平台资源从事深海科学技术和环境研究工作，以发挥平台的科学技术研究及应用价值，促进深海人才间的交流与合作。应重视深海海底资源调查、勘探、开发技术成果与信息的数据化与标准化，提高我国与国际接轨的能力和数据资料的共享水平，并以此支撑和提升我国在深海科学技术研究和资源勘探、开发领域的话语权与影响力。通过深海公共平台的有效运行，促进政府、科技界、企业界与公众的深海信息交流，提高数据信息的经济效益与共享程度。

四、关于制定配套管理办法

就本条规定的国家支持深海公共平台的建设和运行，建立深海公共平台共享合作机制问题，依据本法第五条确立的管理体制，国务院海洋主管部门应研究出台相应的配套管理办法或指导意见，阐释公共平台的定义、功能、分级（类）、整体布局和涵盖的范围等问题，厘清公共平台如何建设和谁来建设，建成之后如何运行，如何提供专业服务、促进交流合作和成果共享，以及如何对其进行监管，以避免深海公共平台重复建设、各自为政、标准不一、闲置浪费的情况。国务院海洋主管部门应借助深海公共平台更好地履行对深海海底区域资源勘探、开发和资源调查活动的监管职能。

● 相关规定

《中华人民共和国科学技术进步法》；《联合国海洋法公约》第十三部分"海洋科学研究"。

第十七条 国家鼓励单位和个人通过开放科学考察船舶、实验室、陈列室和其他场地、设施，举办讲座或者提供咨询等多种方式，开展深海科学普及活动。

本条是关于国家鼓励开展深海科学普及活动的规定。

◖▬ 立法背景

开展科学普及活动是实施科教兴国战略和可持续发展战略的重要手段，有助于提高公民的科学文化素质，推动经济发展和社会进步。在立法讨论过程中，立法工作者以及相关专家学者均认为，针对深海在国家海洋强国建设中的定位以及如何提升我国国民的深海意识，本条的制定是必要的。作为一个正在立志于建设海洋强国的国家，通过开展深海科学普及活动，使我国国民关注深海，提高深海意识，夯实我国走向深海、提升开展深海海底区域资源勘探、开发和环境保护能力的群众和社会基础，也是实现本法推进深海科学技术研究和资源调查、保护海洋环境立法目的的必要举措。同时，通过传播深海科学知识，有利于树立我国负责任大国的形象，体现维护人类共同利益的立法目的。

◖▬ 条文解读

本条是在通过政策、宣传等方式促进全民关注海洋、提升海洋意识的形势下，通过立法鼓励开展深海科学普及活动。通过本条款的实施，达到提高国民深海意识，增强公众对我国走向深海的理解与支持的目的。本条规定国家鼓励单位和个人通过多种方式开展深海科学普及活动，方式包括开放科学考察船、实验室、陈列室、其他场地设施，举办讲座，提供咨询等。深海科学普及是加强我国海洋事业宣传教育和科学知识普及的重要手段，使全社会充分理解我国深海事业的重要性和现状，也有助于培养我国公民的整体海洋意识。

一、关于国家鼓励开展深海科学普及活动

科学普及是倡导科学方法、传播科学思想、弘扬科学精神的活动。开展科学技术普及，应当采取公众易于理解、接受、参与的方式。国家依据《中华人民共和国科学技术普及法》，鼓励科普组织和科普工作者自主开展科普活动，依法兴办科普事业。科学研究和技术开发机构、高等院校、自然科学和社会科学类社会团体，应当组织和支持科学技术工作者和教师开展科普活动，鼓励其结合本职工作进行科普宣传；有条件的，应当向公众开放实验室、陈列室和其他场地、设施，举办讲座和提供咨询。

深海是海洋的主要组成部分，在建设海洋强国的目标指引下，国家鼓励开展深海科学普及活动，有助于大力培育发展全社会的新型海洋价值观，营造全民海洋强国意识氛围。深海又是海洋科学技术的前沿与创新高地，国家鼓励开展深海科学普及活动，有利于营造激发海洋科技创新活力的文化氛围，在海洋科技领域形成并确立崇尚创新、勇于探索、敢于创新、开拓进取的良好道德风范和价值准则。普及深海科学知识、提高公众认知深海的能力和保护海洋环境的意识，同时需要全社会的共同努力与参与。本条鼓励开展深海科学普及活动的对象既包括单位，也包括个人，例如国家投资建设的深海基地、大洋样品馆，单位和公民拥有的科学考察船等。

二、关于开展深海科学普及活动的方式

本条列举了开展深海科学普及的多种方式，包括开放科学考察船舶、实验室、陈列室和其他场地、设施，举办讲座或者提供咨询等。

开放科学考察船舶：开放科学考察船舶可以为公众提供近距离展示我国科学考察船舶机会，加深公众对我国深海资源勘探、开发活动的认识，培养公众海洋意识，增强民族自豪感。例如，"大洋一号"科学考察船是我国开展深海科学考察和深海资源环境调查的专用调查船，配备先进的深海调查装备以及卫星通信、导航系统，可进行深海地质、地球物理、气象、化学、生物等综合调查。"大洋一号"在持续开展深海勘查的同时，利用靠港期间举办公众开放日等方式，向我国公众和海外民众开展深海科学普及活动，表明我国和平利用海洋，推进深海科学研究的努力。

并在航次调查期间，为发展中国家学员普及深海知识、培训深海技能开展了卓有成效的工作。又如于2016年5月在青岛退役的"科学一号"海洋科学综合考察船。这艘服役36年的科考船将安置在青岛改造成为海洋科普教育基地和海洋科技人才实训基地，继续为我国海洋科教事业发挥余热。

开放实验室、陈列室和其他场地、设施：与海洋和深海活动相关的实验室、陈列室及其他相关场地、设施等是国家科技创新体系的组成部分，是基础科学研究和应用科学研究、聚集和培养优秀科学家的基地，也是开展深海业务运行、学术交流，信息共享的公共平台和进行科学普及的场所。例如中国大洋样品馆承担全国深海样品的接收、登记与保管，为社会提供深海样品共享利用，但同时积极开展深海科学普及活动。大洋样品馆通过举办科普展览，免费向公众开放科普展厅、库房，以实物样品、标本、模型及文字图片、影展等形式展示了我国深海活动的进展，向公众普及大洋科学知识，培养公众海洋意识。

举办讲座或者提供咨询等：深海事业是一项正在兴起的事业，鼓励单位和个人通过举办讲座或者提供咨询开展深海科学普及活动，有利于全社会对深海事业的关注、特别是培养青少年的海洋意识和探索精神；有助于公众了解深海领域的前沿知识，提升对深海海底的科学认知能力和环境保护意识，夯实我国发展深海事业、培育深海产业的群众基础；也可以使有意进入深海的企业和公民及时了解我国在深海的活动现状和需求所在、深海海底区域资源勘探、开发和环境保护活动的特征等，有助于促进和规范我国主体更好地开展深海领域相关活动、维护正当权益。

● 相关规定

《中华人民共和国科学技术普及法》；《中华人民共和国科学技术进步法》第十五条。

第十八条 从事深海海底区域资源调查活动的公民、法人或者其他组织，应当按照有关规定将有关资料副本、实物样本或者目录汇交国务院海洋主管部门和其他相关部门。负责接受汇交的部门应当对汇交的资料和实物样本进行登记、保管，并按照有关规定向社会提供利用。

承包者从事深海海底区域资源勘探、开发活动取得的有关资料、实物样本等的汇交，适用前款规定。

● 条文主旨

本条是关于对深海海底区域资源调查及勘探、开发活动所取得的相关资料和实物样本进行管理的规定。

● 立法背景

我国在深海海底区域资源实践过程中,设立了大洋数据管理中心和中国大洋样品馆,依据中国大洋协会制定的《大洋资料管理规定》《大洋样品管理条例》等行业规范性文件承担深海海底资料、样品(等同于本法中的实物样本)管理,隶属于国家海洋局。随着我国深海事业的发展,我国从事深海海底区域资源调查、勘探及相关活动的主体呈现出多元化的态势,亟需对深海活动取得的资料和实物样本进行规范管理。本法审议过程中,大部分委员认为建立深海活动获取的资料和实物样本汇交、登记保管和利用制度,推进深海资料和实物样本共享、提高资料和实物样本使用效益,对于促进深海科学技术交流、合作及成果共享具有重要意义,是推进深海科学技术研究、资源调查,提升深海海底区域资源勘探、开发和海洋环境保护能力的重要举措,应总结我国深海海底区域活动相关实践,在本法中作出明确规定与要求。本法一审草案第十八条规定为"从事深海海底区域资源勘探、开发和资源调查活动的自然人、法人或者其他组织，应当将有关资料、实物样本汇交国务院海洋和其他相关主管部门"。对这一表述有的常委会委员和专家提出，要求将有关资料和实物样本汇交国务院海洋和其他相关主管部门，既易造成多头管理，实践中也难以做到，建议在统一归口管理的基础上，区分不同情况作出相应规定，并应当对汇交的资料和实物样本向社会提供利用作出明确规定。全国人大法律委员会经研究，建议采纳上述意见，将这一条修改为本条之表述。

◖ 条文解读

　　本条是本法第一章总则中第五条对深海海底区域资源调查活动监督管理的体现。国务院海洋主管部门对深海海底区域资源调查的监督管理具体体现在本条对资源调查资料和实物样本的汇交和向社会提供利用的规定和要求中。本条同时对承包者在深海海底区域资源勘探、开发活动中取得的资料和实物样本的汇交作出了适用对资源调查活动主体要求的规定。一方面，从事深海海底区域资源调查及资源勘探、开发活动的公民、法人或者其他组织按有关规定将有关资料副本、实物样本或者目录汇交国务院海洋主管部门和其他相关部门，是国家对深海海底区域从事资源调查、勘探和开发活动主体的明确要求，是我国作为《公约》缔约国履行担保义务对深海海底区域活动进行有效监管的手段。另一方面，负责接受汇交的部门应当对汇交的资料和实物样本或目录进行登记、保管，并按照有关规定向社会提供利用。这是对管理机构规范管理深海资料和实物样本，促进深海资料和实物样本共享利用的明确要求，体现了推进、鼓励深海科学技术研究和资源调查的立法目的。

一、关于深海资料和实物样本汇交人与汇交范围

深海资料和实物样本的汇交制度是进行资料和实物样本有效管理的基本制度。本条明确汇交人是从事深海海底区域资源调查及资源勘探、开发活动的公民、法人或者其他组织，汇交范围是深海海底区域资源调查及资源勘探、开发活动取得的资料副本、实物样本或者目录，包括与深海海底区域资源调查及勘探、开发相关的环境保护、科学技术研究等活动取得的资料副本、实物样本或者目录，这是因为这些活动是深海海底区域资源调查、勘探、开发不同阶段活动所涵盖的重要内容和基础工作。本条表明尽管深海海底区域活动主体身份各异，活动资金渠道可能不同，只要是从事深海海底区域资源调查、勘探、开发和相关活动，我国公民、法人或者其他组织均有义务按本条要求和国务院海洋主管部门相关规定将上述活动取得的资料副本、实物样本或者目录汇交国务院海洋主管部门和其他相关部门。这是从事深海海底区域资源调查及勘探、开发和相关

活动的我国公民、法人和其他组织应尽的义务，也是本法规定的具有约束力的义务。

另外，本法的重要目的是推进、鼓励深海科学技术研究和资源调查，以提升深海海底区域资源勘探、开发和海洋环境保护的能力。根据本法第四条，国务院海洋主管部门可采取技术、经济政策和措施，对其他深海科学技术研究等活动取得的资料和实物样本管理作出相应的规定，鼓励和规范这些活动取得的资料副本和实物样本或目录进行汇交，促进深海资料和实物样本的共享利用，实现推进深海科学技术研究和资源调查的立法目的。

二、关于深海资料和实物样本管理部门和任务

本条明确深海资料和实物样本的管理部门是国务院海洋主管部门和其他相关部门，其主要任务是：负责接受深海海底区域活动取得的资料副本、实物样本或者目录的汇交；对汇交的资料和实物样本进行登记、保管；按有关规定将深海资料和实物样本向社会提供利用。按照深海资料和实物样本管理实行统一管理、分工负责的原则，本条架构的深海资料和实物样本管理制度既基于我国从事深海海底区域活动的实践，也考虑了深海活动主体多元化的发展趋势。

国务院海洋主管部门是深海资料和实物样本的主管部门，负责深海资料和实物样本的汇交、保管、利用的监督

管理，主要职能应包括：依据本法，研究制定、审批和发布深海资料和实物样本管理的规章制度、办法和技术标准规范；管理国家深海资料和实物样本专门管理机构，指导其业务工作；监督与协调全国深海资料和实物样本汇交与管理工作；监督检查深海资料和实物样本管理法规的实施；组织建立国家深海资料和实物样本信息系统；组织深海资料和实物样本的国际交流，协调国内交流和利用等。

其他相关部门包括国务院海洋主管部门指定的管理深海资料和实物样本的专门机构，也可包括授权或委托管理深海资料和实物样本的相关部门。国务院海洋主管部门指定的管理深海资料和实物样本的专门机构可以在我国大洋数据管理中心和中国大洋样品馆的基础上，赋予其管理深海资料和实物样本的专门任务。深海资料和实物样本专门机构的主要任务应包括：承担深海资料和实物样本的接收、汇集、整理、处理、保管和服务，编制深海资料和实物样本目录清单，建立和维护深海资料和实物样本库；建设、维护和运行深海资料和实物样本信息管理共享服务平台，及时提供资料与信息服务；拟定深海资料和实物样本有关管理规章制度、办法和技术标准规范；接受国务院海洋主管部门的监督检查。

基于我国从事深海活动主体多元且隶属于不同行业与部门的现状，为履行国务院海洋主管部门管理深海资料和实物样本的相关职能，其他相关部门也可包括经国务院海洋主管部门授权或者委托的其他行业与部门的深海资料和实物样本管理单位。按照统一管理、分工负责的原则，授权或委托的管理深海资料和实物样本的相关单位承担本行业和部门的深海资料和实物样本管理，纳入国务院海洋主管部门对深海资料和实物样本的统一管理。其主要职责除按照本行业和部门规章管理相关资料和实物样本外，还应按照国务院海洋主管部门授权或委托协议的要求，及时将本行业与部门取得的深海资料副本、实物样本或者目录汇交国家管理深海资料和实物样本的专门机构，接受国务院海洋主管部门对深海资料和实物样本管理的监督检查。

三、关于深海资料和实物样本向社会提供利用

本条要求深海资料和实物样本按有关规定向社会提供利用。向社会提供利用是本条规定的重要目的，对提高深海资料和实物样本的使用效益，促进深海科学技术交流、合作及成果共享以及普及深海科学知识具有重要意义。"按照有关规定"是应在国务院海洋主管部门制定的相关管理办法中作出深海资料和实物样本向社会提供利用的有关规定，明确对深海资料和实物样本申请与使用的要求。包括深海资料和实物样本使用申请的基本条件；深海资料和实物样本分类使用管理，明确区分公开与非公开深海资料和实物样本；规范深海资料和实物样本使用申请、审查、结

果等环节；深海资料和实物样本使用人的责任以及相关义务；并在向社会提供利用过程中充分尊重深海资料和实物样本汇交人的意愿、保护汇交人的正当权益。

● 相关规定

《中华人民共和国测绘法》第三十三条；《联合国海洋法公约》。

第五章　监督检查

　　本章规定了监督检查制度，明确了在深海海底区域资源勘探、开发活动中对承包者进行事中监管的制度和措施，是我国履行担保国义务的重要体现。本章共四条，规定了监督检查的主体、客体、内容。监督检查的主体是国务院海洋主管部门，被检查的对象是承包者，检查内容是勘探、开发活动和相关的环境监测等事项。本章规定国务院海洋主管部门对勘探、开发活动的承包者进行监督检查，具体规定了报告制度和现场检查制度。承包者应向国务院海洋主管部门定期报告相关活动情况，并应配合其监督检查。通过监督检查主体与客体之间的互动，确保本法核心规范的深海海底区域资源勘探、开发这一主要环节的活动是可管控的，体现了通过立法"管控好"深海海底区域资源勘探、开发活动的立法目的。

　　第十九条　国务院海洋主管部门应当对承包者勘探、开发活动进行监督检查。

146

条文主旨

本条是关于深海海底区域资源勘探、开发活动监督检查主体及内容的规定。

立法背景

我国行政许可法规定，行政机关应当建立健全监督制度，通过核查反映被许可人从事行政许可事项活动情况的有关材料，履行监督责任。监督检查权是行政机关进行日常监管活动，实现行政目的的一项具有基础性、普遍性的权力。监督检查制度是我国深海海底区域资源勘探、开发法律制度中的重要组成部分。在深海海底区域资源勘探、开发活动执法中，监督检查可以要求深海海底区域资源勘探、开发活动承包者定期报告履行勘探、开发合同的事项，也可以对承包者进行现场检查。作为深海海底区域资源勘探、开发活动担保国，我国需要履行担保国责任，采取必要、合理措施，以使承包者遵守深海海底区域国际法律制度。一方面，对承包者勘探、开发活动进行监督检查，是确保承包者按相关规章和合同的要求从事勘探、开发活动的必要手段；另一方面，根据勘探相关行业和领域的惯例、实践，对其进行监督检查也是安全生产、确保其遵守相关法律的必要方法。

🐖 条文解读

一、关于监督检查的主体

本法第五条规定，国务院海洋主管部门负责对深海海底区域资源勘探、开发和资源调查活动的监督管理。根据目前国务院机构职能与设置，国务院海洋主管部门是指国家海洋局。国家海洋局是本条规定的监督检查的主体，监管深海海底区域资源勘探、开发承包者的活动过程。这是国务院海洋主管部门在对勘探、开发申请者进行事前审查、许可进行深海海底区域资源勘探、开发活动的基础上，对成为承包者获准从事勘探、开发活动的被许可人应负有的事中监管的重要职责，是本法中最重要的监管环节。

二、关于监督检查的内容

国务院海洋主管部门监督检查的内容是深海海底区域资源勘探、开发活动。本法规定的勘探活动包括在深海海底区域探寻资源，分析资源的活动，使用和测试资源采集系统和设备、加工设施及运输系统的活动，以及对开发时应当考虑的环境、技术、经济、商业和其他有关因素开展研究的活动。本法规定的开发活动，是指在深海海底区域为商业目的回收并选取矿物资源的活动，包括建造和操作为生产和销售矿物资源服务的采集、加工和运输系统的活动。

国务院海洋主管部门还应当对承包者需履行的勘探、开发合同义务进行监督检查。包括对本法第九条明确的承包者保障从事勘探、开发作业人员的人身安全，保护海洋环境，保护作业区域内的文物、铺设物，遵守我国有关安全生产、劳动保护方面的法律、行政法规的情况进行检查。

三、关于国务院海洋主管部门实施监督检查时应当遵守的纪律

本法赋予国务院海洋主管部门监督检查深海海底区域资源勘探、开发活动的职权，国务院海洋主管部门在行使职权时需注意权利行使的范围，不能越权，也不应当滥用职权。国务院海洋主管部门实施监督检查，不得妨碍承包者正常的生产经营活动，不得索取或者收受被许可人的财务，不得谋取其他利益。国务院海洋主管部门及其工作人员违反有关规定的，按照《中华人民共和国行政许可法》及有关法律、行政法规的规定处理。

● **相关规定**

《中华人民共和国行政许可法》。

第二十条 承包者应当定期向国务院海洋主管部门报告下列履行勘探、开发合同的事项：

（一）勘探、开发活动情况；

（二）环境监测情况；

（三）年度投资情况；

（四）国务院海洋主管部门要求的其他事项。

☞ 条文主旨

本条是关于承包者报告制度和报告内容的规定。

☞ 立法背景

承包者进行深海海底国际海底区域勘探、开发活动，应按国际海底管理局规章和合同要求在不同阶段向国际海底管理局提交相关报告，包括履行合同的年度报告、阶段报告（如勘探合同期间 5 年一期的报告）、合同到期的报告。从内容上说，目前勘探报告涵盖了海上航次调查，包括资源调查和评价、环境现场调查与评价、技术方面的要求（着眼于下一阶段的技术准备）、对执行勘探合同的支出状况，包括直接和实际的投入、履行培训义务、对市场的分析把握，概略研究、预可行性研究。国际海底管理局对各类报告的要求特别强调了对合同期间的环境监测和环境评价方面的内容。此外根据勘探规章和勘探合同的要求，国际海底管理局每五年应对勘探合同履行情况进行审查，视需要要求承包者提供进一步的资料和数据。

根据国际海底管理局对承包者定期报告及报告事项的

要求，本法立法讨论中认为承包者定期向国务院海洋主管部门报告履行勘探、开发合同的事项，其目的应使国务院海洋主管部门及时掌控承包者开展勘探、开发活动情况和评估承包者履行合同的情况，以便按照《公约》一三九条规定，协助国际海底管理局确保担保的承包者按合同规定开展勘探、开发活动。因此设立定期报告制度的实质是国务院海洋主管部门一方面应在国际海底管理局应审事项前审查把关，另一方面通过对报告审查把关评估承包者执行合同的情况，履行其事中监督管理的职能。

🔊 **条文解读**

根据本法第五条海洋主管部门的监管职能，事中检查是最重要的监管职能。为便于国务院海洋主管部门履行对承包者勘探、开发活动监督管理的职能，承包者应定期向国务院海洋主管部门报告履行勘探、开发合同的相关事项。定期报告时间与事项应与国际海底管理局对承包者履行合同报告制度要求相一致，按时间可分为年度报告、五年阶段报告和合同到期报告。报告事项包括：

一、关于勘探、开发活动的情况

勘探、开发活动情况是判断承包人是否诚信履行勘探、开发合同的主要信息。对勘探、开发活动的报告事项应包括：第一，承包者应于每年向国际海底管理局递交年度报告前，向国务院海洋主管部门报告年度报告的摘要，以反映过去年度履行合同的情况，并在必要时提供有关方面的资料。第二，承包者至迟应在合同生效之日开始的每一个五年届满之前90天、在向国际海底管理局提交报告及其要求的资料数据前，对根据合同制定的现行五年活动方案的完成情况向国务院海洋主管部门提交报告，并说明下一个五年的活动方案，包括预期支出。第三，在合同期满或终止时，承包者应向国务院海洋主管部门提交说明合同完成情况的报告。国务院海洋主管部门应对此类报告及时进行评估。

二、关于环境监测情况

环境监测情况，主要是判断被许可人的活动是否符合环境许可证之要求，往往需要运用技术手段对环境进行持续监测，方能得出正确结论。为此，许多立法确立了环境监测制度。通常情况下，环境监测分为两类：一是企业的"自我监测"。即被许可人必须安装、使用和维持规定的监测仪器与设备，对环境进行定期监测，并建立和维持相关记录，向许可机关报告。企业的"自我监测"义务，体现了"污染者负担原则"，在许多国家受到重视。二是环境管制机关的"监督性监测"。即环境管制机关对被许可人所报告的监测结果进行审核，对有异议的数据进行抽测，对被许可人安装的监测仪器与设备进行质量控制，以及环境管制机关实施的与环境行政许可有关的其他监测行为。上述

152

两类监测往往相互结合，从而形成严密的环境监测机制。

在承包者提交给国际海底管理局的年度报告中，应当载列环境监测方案的结果，包括对各项环境参数的观察、测量、评价和分析。此外，承包者应于每一日历年结束后90天内向国际海底管理局秘书长报告合同所述监测方案的执行情况和结果，并提交数据和资料。承包者在向国际海底管理局提交此类报告前，应向国务院海洋主管部门提交这类报告的摘要。

三、关于年度投资情况

年度投资情况，能够反映承包者的资金情况，以判断其是否有能力继续进行深海海底资源勘探、开发活动。在承包者提交给国际海底管理局的勘探年度报告中，要求载列一份符合国际公认会计原则和经具有适当资格的公共会计师事务所核证的报表，或者承包者为国有企业时经担保国核证的报表，其中载列承包者在其会计年度内为执行活动方案而实际和直接支出的勘探费用。承包者可将这些费用列为承包者在开始商业生产前承担的部分开发成本。承包者向国务院海洋主管部门提交年度报告摘要时，应一并提交年度投资情况的摘要。国务院海洋主管部门应对承包者年度投资情况进行评估或核证。

四、国务院海洋主管部门要求的其他事项

本款为兜底条款。国务院海洋主管部门可明确报告备

案制度，要求承包者凡提交国际海底管理局的年度报告、阶段报告等均应及时将副本报国务院海洋主管部门备案。其他事项视具体情况和深海海底制度发展而定，包括与国际海底管理局今后制定出台的开发和环境等规章要求相一致的报告内容等。

☛ 相关规定

《联合国海洋法公约》第一三九条；《"区域"内多金属结核探矿和勘探规章》。

第二十一条　国务院海洋主管部门可以检查承包者用于勘探、开发活动的船舶、设施、设备以及航海日志、记录、数据等。

☛ 条文主旨

本条是关于国务院海洋主管部门根据需要检查承包者与勘探、开发活动相关事项的规定。

☛ 立法背景

本法第十九条规定了国务院海洋主管部门对承包者勘探、开发活动进行监督检查的一般规定，本条是关于现场检查的具体规定。

现场检查权是行政机关进行入场监管活动，实现行政目的的一项具有基础性、普遍性的权力。本条规定的现场检查包括用于勘探、开发活动的船舶、设施、设备以及航海日志、记录、数据等。这一制度具有以下几个特点：第一，执法主体只有由负有相关监督管理职责的行政部门执行。第二，具有强制性，不需要被检查单位的同意。第三，执法主体只能对承包者进行检查，检查客体具有特定性。第四，现场检查具有一定的随机性，有关执法主体可以根据需要进行检查。第五，现场检查的范围和内容应当于法有据，不能任意检查。

根据《公约》和规章的相关规定，国际海底管理局可以对承包者用于勘探、开发活动的船舶、设施、设备以及航海日志、记录、数据等进行检查。我国对承包者进行检查既是我国主权项下事项，也是我国履行担保国责任，加强对承包者监管，保证其勘探、开发活动符合国际海底活动法律制度的必要手段。

● 条文解读

本法和国务院的相关规定赋予国家海洋局对深海海底区域资源勘探开发活动的现场检查权。检查的范围是承包者用于勘探、开发活动的船舶、设施、设备以及航海日志、记录、数据等。航海日志、记录、数据等，应当包括必要的和直接相关的账簿、凭单、文件和记录。"可以检查"意味着主管部门在认为有必要时可以检查，以切实履行监管部门的职责。同时检查权的行使应当慎重，不能滥用，不应给承包者带来额外的负担，干扰承包者的正常作业。

国务院海洋主管部门在决定进行检查时，应合理通知承包者，告知检查的预定时间和检查的时间长度、检查人员的姓名以及检查人员准备进行、而且可能需要特别设备或者需要承包者的人员提供特别协助的活动。检查人员应有权检查任何船只或设施，包括其航海日志、设备、记录、装备、所有其他已记录的数据以及为监测承包者的遵守情况而需要的任何相关文件。承包者及其代理人和雇员应协助检查人员履行其职务。检查人员应避免干扰承包者用于在所检查区域进行活动的船只和设施上的安全和正常作业，并应依照相关规定，保护数据和信息的机密性。

相关规定

《联合国海洋法公约》；《"区域"内多金属结核探矿和勘探规章》。

第二十二条 承包者应当对国务院海洋主管部门的监督检查予以协助、配合。

条文主旨

本条是关于承包者协助、配合主管部门监督检查的规定。

立法背景

国务院海洋主管部门在监督检查过程中，实施的行为具有强制性，被检查的承包者不得拒绝，此外，被检查的承包者还有协助义务，应当如实反映情况，提供必要的资料。

为了规范深海海底区域资源勘探、开发活动，本法设立的监督检查制度主要包括承包者勘探、开发活动的报告制度和国务院海洋主管部门的现场检查制度。这一监督检查的有效实施需要双方的努力配合：一方面，国务院海洋主管部门对承包者勘探、开发活动进行监督检查；另一方面，承包者应当对国务院海洋主管部门的监督检查予以协助、配合。

条文解读

本法第十九条规定，国务院海洋主管部门应当对承包者勘探、开发活动进行监督检查。这一规定赋予了国务院海洋主管部门进行监督检查的职责。因此国务院海洋主管部门依照本法规定对承包者进行监督检查时，承包者不得

157

拒绝，并应当积极配合，如实反映情况，提供必要的资料。本法第二十四条规定，承包者在接受监督检查时不如实反映情况和提供必要资料，或者不予以协助、配合的，即构成违法，应当承担本法第二十四条规定的法律责任。

承包者应准许国务院海洋主管部门派检查人员登临承包者用以在勘探区域内进行活动的船舶和设施，以便监测承包者履行合同及遵守国际规章规则的情况；并监测这些活动对海洋环境的影响。承包者及其代理人和雇员应协助检查人员履行其职务，接受检查人员并方便检查人员迅速而安全地登临船只和设施，并对按照这些程序检查任何船只或设施的活动给予合作和协助。承包者应在任何合理的时间为检查人员接触船只和设施上所有有关的设备、装备和人员提供便利，包括在适当情况下提供食宿；在检查人员履行职务时不加阻挠、恫吓或干预，并方便检查人员安全离船。

第六章　法律责任

　　本章共四条内容。法律责任是指违反法律规定的行为应当承担的法律后果。本章规定了两种法律责任，即行政责任和刑事责任。行政责任是指违反有关行政管理的法律、法规的规定，但尚未构成犯罪的行为所依法应当承担的法律后果，分为行政处分和行政处罚。刑事责任是指依据国家刑事法律规定，对犯罪分子依照刑事法律的规定追究的法律责任。本法的适用范围是深海海底区域，具有显著的特殊性，通过在本法中规定刑事责任有其必要性，可以敦促深海海底区域资源勘探、开发活动承包者履行合同义务。

　　本章主要是关于从事深海海底区域资源勘探、开发的承包者和从事深海海底区域相关环境保护、科学技术研究、资源调查活动的当事者违反本法或者其他法律法规应当承担的法律责任等内容的规定。进行深海海底区域资源勘探、开发活动的承包者需要注意，违反本法规定要承担行政责任，情节严重的还需承担刑事责任。同时，如果违反了与国际海底管理局签订的合同，还要对国际海底管理局承担责任。这是两种不同性质的责任。

第二十三条　违反本法第七条、第九条第二款、第十条第一款规定，有下列行为之一的，国务院海洋主管部门可以撤销许可并撤回相关文件：

（一）提交虚假材料取得许可的；

（二）不履行勘探、开发合同义务或者履行合同义务不符合约定的；

（三）未经同意，转让勘探、开发合同的权利、义务或者对勘探、开发合同作出重大变更的。

承包者有前款第二项行为的，还应当承担相应的赔偿责任。

☛ **条文主旨**

本条是关于申请者提交虚假材料取得许可、承包者不履行或者不当履行合同、未经同意转让合同权利义务或者对合同做出重大变更的法律责任的规定。

☛ **立法背景**

承包者从事深海海底区域资源勘探、开发活动，是在我国政府担保下开展的，其勘探、开发活动与我国国家利益直接相关。如果勘探、开发活动申请者提交虚假材料取得许可，或者承包者不依法履行勘探、开发合同义务或者履行合同义务不符合约定，或者未经同意转让合同权利义务或者对合同做出重大变更，不仅违反了承包者与国际海底管理局签订的合同，作为担保国我国也可能承担不利的后果。因此本法第二章、第五章规定了国务院海洋主管部门对从事深海海底区域资源勘探、开发活动的公民、法人或者其他组织的资格进行审查的职责，以及对承包者的勘探、开发活动进行监督检查的职责，以确保承包者的勘探、开发活动符合相关国际公约及配套规章以及本法的规定。本条在此基础上，规定了行为人违法提交虚假材料取得许可、不履行或者不当履行合同、未经同意转让或者变更合同的法律责任，以确保国务院海洋主管部门能够有效管控相关勘探、开发活动，确保国家利益不受损害。承包者对不履行勘探、开发合同义务或者履行合同义务不符合约定的承担赔偿责任的规定，既有《公约》规定作基础，也是国际海洋法法庭"咨询意见"强调的承包者的责任之一，国际社会非常关注。《公约》规定承包者对其进行业务时的不法行为造成的损害，应承担赔偿责任，赔偿应与实际损害相等。

☛ 条文解读

本条规定的法律责任包括撤销许可并撤回相关文件，以及赔偿责任。

一、关于撤销许可并撤回相关文件

（一）根据本条的规定，国务院海洋主管部门撤销许可并撤回相关文件有三种情形：

1. 关于提交虚假材料取得许可。本法第七条对申请从事深海海底区域资源勘探、开发活动需提交的材料作了明确规定。申请者应当如实提交这些材料，以确保主管部门对其勘探、开发能力作出客观正确的评估。申请者若在申请时提交虚假材料，不仅使其他申请者处于不公平的地位，不利于市场公平竞争，一旦造成损失也可能使国家承担不利后果，损害国家利益。因此，对提交虚假材料取得许可的行为应当予以严厉打击。申请者申请许可时提交的材料有很多，有的材料与其勘探、开发能力直接相关，如申请者的财务状况、技术能力证明等材料；有的材料与申请者的勘探、开发能力不直接相关，如应急预案等材料。申请者提交的虚假材料与其勘探、开发能力直接相关，使不具备勘探、开发能力的申请者取得许可的，主管部门可以考虑予以撤销许可。如果申请者提交的材料虽有瑕疵，但对主管部门认定其勘探、开发能力关系不大，不足以影响申

162

请者的资格，主管部门也可以不撤销许可。

2. 关于不履行合同义务或者履行合同义务不符合约定。本法第九条第二款对承包者履行勘探、开发合同的义务作了规定，明确承包者应当按照合同的规定履行相关义务，特别强调了保障从事勘探、开发作业人员的人身安全，同时强调保护海洋环境的责任。承包者不履行勘探、开发合同义务包括拒不履行和履行不能。拒不履行是指承包者能够履行却无正当理由故意不履行合同义务，履行不能是指因不可归责于承包者的事由致使合同的履行在事实上已经不可能。对于履行不能的，国际海底管理局的勘探规章作了免责规定，承包者对因不可抗力而无法避免的延误或因而无法履行本合同所规定的任何义务不负赔偿责任。不可抗力是指无法合理地要求承包者防止或控制的事件或情况，但不应是疏忽或未遵守采矿业的良好做法所引起的。履行合同义务不符合约定，又称为不适当履行，虽然承包者履行了合同义务，但履行合同义务不符合约定的条件或方式，也应当承担相应的责任，例如承包者迟延提交合同年度报告。不论是不履行合同义务，还是履行合同义务不符合约定，都在一定程度上说明承包者在主观上不愿意履行合同或履行合同的能力不够，主管部门撤销许可并撤回相关文件可以及时避免国家利益受损。但正如前面所述，承包者不履行合同义务或者履行合同义务不符合约定的原因有多种，主管部门应当区分不同情况，根据承包者主观恶性、行为的危害程度等情况决定是否撤销许可并撤回相关文件。

3. 关于未经同意转让合同的权利、义务或者对合同作出重大变更。本法第十条第一款规定了承包者在转让勘探、开发合同的权利义务前，或者在对勘探、开发合同作出重大变更前，应当报经国务院海洋主管部门同意。担保国为履行担保责任，需对其担保的承包者的勘探、开发活动进行行之有效的管控，而管控的前提是掌握承包者勘探、开发活动的相关信息。承包者转让勘探、开发合同的权利义务或者对勘探开发合同作出重大变更，是对勘探、开发合同的实质变更，对担保国有重要影响，担保国有权知晓这些信息，并决定是否允许承包者进行上述行为。转让合同权利义务，是指不改变合同权利义务的内容，承包者将权利义务全部或部分转让给第三人。对合同作出重大变更，是指合同成立后，当事人对合同的内容进行重大修改或者补充。对于何为"重大变更"，一般情况下，合同变更的内容涉及当事人双方重大利益的，均可认定为重大变更，例如对勘探合同的期限作出变更。承包者未经同意转让合同权利义务或者对合同作出重大变更的，应当承担相应的法律责任。

（二）根据本条的规定，撤销许可并撤回相关文件应当遵守下列规则：一是主管部门"可以"撤销许可并撤回相

164

关文件，而非"应当"撤销许可并撤回相关文件。承包者的违法行为千差万别，危害程度也各有差异，主管部门应当根据当事人违法行为的性质、情节、危害程度等因素进行合理判断，决定是否撤销许可并撤回相关文件。二是撤销许可应当与撤回相关文件同时适用，撤销许可的同时应当撤回相关文件。

（三）撤销许可使承包者在国内法上失去了从事深海海底区域资源勘探、开发的资格，撤回相关文件使承包者失去了有关公约和规章规定的从事深海海底区域资源勘探、开发所必需的担保文件。国际海底管理局勘探规章对承包者失去担保的后果作了规定，按此规定，承包者在整个合同期间应有担保国符合规定的担保，如果担保国终止担保，承包者应当在六个月内找到另一个担保国，如果未能在此期间内找到担保国，合同应予终止。担保终止不应影响在担保期间产生的任何法律权利和义务。

二、关于赔偿责任

承包者不履行勘探、开发合同义务或者履行合同义务不符合约定，除了承担被撤销许可并撤回相关文件的法律责任，还应当按照国内相关法律和其与国际海底管理局签订的合同的规定，承担相应的赔偿责任。有关深海海底区域内资源勘探开发合同标准条款都对承包者的赔偿责任作了规定，承包者应当对其本身及其雇员、分包者、代理人的不当作为或者不作为所造成的任何损害，包括对海洋环境的损害的实际数额负赔偿责任。对第三方因承包者及其雇员、代理人和分包者的不当作为或者不作为而提出的赔偿要求，承包者应当使管理局及承包者的雇员、分包者和代理人免受损失。

◖▬ 相关规定

《联合国海洋法公约》；《"区域"内多金属结核探矿和勘探规章》。

第二十四条 违反本法第八条第三款、第十条第二款、第十八条、第二十条、第二十二条规定，有下列行为之一的，由国务院海洋主管部门责令改正，处二万元以上十万元以下的罚款：

（一）未按规定将勘探、开发合同副本报备案的；

（二）转让、变更或者终止勘探、开发合同，未按规定报备案的；

（三）未按规定汇交有关资料副本、实物样本或者目录的；

（四）未按规定报告履行勘探、开发合同事项的；

（五）不协助、配合监督检查的。

☞ 条文主旨

本条是关于从事深海海底区域资源勘探、开发的承包者和从事深海海底区域相关环境保护、科学技术研究、资源调查活动的当事人未按照本法规定报备、汇交资料、报告以及承包者不协助、不配合监督检查，应当承担的法律责任等内容的规定。

☞ 立法背景

责令停止违法行为属于责令性行为的一种，属于行政法中实质意义上的行政命令的一种。罚款，是行政处罚手段之一，是行政执法单位对违反行政法规的个人和单位给予的行政处罚。没收违法所得，是指行政机关或司法机关依法将违法行为人取得的违法所得财物，运用国家法律法规赋予的强制措施，对其违法所得财物的所有权予以强制性剥夺的处罚方式。

☞ 条文解读

一、本条规定了五种承包者的违法行为

（一）关于未按规定将勘探、开发合同副本报备案

本法第八条第三款规定，承包者应当自勘探、开发合同签订之日起三十日内，将合同副本报国务院海洋主管部

门备案。备案是指向主管机关报告事由，存案以备考查。备案的核心内涵是指当事人向主管机关报备相关事项，主管机关负责接受、保存有关资料以便公示。备案的意义在于行政机关依照法律法规的规定，接受行政相对人报送符合条件的资料和文件并进行收集存档，以作为后续监管和执法的信息基础。国务院海洋主管部门通过备案制的实施进行信息收集和信息披露，存档备查，为其行政决策和行政执法提供信息基础，以起到监督检查的作用。承包者未按规定将勘探、开发合同副本报备案，将使得国务院海洋主管部门无法及时获取承包者合同信息，因此损害其监督检查职能。

（二）关于转让、变更或者终止勘探、开发合同，未按规定报备案

本法第十条第二款规定，承包者应当自勘探、开发合同转让、变更或者终止之日起三十日内，报国务院海洋主管部门备案。国务院海洋主管部门存案以备查考，这有利于国务院海洋主管部门知悉、掌握承包者进行深海海底区域活动的详细情况，也有利于保护承包者的合法权益。承包者未向国务院海洋主管部门报备案将使得国务院海洋主管部门无法及时获取承包者转让、变更或者终止勘探、开发合同后的信息，不利于其监督检查职能的履行。

（三）关于未按规定汇交有关资料副本、实物样本或者

目录

本法第十八条规定，从事深海海底区域资源调查活动的公民、法人或者其他组织，应当按照有关规定将有关资料副本、实物样本或者目录汇交国务院海洋主管部门和其他相关部门。负责接受汇交的部门应当对汇交的资料和实物样本进行登记、保管，并按照有关规定向社会提供利用。承包者从事深海海底区域资源勘探、开发活动取得的有关资料、实物样本等的汇交，适用前款规定。这一规定是我国作为《公约》缔约国履行担保责任，对深海海底区域资源勘探、开发活动进行有效监管的手段，也是促进深海科学技术研究和资源调查，加强深海海底区域资源勘探、开发活动的交流合作，推进深海合作共享机制的具体措施。承包者未按规定汇交有关资料副本、实物样本或者目录，国务院海洋主管部门无法获知承包者深海海底区域活动的状况和合同履行情况，影响履行监督检查职能，也影响相关资料副本、实物样本或者目录向社会提供利用，这有违本法促进深海科学技术合作共享的规定。需要注意的是，未按规定汇交有关资料副本、实物样本或者目录有两种情况，第一种情况是没有汇交相关资料，第二种情况是虽然向国务院海洋主管部门汇交了相关资料，但是汇交不符合规定，例如迟延汇交、汇交内容缺漏等。

（四）关于未按规定报告履行勘探、开发合同事项本法第二十条规定，承包者应当定期向国务院海洋主管部门报告下列履行勘探、开发合同的事项：勘探、开发活动情况；环境监测情况；年度投资情况；国务院海洋主管部门要求的其他事项。国务院海洋主管部门掌握承包者履行勘探、开发合同的情况是为了及时掌握承包者信息，履行监督职能。未按规定报告履行勘探、开发合同事项包括如下情形：一是不报告履行勘探、开发合同事项；二是未按规定时间报告履行勘探、开发合同事项；三是报告的内容不符合规定；四是未向国务院海洋主管部门报告等。

（五）关于不协助、配合监督检查的

本法第二十二条规定，承包者应当对国务院海洋主管部门的监督检查予以协助、配合。为了规范深海海底区域资源勘探、开发活动，本法设立了监督检查制度。一方面，国务院海洋主管部门对承包者勘探、开发活动进行监督检查；另一方面，承包者应当对国务院海洋主管部门的监督检查予以协助、配合。不协助、配合监督检查的情形包括：一是阻挠监督检查人员登临船只和设施；二是对按照规定程序检查船只、设施或者装备的活动拒绝给予协助和配合；三是在监督检查人员履行监督检查职责时恫吓或干预；四是拒绝向监督检查人员提供合理的便利；五是阻挠监督检查人员安全离船等。

二、关于责令改正和罚款两种法律责任

根据本条规定，承包者违反本法相关规定，国务院海洋主管部门依法给予行政处罚。行政处罚是指具有行政处罚权的行政机关或者法律、法规授权的组织，对违反行政法律规范和依法应当给予处罚的行政相对人所实施的法律制裁行为。本条规定的行政处罚是罚款，罚款是适用较为普遍的一种行政处罚形式。处罚只是保证法律实施的一种手段，不是目的。因此，在对违法行为人给予行政处罚的时候，要同时责令行为人改正违法行为，不能以罚了事，让违法行为继续下去。否则就使行政处罚成了违法行为的"通行证"，这是要绝对禁止的。责令改正是指行政主体责令违法行为人停止和纠正违法行为，以恢复原状，维持法定的秩序或者状态，具有事后救济性。按照本条规定，有上述违法行为之一的，由国务院海洋主管部门责令改正，处二万元以上十万元以下的罚款。具体罚款数额根据违法行为的情节轻重以及后果大小来决定。

☛ 相关规定

《联合国海洋法公约》。

第二十五条　违反本法第八条第二款规定，未经许可或者未签订勘探、开发合同从事深海海底区域资源勘探、开发活动的，由国务院海洋主管部门责令停止违法行为，处十万元以上五十万元以下的罚款；有违法所得的，并处没收违法所得。

◖ 条文主旨

本条是关于未经许可或者未签订勘探、开发合同从事深海海底区域资源勘探、开发活动的法律责任的规定。

◖ 立法背景

我国公民、法人或者其他组织从事深海海底区域资源勘探、开发活动必须取得国务院海洋主管部门的许可并与国际海底管理局签订合同成为承包者，这两个条件缺一不可。未经许可或者未签订勘探、开发合同从事深海海底区域资源勘探、开发活动，是"未批先做"，属于违法行为，必须予以制止，并追究相应的法律责任，否则对合法进行勘探开发的承包者就是不公平的。在没有取得许可证的情况下进行深海海底区域资源勘探、开发活动是无效作业，其当事人利益不能得到保障。即使申请者获得了深海海底区域资源勘探、开发活动的许可证，还应当与管理局签订勘探、开发合同成为承包者后，方可进行深海底区域资源勘探开发活动。

172

● 条文解读

一、关于本条规定的违法情形

本法第八条第二款规定，获得许可的申请者在与国际海底管理局签订勘探、开发合同成为承包者后，方可从事勘探、开发活动。因此，从事深海海底区域资源勘探、开发活动必须符合两个前提条件：一是取得国务院海洋主管部门的许可，二是与国际海底管理局签订勘探、开发合同成为承包者。国务院海洋主管部门批准了申请者深海海底活动的申请，并出具了国家担保文件，这并不意味着申请者就可以进行深海海底活动。按照《公约》的规定，申请者必须与代表全人类对深海海底及其资源进行管理的国际海底管理局签订合同成为承包者，通过国际海底管理局履行一系列必要的程序，按照《公约》和有关附件的其他有关规定和国际海底管理局的规则、规章和程序予以安排、进行。简而言之，通过国内审查、许可、出具担保证明是具有我国国籍的申请者进入深海海底区域活动的必备程序，是我国作为担保国管辖权（属人）、履行担保责任的体现。但要从事勘探开发活动，必须与管理局签订合同成为承包者后方可进行。我国公民、法人或者其他组织如果违反上述规定，没有经过国务院海洋主管部门的许可或者虽然取得国内许可但是未与国际海底管理局签订勘探、开发合同成为承包者而从事深海海底区域资源勘探、开发活动，应当承担本条规定的法律责任。

二、关于本条规定的法律责任

本条规定的法律责任包括：责令停止违法行为、处以罚款、有违法所得的并处没收违法所得，由国务院海洋主管部门执行。责令停止违法行为属于责令性行为的一种，属于行政法中实质意义上的行政命令的一种。本条规定的罚款幅度为十万元以上五十万元以下，具体罚款数额由执法机关根据违法行为的情节轻重以及后果大小来决定。没收违法所得，是指行政机关或司法机关依法将违法行为人取得的违法所得财物，运用国家法律法规赋予的强制措施，对其违法所得财物的所有权予以强制性剥夺的处罚方式。

◖ **相关规定**

《联合国海洋法公约》；《"区域"内多金属结核探矿和勘探规章》。

第二十六条 违反本法第九条第三款、第十一条、第十二条规定，造成海洋环境污染损害或者作业区域内文物、铺设物等损害的，由国务院海洋主管部门责令停止违法行为，处五十万元以上一百万元以下的罚款；构成犯罪的，依法追究刑事责任。

⬤ 条文主旨

本条是关于造成海洋环境污染损害或者作业区域内文物、铺设物等损害的法律责任的规定。

⬤ 立法背景

保护海洋环境是承包者遵守本法和履行勘探、开发合同的主要义务。本法第三章、深海海底区域国际法律制度、勘探开发合同都对海洋环境的保护进行了详细的规定。《公约》同时规定，在"区域"内发现的一切考古和历史文物，应为全人类的利益予以保存或处置。担保国有责任对承包者进行管控，防止其对"区域"内发现的文物进行破坏。铺设海底电缆和管道是公海自由之一，在承包者作业的海底矿区也有可能存在其他国家铺设的海底电缆和管道。《公约》缔约国有义务适当顾及其他国家行使公海自由的权利，禁止其承包者对海底铺设物进行损害。对深海海底区域资源进行勘探、开发，可能会造成"区域"内及其他相关范围的海洋环境污染，也有可能会对作业区域内的文物、铺设物等造成损害。一旦造成损害，往往会对"区域"内及其他相关范围的海洋环境产生不利影响，或对国际通讯等造成不利影响。因此，《公约》缔约国必须加强对有关违法行为的管控，防患于未然，保证"区域"内及其他相关范围的海洋环境和作业区域内的文物、铺设物等不受损害。

条文解读

一、关于本条规定的违法行为

本法第九条第三款规定承包者从事勘探、开发作业应当保护作业区域内的文物、铺设物等。第十一条规定，发生或者可能发生严重损害海洋环境等事故，承包者应当立即启动应急预案，并采取下列措施：（一）立即发出警报；（二）立即报告国务院海洋主管部门，国务院海洋主管部门应当及时通报有关机关；（三）采取一切实际可行与合理的措施，防止、减少、控制对人身、财产、海洋环境的损害。第十二条规定，承包者应当在合理、可行的范围内，利用可获得的先进技术，采取必要措施，防止、减少、控制勘探、开发区域内的活动对海洋环境造成的污染和其他危害。承包者违反上述规定，造成海洋环境污染损害或者作业区域内文物、铺设物等损害的，包括第十一条第三款所指的对人身、财产的损害，应承担本条规定的法律责任。

二、关于本条规定的法律责任

承包者在履行勘探、开发合同期间，造成海洋环境污染损害或者作业区域内文物、铺设物等损害的，应当承担本条规定的法律责任。

按照本条规定，国务院海洋主管部门，发现承包者在履行勘探、开发合同期间，造成海洋环境污染损害或者作业区域内文物、铺设物等损害的，首先，应当责令其停止违法行为，处以罚款。罚款幅度为五十万元以上一百万元以下，具体罚款数额由执法机关根据违法行为的情节轻重以及后果大小来决定。其次，如果承包者的违法行为构成犯罪的，还要依照我国刑法的规定追究其刑事责任。按照刑法第三百三十八条的规定，违反国家规定，向土地、水体、大气排放、倾倒或者处置有放射性的废物、含传染病病原体的废物、有毒物质或者其他危险废物，造成重大环境污染事故，致使公私财产遭受重大损失或者人身伤亡的严重后果的，构成污染环境罪，应处三年以下有期徒刑或者拘役，并处或者单处罚金；后果特别严重的，处三年以上七年以下有期徒刑，并处罚金。由于失职和处置不当造成人身、财产损失的，应依照我国刑法的相关规定追究其刑事责任。

■ 相关规定

《联合国海洋法公约》；《中华人民共和国刑法》第三百三十八条。

第七章　附　　则

本章共三条，分别对勘探、开发、资源调查作了解释，对涉税事项和施行日期作了规定。

第二十七条　本法下列用语的含义：

（一）勘探，是指在深海海底区域探寻资源，分析资源，使用和测试资源采集系统和设备、加工设施及运输系统，以及对开发时应当考虑的环境、技术、经济、商业和其他有关因素的研究。

（二）开发，是指在深海海底区域为商业目的收回并选取资源，包括建造和操作为生产和销售资源服务的采集、加工和运输系统。

（三）资源调查，是指在深海海底区域搜寻资源，包括估计资源成分、多少和分布情况及经济价值。

☞ 条文主旨

本条是关于术语的规定。

◖ 立法背景

法律术语主要指法律规范性文件中的术语，对法律术语进行界定，有利于法律的稳定和法制的统一。如果对本法中的术语不予必要的解释或解释不当，则会造成理解困难，不利于法律的实施。

◖ 条文解读

本法作为规范深海海底区域资源勘探开发活动的法律，对于我国境内的一切单位和个人都具有约束力。单位和个人能否自觉遵守法律的规定，在一定程度上取决于对法律条文的理解和认识。深海海底区域资源勘探开发活动涉及一些专业性、技术性问题，为了避免因对本法的有关专业术语发生歧义或有不同的理解而影响本法的执行和遵守，本条对本法中一些专业性较强的专用名词赋予了法定的含义。本条对勘探、开发、资源调查三个术语进行解释，既参考了相关行业实践，也借鉴了勘探规章等相关深海海底国际法律制度，从而保证了本法对术语的界定与深海海底国际法律制度保持一致。对勘探、开发、资源调查活动的监督管理是本法赋予国务院海洋主管部门的职责，是本法核心规范的内容。

《"区域"内多金属结核探矿和勘探规章》。

第二十八条 深海海底区域资源开发活动涉税事项，依照中华人民共和国税收法律、行政法规的规定执行。

● **条文主旨**

本条是关于涉税事项的规定。

● **立法背景**

迄今为止，国际海底管理局与承包者签订的合同均为深海海底区域资源勘探合同，勘探活动不产生商业利益，也不涉及纳税事项。目前深海海底区域活动正处于从勘探到开发的转型时期，深海海底区域商业开发活动已见端倪，而一系列规范深海海底区域资源开发的国际法律制度将陆续出台，这将涉及商业开发缴费机制、惠益共享、税收缴纳等问题。

● **条文解读**

税法是国家制定的用以调整国家与纳税人之间在纳税

方面的权利及义务关系的法律规范的总称。税法是税收制度的法律表现形式。我国公民或实体进行的深海海底区域资源开发活动是一种商业活动，必须遵从我国税收法律制度。目前，深海海底区域活动仍以勘探活动为主，还未开始商业开发活动，而深海海底区域资源开发法律制度仍在制定之中，深海海底区域资源开发活动涉税事项，依照中华人民共和国税收法律、行政法规的规定执行。

● 相关规定

《中华人民共和国矿产资源法》；《中华人民共和国资源税暂行条例》；《中华人民共和国资源税暂行条例实施细则》。

第二十九条　本法自 2016 年 5 月 1 日起施行。

● 条文主旨

本条是关于实施日期的规定。

● 立法背景

法律效力包括时间效力、空间效力和对人的效力三个方面。法律的时间效力，是指法律效力的起始和终止的时间，以及对施行前的行为和时间有无溯及力的问题。明确法律的时间效力，是正确适用法律的关键之一。

◖ 条文解读

我国立法法第五十七条规定："法律应当明确规定施行日期。"法律的施行日期即生效时间，是法律效力的起点。关于法律施行日期的规定，有的在法律条文中直接规定具体的施行时期。有的不直接规定具体的施行日期，而是规定"本法自公布之日起施行"，根据我国宪法关于法律由国家主席公布的规定，目前，国家主席一般都是于全国人大或者全国人大常委会通过法律的当天发布命令公布法律。有的规定一个法律的施行日期取决于另一个法律的制定和实施时间。

本法在法律中规定了本法的施行日期，明确了本法自2016年5月1日起开始实施，我国公民、法人或者其他组织应当自2016年5月1日起按本法规定从事深海海底区域资源勘探、开发和相关活动。

◖ 相关规定

《中华人民共和国宪法》；《中华人民共和国立法法》第五十七条。

附录一：法律原文及与本法相关法律

中华人民共和国深海海底
区域资源勘探开发法

（2016 年 2 月 26 日第十二届全国人民代表大会常务委员会第十九次会议通过　2016 年 2 月 26 日中华人民共和国主席令第 42 号公布　自 2016 年 5 月 1 日起施行）

第一章　总　　则

第一条　为了规范深海海底区域资源勘探、开发活动，推进深海科学技术研究、资源调查，保护海洋环境，促进深海海底区域资源可持续利用，维护人类共同利益，制定本法。

第二条　中华人民共和国的公民、法人或者其他组织从事深海海底区域资源勘探、开发和相关环境保护、科学技术研究、资源调查活动，适用本法。

本法所称深海海底区域，是指中华人民共和国和其他国家管辖范围以外的海床、洋底及其底土。

第三条　深海海底区域资源勘探、开发活动应当坚持和平利用、合作共享、保护环境、维护人类共同利益的原则。

国家保护从事深海海底区域资源勘探、开发和资源调查活动的中华人民共和国公民、法人或者其他组织的正当权益。

第四条　国家制定有关深海海底区域资源勘探、开发规划，并采取经济、技术政策和措施，鼓励深海科学技术研究和资源调查，提升资源勘探、开发和海洋环境保护的能力。

第五条　国务院海洋主管部门负责对深海海底区域资源勘探、开发和资源调查活动的监督管理。国务院其他有关部门按照国务院规定的职责负责相关管理工作。

第六条　国家鼓励和支持在深海海底区域资源勘探、开发和相关环境保护、资源调查、科学技术研究和教育培训等方面，开展国际合作。

第二章　勘探、开发

第七条　中华人民共和国的公民、法人或者其他组织在向国际海底管理局申请从事深海海底区域资源勘探、开发活动前，应当向国务院海洋主管部门提出申请，并提交下列材料：

（一）申请者基本情况；

（二）拟勘探、开发区域位置、面积、矿产种类等说明；

（三）财务状况、投资能力证明和技术能力说明；

（四）勘探、开发工作计划，包括勘探、开发活动可能对海洋环境造成影响的相关资料，海洋环境严重损害等的应急预案；

（五）国务院海洋主管部门规定的其他材料。

第八条　国务院海洋主管部门应当对申请者提交的材料进行审查，对于符合国家利益并具备资金、技术、装备等能力条件的，应当在六十个工作日内予以许可，并出具相关文件。

获得许可的申请者在与国际海底管理局签订勘探、开发合同成为承包者后，方可从事勘探、开发活动。

承包者应当自勘探、开发合同签订之日起三十日内，将合同

184

副本报国务院海洋主管部门备案。

国务院海洋主管部门应当将承包者及其勘探、开发的区域位置、面积等信息通报有关机关。

第九条 承包者对勘探、开发合同区域内特定资源享有相应的专属勘探、开发权。

承包者应当履行勘探、开发合同义务，保障从事勘探、开发作业人员的人身安全，保护海洋环境。

承包者从事勘探、开发作业应当保护作业区域内的文物、铺设物等。

承包者从事勘探、开发作业还应当遵守中华人民共和国有关安全生产、劳动保护方面的法律、行政法规。

第十条 承包者在转让勘探、开发合同的权利、义务前，或者在对勘探、开发合同作出重大变更前，应当报经国务院海洋主管部门同意。

承包者应当自勘探、开发合同转让、变更或者终止之日起三十日内，报国务院海洋主管部门备案。

国务院海洋主管部门应当及时将勘探、开发合同转让、变更或者终止的信息通报有关机关。

第十一条 发生或者可能发生严重损害海洋环境等事故，承包者应当立即启动应急预案，并采取下列措施：

（一）立即发出警报；

（二）立即报告国务院海洋主管部门，国务院海洋主管部门应当及时通报有关机关；

（三）采取一切实际可行与合理的措施，防止、减少、控制对人身、财产、海洋环境的损害。

第三章　环境保护

第十二条　承包者应当在合理、可行的范围内，利用可获得的先进技术，采取必要措施，防止、减少、控制勘探、开发区域内的活动对海洋环境造成的污染和其他危害。

第十三条　承包者应当按照勘探、开发合同的约定和要求、国务院海洋主管部门规定，调查研究勘探、开发区域的海洋状况，确定环境基线，评估勘探、开发活动可能对海洋环境的影响；制定和执行环境监测方案，监测勘探、开发活动对勘探、开发区域海洋环境的影响，并保证监测设备正常运行，保存原始监测记录。

第十四条　承包者从事勘探、开发活动应当采取必要措施，保护和保全稀有或者脆弱的生态系统，以及衰竭、受威胁或者有灭绝危险的物种和其他海洋生物的生存环境，保护海洋生物多样性，维护海洋资源的可持续利用。

第四章　科学技术研究与资源调查

第十五条　国家支持深海科学技术研究和专业人才培养，将深海科学技术列入科学技术发展的优先领域，鼓励与相关产业的合作研究。

国家支持企业进行深海科学技术研究与技术装备研发。

第十六条　国家支持深海公共平台的建设和运行，建立深海公共平台共享合作机制，为深海科学技术研究、资源调查活动提供专业服务，促进深海科学技术交流、合作及成果共享。

第十七条　国家鼓励单位和个人通过开放科学考察船舶、实验室、陈列室和其他场地、设施，举办讲座或者提供咨询等多种方式，开展深海科学普及活动。

第十八条　从事深海海底区域资源调查活动的公民、法人或者其他组织，应当按照有关规定将有关资料副本、实物样本或者目录汇交国务院海洋主管部门和其他相关部门。负责接受汇交的部门应当对汇交的资料和实物样本进行登记、保管，并按照有关规定向社会提供利用。

承包者从事深海海底区域资源勘探、开发活动取得的有关资料、实物样本等的汇交，适用前款规定。

第五章　监督检查

第十九条　国务院海洋主管部门应当对承包者勘探、开发活动进行监督检查。

第二十条　承包者应当定期向国务院海洋主管部门报告下列履行勘探、开发合同的事项：

（一）勘探、开发活动情况；

（二）环境监测情况；

（三）年度投资情况；

（四）国务院海洋主管部门要求的其他事项。

第二十一条　国务院海洋主管部门可以检查承包者用于勘探、开发活动的船舶、设施、设备以及航海日志、记录、数据等。

第二十二条　承包者应当对国务院海洋主管部门的监督检查予以协助、配合。

第六章 法 律 责 任

第二十三条 违反本法第七条、第九条第二款、第十条第一款规定，有下列行为之一的，国务院海洋主管部门可以撤销许可并撤回相关文件：

（一）提交虚假材料取得许可的；

（二）不履行勘探、开发合同义务或者履行合同义务不符合约定的；

（三）未经同意，转让勘探、开发合同的权利、义务或者对勘探、开发合同作出重大变更的。

承包者有前款第二项行为的，还应当承担相应的赔偿责任。

第二十四条 违反本法第八条第三款、第十条第二款、第十八条、第二十条、第二十二条规定，有下列行为之一的，由国务院海洋主管部门责令改正，处二万元以上十万元以下的罚款：

（一）未按规定将勘探、开发合同副本报备案的；

（二）转让、变更或者终止勘探、开发合同，未按规定报备案的；

（三）未按规定汇交有关资料副本、实物样本或者目录的；

（四）未按规定报告履行勘探、开发合同事项的；

（五）不协助、配合监督检查的。

第二十五条 违反本法第八条第二款规定，未经许可或者未签订勘探、开发合同从事深海海底区域资源勘探、开发活动的，由国务院海洋主管部门责令停止违法行为，处十万元以上五十万元以下的罚款；有违法所得的，并处没收违法所得。

第二十六条 违反本法第九条第三款、第十一条、第十二条规定，造成海洋环境污染损害或者作业区域内文物、铺设物等损害的，由国务院海洋主管部门责令停止违法行为，处五十万元以上一百万元以下的罚款；构成犯罪的，依法追究刑事责任。

第七章　附　　则

第二十七条　本法下列用语的含义：

（一）勘探，是指在深海海底区域探寻资源，分析资源，使用和测试资源采集系统和设备、加工设施及运输系统，以及对开发时应当考虑的环境、技术、经济、商业和其他有关因素的研究。

（二）开发，是指在深海海底区域为商业目的收回并选取资源，包括建造和操作为生产和销售资源服务的采集、加工和运输系统。

（三）资源调查，是指在深海海底区域搜寻资源，包括估计资源成分、多少和分布情况及经济价值。

第二十八条　深海海底区域资源开发活动涉税事项，依照中华人民共和国税收法律、行政法规的规定执行。

第二十九条　本法自 2016 年 5 月 1 日起施行。

中华人民共和国领海及毗连区法

（1992 年 2 月 25 日第七届全国人民代表大会常务委员会第二十四次会议通过 1992 年 2 月 25 日中华人民共和国主席令第 55 号公布 自公布之日起施行）

第一条 为行使中华人民共和国对领海的主权和对毗连区的管制权，维护国家安全和海洋权益，制定本法。

第二条 中华人民共和国领海为邻接中华人民共和国陆地领土和内水的一带海域。

中华人民共和国的陆地领土包括中华人民共和国大陆及其沿海岛屿、台湾及其包括钓鱼岛在内的附属各岛、澎湖列岛、东沙群岛、西沙群岛、中沙群岛、南沙群岛以及其他一切属于中华人民共和国的岛屿。

中华人民共和国领海基线向陆地一侧的水域为中华人民共和国的内水。

第三条 中华人民共和国领海的宽度从领海基线量起为十二海里。

中华人民共和国领海基线采用直线基线法划定，由各相邻基点之间的直线连线组成。

中华人民共和国领海的外部界限为一条其每一点与领海基线的最近点距离等于十二海里的线。

第四条 中华人民共和国毗连区为领海以外邻接领海的一带海域。毗连区的宽度为十二海里。

中华人民共和国毗连区的外部界限为一条其每一点与领海基

线的最近点距离等于二十四海里的线。

第五条　中华人民共和国对领海的主权及于领海上空、领海的海床及底土。

第六条　外国非军用船舶，享有依法无害通过中华人民共和国领海的权利。

外国军用船舶进入中华人民共和国领海，须经中华人民共和国政府批准。

第七条　外国潜水艇和其他潜水器通过中华人民共和国领海，必须在海面航行，并展示其旗帜。

第八条　外国船舶通过中华人民共和国领海，必须遵守中华人民共和国法律、法规，不得损害中华人民共和国的和平、安全和良好秩序。

外国核动力船舶和载运核物质、有毒物质或者其他危险物质的船舶通过中华人民共和国领海，必须持有有关证书，并采取特别预防措施。

中华人民共和国政府有权采取一切必要措施，以防止和制止对领海的非无害通过。

外国船舶违反中华人民共和国法律、法规的，由中华人民共和国有关机关依法处理。

第九条　为维护航行安全和其他特殊需要，中华人民共和国政府可以要求通过中华人民共和国领海的外国船舶使用指定的航道或者依照规定的分道通航制航行，具体办法由中华人民共和国政府或者其有关主管部门公布。

第十条　外国军用船舶或者用于非商业目的的外国政府船舶在通过中华人民共和国领海时，违反中华人民共和国法律、法规的，中华人民共和国有关主管机关有权令其立即离开领海，对所造成的损失或者损害，船旗国应当负国际责任。

第十一条　任何国际组织、外国的组织或者个人，在中华人民共和国领海内进行科学研究、海洋作业等活动，须经中华人民共和国政府或者其有关主管部门批准，遵守中华人民共和国法律、法规。

违反前款规定，非法进入中华人民共和国领海进行科学研究、海洋作业等活动的，由中华人民共和国有关机关依法处理。

第十二条　外国航空器只有根据该国政府与中华人民共和国政府签订的协定、协议，或者经中华人民共和国政府或者其授权的机关批准或者接受，方可进入中华人民共和国领海上空。

第十三条　中华人民共和国有权在毗连区内，为防止和惩处在其陆地领土、内水或者领海内违反有关安全、海关、财政、卫生或者入境出境管理的法律、法规的行为行使管制权。

第十四条　中华人民共和国有关主管机关有充分理由认为外国船舶违反中华人民共和国法律、法规时，可以对该外国船舶行使紧追权。

追逐须在外国船舶或者其小艇之一或者以被追逐的船舶为母船进行活动的其他船艇在中华人民共和国的内水、领海或者毗连区内时开始。

如果外国船舶是在中华人民共和国毗连区内，追逐只有在本法第十三条所列有关法律、法规规定的权利受到侵犯时方可进行。

追逐只要没有中断，可以在中华人民共和国领海或者毗连区外继续进行。在被追逐的船舶进入其本国领海或者第三国领海时，追逐终止。

本条规定的紧追权由中华人民共和国军用船舶、军用航空器或者中华人民共和国政府授权的执行政府公务的船舶、航空器行使。

第十五条　中华人民共和国领海基线由中华人民共和国政府

公布。

第十六条　中华人民共和国政府依据本法制定有关规定。

第十七条　本法自公布之日起施行。

中华人民共和国专属经济区和大陆架法

（1998 年 6 月 26 日第九届全国人民代表大会常务
委员会第三次会议通过　1998 年 6 月 26 日中华人民共
和国主席令第 6 号公布　自公布之日起施行）

第一条　为保障中华人民共和国对专属经济区和大陆架行使主权权利和管辖权，维护国家海洋权益，制定本法。

第二条　中华人民共和国的专属经济区，为中华人民共和国领海以外并邻接领海的区域，从测算领海宽度的基线量起延至二百海里。

中华人民共和国的大陆架，为中华人民共和国领海以外依本国陆地领土的全部自然延伸，扩展到大陆边外缘的海底区域的海床和底土；如果从测算领海宽度的基线量起至大陆边外缘的距离不足二百海里，则扩展至二百海里。

中华人民共和国与海岸相邻或者相向国家关于专属经济区和大陆架的主张重叠的，在国际法的基础上按照公平原则以协议划定界限。

第三条　中华人民共和国在专属经济区为勘查、开发、养护和管理海床上覆水域、海床及其底土的自然资源，以及进行其他经济性开发和勘查，如利用海水、海流和风力生产能等活动，行使主权权利。

中华人民共和国对专属经济区的人工岛屿、设施和结构的建造、使用和海洋科学研究、海洋环境的保护和保全，行使管辖权。

本法所称专属经济区的自然资源，包括生物资源和非生物资源。

第四条 中华人民共和国为勘查大陆架和开发大陆架的自然资源，对大陆架行使主权权利。

中华人民共和国对大陆架的人工岛屿、设施和结构的建造、使用和海洋科学研究、海洋环境的保护和保全，行使管辖权。

中华人民共和国拥有授权和管理为一切目的在大陆架上进行钻探的专属权利。

本法所称大陆架的自然资源，包括海床和底土的矿物和其他非生物资源，以及属于定居种的生物，即在可捕捞阶段在海床上或者海床下不能移动或者其躯体须与海床或者底土保持接触才能移动的生物。

第五条 任何国际组织、外国的组织或者个人进入中华人民共和国的专属经济区从事渔业活动，必须经中华人民共和国主管机关批准，并遵守中华人民共和国的法律、法规及中华人民共和国与有关国家签订的条约、协定。

中华人民共和国主管机关有权采取各种必要的养护和管理措施，确保专属经济区的生物资源不受过度开发的危害。

第六条 中华人民共和国主管机关有权对专属经济区的跨界种群、高度洄游鱼种、海洋哺乳动物、源自中华人民共和国河流的溯河产卵种群、在中华人民共和国水域内度过大部分生命周期的降河产卵鱼种，进行养护和管理。

中华人民共和国对源自本国河流的溯河产卵种群，享有主要利益。

第七条 任何国际组织、外国的组织或者个人对中华人民共和国的专属经济区和大陆架的自然资源进行勘查、开发活动或者

194

在中华人民共和国的大陆架上为任何目的进行钻探，必须经中华人民共和国主管机关批准，并遵守中华人民共和国的法律、法规。

第八条 中华人民共和国在专属经济区和大陆架有专属权利建造并授权和管理建造、操作和使用人工岛屿、设施和结构。

中华人民共和国对专属经济区和大陆架的人工岛屿、设施和结构行使专属管辖权，包括有关海关、财政、卫生、安全和出境入境的法律和法规方面的管辖权。

中华人民共和国主管机关有权在专属经济区和大陆架的人工岛屿、设施和结构周围设置安全地带，并可以在该地带采取适当措施，确保航行安全以及人工岛屿、设施和结构的安全。

第九条 任何国际组织、外国的组织或者个人在中华人民共和国的专属经济区和大陆架进行海洋科学研究，必须经中华人民共和国主管机关批准，并遵守中华人民共和国的法律、法规。

第十条 中华人民共和国主管机关有权采取必要的措施，防止、减少和控制海洋环境的污染，保护和保全专属经济区和大陆架的海洋环境。

第十一条 任何国家在遵守国际法和中华人民共和国的法律、法规的前提下，在中华人民共和国的专属经济区享有航行、飞越的自由，在中华人民共和国的专属经济区和大陆架享有铺设海底电缆和管道的自由，以及与上述自由有关的其他合法使用海洋的便利。铺设海底电缆和管道的路线，必须经中华人民共和国主管机关同意。

第十二条 中华人民共和国在行使勘查、开发、养护和管理专属经济区的生物资源的主权权利时，为确保中华人民共和国的法律、法规得到遵守，可以采取登临、检查、逮捕、扣留和进行司法程序等必要的措施。

中华人民共和国对在专属经济区和大陆架违反中华人民共和

国法律、法规的行为，有权采取必要措施，依法追究法律责任，并可以行使紧追权。

第十三条　中华人民共和国在专属经济区和大陆架享有的权利，本法未作规定的，根据国际法和中华人民共和国其他有关法律、法规行使。

第十四条　本法的规定不影响中华人民共和国享有的历史性权利。

第十五条　中华人民共和国政府可以根据本法制定有关规定。

第十六条　本法自公布之日起施行。

中华人民共和国海洋环境保护法

（1982 年 8 月 23 日第五届全国人民代表大会常务委员会第二十四次会议通过　1999 年 12 月 25 日第九届全国人民代表大会常务委员会第十三次会议修订　根据 2013 年 12 月 28 日第十二届全国人民代表大会常务委员会第六次会议《关于修改〈中华人民共和国海洋环境保护法〉等七部法律的决定》第一次修正　根据 2016 年 11 月 7 日第十二届全国人民代表大会常务委员会第二十四次会议《关于修改〈中华人民共和国海洋环境保护法〉的决定》第二次修正）

第一章　总　　则

第一条　为了保护和改善海洋环境，保护海洋资源，防治污染损害，维护生态平衡，保障人体健康，促进经济和社会的可持续发展，制定本法。

第二条　本法适用于中华人民共和国内水、领海、毗连区、专属经济区、大陆架以及中华人民共和国管辖的其他海域。

在中华人民共和国管辖海域内从事航行、勘探、开发、生产、旅游、科学研究及其他活动，或者在沿海陆域内从事影响海洋环境活动的任何单位和个人，都必须遵守本法。

在中华人民共和国管辖海域以外，造成中华人民共和国管辖海域污染的，也适用本法。

第三条　国家在重点海洋生态功能区、生态环境敏感区和脆弱区等海域划定生态保护红线，实行严格保护。

国家建立并实施重点海域排污总量控制制度，确定主要污染物排海总量控制指标，并对主要污染源分配排放控制数量。具体办法由国务院制定。

第四条　一切单位和个人都有保护海洋环境的义务，并有权对污染损害海洋环境的单位和个人，以及海洋环境监督管理人员的违法失职行为进行监督和检举。

第五条　国务院环境保护行政主管部门作为对全国环境保护工作统一监督管理的部门，对全国海洋环境保护工作实施指导、协调和监督，并负责全国防治陆源污染物和海岸工程建设项目对海洋污染损害的环境保护工作。

国家海洋行政主管部门负责海洋环境的监督管理，组织海洋环境的调查、监测、监视、评价和科学研究，负责全国防治海洋工程建设项目和海洋倾倒废弃物对海洋污染损害的环境保护工作。

国家海事行政主管部门负责所辖港区水域内非军事船舶和港区水域外非渔业、非军事船舶污染海洋环境的监督管理，并负责污染事故的调查处理；对在中华人民共和国管辖海域航行、停泊和作业的外国籍船舶造成的污染事故登轮检查处理。船舶污染事故给渔业造成损害的，应当吸收渔业行政主管部门参与调查处理。

国家渔业行政主管部门负责渔港水域内非军事船舶和渔港水域外渔业船舶污染海洋环境的监督管理，负责保护渔业水域生态环境工作，并调查处理前款规定的污染事故以外的渔业污染事故。

军队环境保护部门负责军事船舶污染海洋环境的监督管理及污染事故的调查处理。

沿海县级以上地方人民政府行使海洋环境监督管理权的部门的职责，由省、自治区、直辖市人民政府根据本法及国务院有关规定确定。

第六条 环境保护行政主管部门、海洋行政主管部门和其他行使海洋环境监督管理权的部门，根据职责分工依法公开海洋环境相关信息；相关排污单位应当依法公开排污信息。

第二章 海洋环境监督管理

第七条 国家海洋行政主管部门会同国务院有关部门和沿海省、自治区、直辖市人民政府根据全国海洋主体功能区规划，拟定全国海洋功能区划，报国务院批准。

沿海地方各级人民政府应当根据全国和地方海洋功能区划，保护和科学合理地使用海域。

第八条 国家根据海洋功能区划制定全国海洋环境保护规划和重点海域区域性海洋环境保护规划。

毗邻重点海域的有关沿海省、自治区、直辖市人民政府及行使海洋环境监督管理权的部门，可以建立海洋环境保护区域合作组织，负责实施重点海域区域性海洋环境保护规划、海洋环境污染的防治和海洋生态保护工作。

第九条 跨区域的海洋环境保护工作，由有关沿海地方人民政府协商解决，或者由上级人民政府协调解决。

跨部门的重大海洋环境保护工作，由国务院环境保护行政主管部门协调；协调未能解决的，由国务院作出决定。

第十条 国家根据海洋环境质量状况和国家经济、技术条件，制定国家海洋环境质量标准。

沿海省、自治区、直辖市人民政府对国家海洋环境质量标准中未作规定的项目，可以制定地方海洋环境质量标准。

沿海地方各级人民政府根据国家和地方海洋环境质量标准的规定和本行政区近岸海域环境质量状况，确定海洋环境保护的目标和任务，并纳入人民政府工作计划，按相应的海洋环境质量标准实施管理。

第十一条 国家和地方水污染物排放标准的制定，应当将国家和地方海洋环境质量标准作为重要依据之一。在国家建立并实施排污总量控制制度的重点海域，水污染物排放标准的制定，还应当将主要污染物排海总量控制指标作为重要依据。

排污单位在执行国家和地方水污染物排放标准的同时，应当遵守分解落实到本单位的主要污染物排海总量控制指标。

对超过主要污染物排海总量控制指标的重点海域和未完成海洋环境保护目标、任务的海域，省级以上人民政府环境保护行政主管部门、海洋行政主管部门，根据职责分工暂停审批新增相应种类污染物排放总量的建设项目环境影响报告书（表）。

第十二条 直接向海洋排放污染物的单位和个人，必须按照国家规定缴纳排污费。依照法律规定缴纳环境保护税的，不再缴纳排污费。

向海洋倾倒废弃物，必须按照国家规定缴纳倾倒费。

根据本法规定征收的排污费、倾倒费，必须用于海洋环境污染的整治，不得挪作他用。具体办法由国务院规定。

第十三条　国家加强防治海洋环境污染损害的科学技术的研究和开发，对严重污染海洋环境的落后生产工艺和落后设备，实行淘汰制度。

企业应当优先使用清洁能源，采用资源利用率高、污染物排放量少的清洁生产工艺，防止对海洋环境的污染。

第十四条　国家海洋行政主管部门按照国家环境监测、监视规范和标准，管理全国海洋环境的调查、监测、监视，制定具体的实施办法，会同有关部门组织全国海洋环境监测、监视网络，定期评价海洋环境质量，发布海洋巡航监视通报。

依照本法规定行使海洋环境监督管理权的部门分别负责各自所辖水域的监测、监视。

其他有关部门根据全国海洋环境监测网的分工，分别负责对入海河口、主要排污口的监测。

第十五条　国务院有关部门应当向国务院环境保护行政主管部门提供编制全国环境质量公报所必需的海洋环境监测资料。

环境保护行政主管部门应当向有关部门提供与海洋环境监督管理有关的资料。

第十六条　国家海洋行政主管部门按照国家制定的环境监测、监视信息管理制度，负责管理海洋综合信息系统，为海洋环境保护监督管理提供服务。

第十七条　因发生事故或者其他突发性事件，造成或者可能造成海洋环境污染事故的单位和个人，必须立即采取有效措施，及时向可能受到危害者通报，并向依照本法规定行使海洋环境监督管理权的部门报告，接受调查处理。

沿海县级以上地方人民政府在本行政区域近岸海域的环境受到严重污染时，必须采取有效措施，解除或者减轻危害。

第十八条 国家根据防止海洋环境污染的需要，制定国家重大海上污染事故应急计划。

国家海洋行政主管部门负责制定全国海洋石油勘探开发重大海上溢油应急计划，报国务院环境保护行政主管部门备案。

国家海事行政主管部门负责制定全国船舶重大海上溢油污染事故应急计划，报国务院环境保护行政主管部门备案。

沿海可能发生重大海洋环境污染事故的单位，应当依照国家的规定，制定污染事故应急计划，并向当地环境保护行政主管部门、海洋行政主管部门备案。

沿海县级以上地方人民政府及其有关部门在发生重大海上污染事故时，必须按照应急计划解除或者减轻危害。

第十九条 依照本法规定行使海洋环境监督管理权的部门可以在海上实行联合执法，在巡航监视中发现海上污染事故或者违反本法规定的行为时，应当予以制止并调查取证，必要时有权采取有效措施，防止污染事态的扩大，并报告有关主管部门处理。

依照本法规定行使海洋环境监督管理权的部门，有权对管辖范围内排放污染物的单位和个人进行现场检查。被检查者应当如实反映情况，提供必要的资料。

检查机关应当为被检查者保守技术秘密和业务秘密。

第三章 海洋生态保护

第二十条 国务院和沿海地方各级人民政府应当采取有效措

施，保护红树林、珊瑚礁、滨海湿地、海岛、海湾、入海河口、重要渔业水域等具有典型性、代表性的海洋生态系统，珍稀、濒危海洋生物的天然集中分布区，具有重要经济价值的海洋生物生存区域及有重大科学文化价值的海洋自然历史遗迹和自然景观。

对具有重要经济、社会价值的已遭到破坏的海洋生态，应当进行整治和恢复。

第二十一条　国务院有关部门和沿海省级人民政府应当根据保护海洋生态的需要，选划、建立海洋自然保护区。

国家级海洋自然保护区的建立，须经国务院批准。

第二十二条　凡具有下列条件之一的，应当建立海洋自然保护区：

（一）典型的海洋自然地理区域、有代表性的自然生态区域，以及遭受破坏但经保护能恢复的海洋自然生态区域；

（二）海洋生物物种高度丰富的区域，或者珍稀、濒危海洋生物物种的天然集中分布区域；

（三）具有特殊保护价值的海域、海岸、岛屿、滨海湿地、入海河口和海湾等；

（四）具有重大科学文化价值的海洋自然遗迹所在区域；

（五）其他需要予以特殊保护的区域。

第二十三条　凡具有特殊地理条件、生态系统、生物与非生物资源及海洋开发利用特殊需要的区域，可以建立海洋特别保护区，采取有效的保护措施和科学的开发方式进行特殊管理。

第二十四条　国家建立健全海洋生态保护补偿制度。

开发利用海洋资源，应当根据海洋功能区划合理布局，严格遵守生态保护红线，不得造成海洋生态环境破坏。

第二十五条　引进海洋动植物物种，应当进行科学论证，避免对海洋生态系统造成危害。

202

第二十六条　开发海岛及周围海域的资源，应当采取严格的生态保护措施，不得造成海岛地形、岸滩、植被以及海岛周围海域生态环境的破坏。

第二十七条　沿海地方各级人民政府应当结合当地自然环境的特点，建设海岸防护设施、沿海防护林、沿海城镇园林和绿地，对海岸侵蚀和海水入侵地区进行综合治理。

禁止毁坏海岸防护设施、沿海防护林、沿海城镇园林和绿地。

第二十八条　国家鼓励发展生态渔业建设，推广多种生态渔业生产方式，改善海洋生态状况。

新建、改建、扩建海水养殖场，应当进行环境影响评价。

海水养殖应当科学确定养殖密度，并应当合理投饵、施肥，正确使用药物，防止造成海洋环境的污染。

第四章　防治陆源污染物对海洋环境的污染损害

第二十九条　向海域排放陆源污染物，必须严格执行国家或者地方规定的标准和有关规定。

第三十条　入海排污口位置的选择，应当根据海洋功能区划、海水动力条件和有关规定，经科学论证后，报设区的市级以上人民政府环境保护行政主管部门审查批准。

环境保护行政主管部门在批准设置入海排污口之前，必须征求海洋、海事、渔业行政主管部门和军队环境保护部门的意见。

在海洋自然保护区、重要渔业水域、海滨风景名胜区和其他需要特别保护的区域，不得新建排污口。

在有条件的地区，应当将排污口深海设置，实行离岸排放。

设置陆源污染物深海离岸排放排污口，应当根据海洋功能区划、海水动力条件和海底工程设施的有关情况确定，具体办法由国务院规定。

第三十一条　省、自治区、直辖市人民政府环境保护行政主管部门和水行政主管部门应当按照水污染防治有关法律的规定，加强入海河流管理，防治污染，使入海河口的水质处于良好状态。

第三十二条　排放陆源污染物的单位，必须向环境保护行政主管部门申报拥有的陆源污染物排放设施、处理设施和在正常作业条件下排放陆源污染物的种类、数量和浓度，并提供防治海洋环境污染方面的有关技术和资料。

排放陆源污染物的种类、数量和浓度有重大改变的，必须及时申报。

第三十三条　禁止向海域排放油类、酸液、碱液、剧毒废液和高、中水平放射性废水。

严格限制向海域排放低水平放射性废水；确需排放的，必须严格执行国家辐射防护规定。

严格控制向海域排放含有不易降解的有机物和重金属的废水。

第三十四条　含病原体的医疗污水、生活污水和工业废水必须经过处理，符合国家有关排放标准后，方能排入海域。

第三十五条　含有机物和营养物质的工业废水、生活污水，应当严格控制向海湾、半封闭海及其他自净能力较差的海域排放。

第三十六条　向海域排放含热废水，必须采取有效措施，保证邻近渔业水域的水温符合国家海洋环境质量标准，避免热污染对水产资源的危害。

第三十七条　沿海农田、林场施用化学农药，必须执行国家农药安全使用的规定和标准。

沿海农田、林场应当合理使用化肥和植物生长调节剂。

第三十八条　在岸滩弃置、堆放和处理尾矿、矿渣、煤灰渣、垃圾和其他固体废物的，依照《中华人民共和国固体废物污染环境防治法》的有关规定执行。

第三十九条　禁止经中华人民共和国内水、领海转移危险废物。

经中华人民共和国管辖的其他海域转移危险废物的，必须事先取得国务院环境保护行政主管部门的书面同意。

第四十条　沿海城市人民政府应当建设和完善城市排水管网，有计划地建设城市污水处理厂或者其他污水集中处理设施，加强城市污水的综合整治。

建设污水海洋处置工程，必须符合国家有关规定。

第四十一条　国家采取必要措施，防止、减少和控制来自大气层或者通过大气层造成的海洋环境污染损害。

第五章　防治海岸工程建设项目对海洋环境的污染损害

第四十二条　新建、改建、扩建海岸工程建设项目，必须遵守国家有关建设项目环境保护管理的规定，并把防治污染所需资金纳入建设项目投资计划。

在依法划定的海洋自然保护区、海滨风景名胜区、重要渔业水域及其他需要特别保护的区域，不得从事污染环境、破坏景观的海岸工程项目建设或者其他活动。

第四十三条　海岸工程建设项目单位，必须对海洋环境进行科学调查，根据自然条件和社会条件，合理选址，编制环境影响报告书（表）。在建设项目开工前，将环境影响报告书（表）报环境保护行政主管部门审查批准。

环境保护行政主管部门在批准环境影响报告书（表）之前，必须征求海洋、海事、渔业行政主管部门和军队环境保护部门的意见。

第四十四条　海岸工程建设项目的环境保护设施，必须与主体工程同时设计、同时施工、同时投产使用。环境保护设施应当符合经批准的环境影响评价报告书（表）的要求。

第四十五条　禁止在沿海陆域内新建不具备有效治理措施的化学制浆造纸、化工、印染、制革、电镀、酿造、炼油、岸边冲滩拆船以及其他严重污染海洋环境的工业生产项目。

第四十六条　兴建海岸工程建设项目，必须采取有效措施，保护国家和地方重点保护的野生动植物及其生存环境和海洋水产资源。

严格限制在海岸采挖砂石。露天开采海滨砂矿和从岸上打井开采海底矿产资源，必须采取有效措施，防止污染海洋环境。

第六章　防治海洋工程建设项目
对海洋环境的污染损害

第四十七条　海洋工程建设项目必须符合全国海洋主体功能区规划、海洋功能区划、海洋环境保护规划和国家有关环境保护标准。海洋工程建设项目单位应当对海洋环境进行科学调查，编制海洋环境影响报告书（表），并在建设项目开工前，报海洋行政主管部门审查批准。

海洋行政主管部门在批准海洋环境影响报告书（表）之前，必须征求海事、渔业行政主管部门和军队环境保护部门的意见。

第四十八条　海洋工程建设项目的环境保护设施，必须与主体工程同时设计、同时施工、同时投产使用。环境保护设施未经海洋行政主管部门验收，或者经验收不合格的，建设项目不得投入生产或者使用。

拆除或者闲置环境保护设施，必须事先征得海洋行政主管部门的同意。

第四十九条　海洋工程建设项目，不得使用含超标准放射性物质或者易溶出有毒有害物质的材料。

第五十条　海洋工程建设项目需要爆破作业时，必须采取有效措施，保护海洋资源。

海洋石油勘探开发及输油过程中，必须采取有效措施，避免溢油事故的发生。

第五十一条　海洋石油钻井船、钻井平台和采油平台的含油污水和油性混合物，必须经过处理达标后排放；残油、废油必须予以回收，不得排放入海。经回收处理后排放的，其含油量不得超过国家规定的标准。

钻井所使用的油基泥浆和其他有毒复合泥浆不得排放入海。水基泥浆和无毒复合泥浆及钻屑的排放，必须符合国家有关规定。

第五十二条　海洋石油钻井船、钻井平台和采油平台及其有关海上设施，不得向海域处置含油的工业垃圾。处置其他工业垃圾，不得造成海洋环境污染。

第五十三条　海上试油时，应当确保油气充分燃烧，油和油性混合物不得排放入海。

第五十四条 勘探开发海洋石油，必须按有关规定编制溢油应急计划，报国家海洋行政主管部门的海区派出机构备案。

第七章 防治倾倒废弃物对海洋环境的污染损害

第五十五条 任何单位未经国家海洋行政主管部门批准，不得向中华人民共和国管辖海域倾倒任何废弃物。

需要倾倒废弃物的单位，必须向国家海洋行政主管部门提出书面申请，经国家海洋行政主管部门审查批准，发给许可证后，方可倾倒。

禁止中华人民共和国境外的废弃物在中华人民共和国管辖海域倾倒。

第五十六条 国家海洋行政主管部门根据废弃物的毒性、有毒物质含量和对海洋环境影响程度，制定海洋倾倒废弃物评价程序和标准。

向海洋倾倒废弃物，应当按照废弃物的类别和数量实行分级管理。

可以向海洋倾倒的废弃物名录，由国家海洋行政主管部门拟定，经国务院环境保护行政主管部门提出审核意见后，报国务院批准。

第五十七条 国家海洋行政主管部门按照科学、合理、经济、安全的原则选划海洋倾倒区，经国务院环境保护行政主管部门提出审核意见后，报国务院批准。

临时性海洋倾倒区由国家海洋行政主管部门批准，并报国务院环境保护行政主管部门备案。

国家海洋行政主管部门在选划海洋倾倒区和批准临时性海洋

倾倒区之前，必须征求国家海事、渔业行政主管部门的意见。

第五十八条　国家海洋行政主管部门监督管理倾倒区的使用，组织倾倒区的环境监测。对经确认不宜继续使用的倾倒区，国家海洋行政主管部门应当予以封闭，终止在该倾倒区的一切倾倒活动，并报国务院备案。

第五十九条　获准倾倒废弃物的单位，必须按照许可证注明的期限及条件，到指定的区域进行倾倒。废弃物装载之后，批准部门应当予以核实。

第六十条　获准倾倒废弃物的单位，应当详细记录倾倒的情况，并在倾倒后向批准部门作出书面报告。倾倒废弃物的船舶必须向驶出港的海事行政主管部门作出书面报告。

第六十一条　禁止在海上焚烧废弃物。

禁止在海上处置放射性废弃物或者其他放射性物质。废弃物中的放射性物质的豁免浓度由国务院制定。

第八章　防治船舶及有关作业活动 对海洋环境的污染损害

第六十二条　在中华人民共和国管辖海域，任何船舶及相关作业不得违反本法规定向海洋排放污染物、废弃物和压载水、船舶垃圾及其他有害物质。

从事船舶污染物、废弃物、船舶垃圾接收、船舶清舱、洗舱作业活动的，必须具备相应的接收处理能力。

第六十三条　船舶必须按照有关规定持有防止海洋环境污染的证书与文书，在进行涉及污染物排放及操作时，应当如实记录。

第六十四条　船舶必须配置相应的防污设备和器材。

载运具有污染危害性货物的船舶，其结构与设备应当能够防止或者减轻所载货物对海洋环境的污染。

第六十五条 船舶应当遵守海上交通安全法律、法规的规定，防止因碰撞、触礁、搁浅、火灾或者爆炸等引起的海难事故，造成海洋环境的污染。

第六十六条 国家完善并实施船舶油污损害民事赔偿责任制度；按照船舶油污损害赔偿责任由船东和货主共同承担风险的原则，建立船舶油污保险、油污损害赔偿基金制度。

实施船舶油污保险、油污损害赔偿基金制度的具体办法由国务院规定。

第六十七条 载运具有污染危害性货物进出港口的船舶，其承运人、货物所有人或者代理人，必须事先向海事行政主管部门申报。经批准后，方可进出港口、过境停留或者装卸作业。

第六十八条 交付船舶装运污染危害性货物的单证、包装、标志、数量限制等，必须符合对所装货物的有关规定。

需要船舶装运污染危害性不明的货物，应当按照有关规定事先进行评估。

装卸油类及有毒有害货物的作业，船岸双方必须遵守安全防污操作规程。

第六十九条 港口、码头、装卸站和船舶修造厂必须按照有关规定备有足够的用于处理船舶污染物、废弃物的接收设施，并使该设施处于良好状态。

装卸油类的港口、码头、装卸站和船舶必须编制溢油污染应急计划，并配备相应的溢油污染应急设备和器材。

第七十条 船舶及有关作业活动应当遵守有关法律法规和标准，采取有效措施，防止造成海洋环境污染。海事行政主管部门等有关部门应当加强对船舶及有关作业活动的监督管理。

船舶进行散装液体污染危害性货物的过驳作业，应当事先按照有关规定报经海事行政主管部门批准。

第七十一条 船舶发生海难事故，造成或者可能造成海洋环境重大污染损害的，国家海事行政主管部门有权强制采取避免或者减少污染损害的措施。

对在公海上因发生海难事故，造成中华人民共和国管辖海域重大污染损害后果或者具有污染威胁的船舶、海上设施，国家海事行政主管部门有权采取与实际的或者可能发生的损害相称的必要措施。

第七十二条 所有船舶均有监视海上污染的义务，在发现海上污染事故或者违反本法规定的行为时，必须立即向就近的依照本法规定行使海洋环境监督管理权的部门报告。

民用航空器发现海上排污或者污染事件，必须及时向就近的民用航空空中交通管制单位报告。接到报告的单位，应当立即向依照本法规定行使海洋环境监督管理权的部门通报。

第九章 法 律 责 任

第七十三条 违反本法有关规定，有下列行为之一的，由依照本法规定行使海洋环境监督管理权的部门责令停止违法行为、限期改正或者责令采取限制生产、停产整治等措施，并处以罚款；拒不改正的，依法作出处罚决定的部门可以自责令改正之日的次日起，按照原罚款数额按日连续处罚；情节严重的，报经有批准权的人民政府批准，责令停业、关闭：

（一）向海域排放本法禁止排放的污染物或者其他物质的；

（二）不按照本法规定向海洋排放污染物，或者超过标准、总量控制指标排放污染物的；

（三）未取得海洋倾倒许可证，向海洋倾倒废弃物的；

（四）因发生事故或者其他突发性事件，造成海洋环境污染事故，不立即采取处理措施的。

有前款第（一）、（三）项行为之一的，处三万元以上二十万元以下的罚款；有前款第（二）、（四）项行为之一的，处二万元以上十万元以下的罚款。

第七十四条 违反本法有关规定，有下列行为之一的，由依照本法规定行使海洋环境监督管理权的部门予以警告，或者处以罚款：

（一）不按照规定申报，甚至拒报污染物排放有关事项，或者在申报时弄虚作假的；

（二）发生事故或者其他突发性事件不按照规定报告的；

（三）不按照规定记录倾倒情况，或者不按照规定提交倾倒报告的；

（四）拒报或者谎报船舶载运污染危害性货物申报事项的。

有前款第（一）、（三）项行为之一的，处二万元以下的罚款；有前款第（二）、（四）项行为之一的，处五万元以下的罚款。

第七十五条 违反本法第十九条第二款的规定，拒绝现场检查，或者在被检查时弄虚作假的，由依照本法规定行使海洋环境监督管理权的部门予以警告，并处二万元以下的罚款。

第七十六条 违反本法规定，造成珊瑚礁、红树林等海洋生态系统及海洋水产资源、海洋保护区破坏的，由依照本法规定行使海洋环境监督管理权的部门责令限期改正和采取补救措施，并处一万元以上十万元以下的罚款；有违法所得的，没收其违法所得。

第七十七条 违反本法第三十条第一款、第三款规定设置入海排污口的，由县级以上地方人民政府环境保护行政主管部门责令其关闭，并处二万元以上十万元以下的罚款。

第七十八条 违反本法第三十九条第二款的规定，经中华人民共和国管辖海域，转移危险废物的，由国家海事行政主管部门责令非法运输该危险废物的船舶退出中华人民共和国管辖海域，并处五万元以上五十万元以下的罚款。

第七十九条 海岸工程建设项目未依法进行环境影响评价的，依照《中华人民共和国环境影响评价法》的规定处理。

第八十条 违反本法第四十四条的规定，海岸工程建设项目未建成环境保护设施，或者环境保护设施未达到规定要求即投入生产、使用的，由环境保护行政主管部门责令其停止生产或者使用，并处二万元以上十万元以下的罚款。

第八十一条 违反本法第四十五条的规定，新建严重污染海洋环境的工业生产建设项目的，按照管理权限，由县级以上人民政府责令关闭。

第八十二条 违反本法第四十七条第一款的规定，进行海洋工程建设项目的，由海洋行政主管部门责令其停止施工，根据违法情节和危害后果，处建设项目总投资额百分之一以上百分之五以下的罚款，并可以责令恢复原状。

违反本法第四十八条的规定，海洋工程建设项目未建成环境保护设施、环境保护设施未达到规定要求即投入生产、使用的，由海洋行政主管部门责令其停止生产、使用，并处五万元以上二十万元以下的罚款。

第八十三条 违反本法第四十九条的规定，使用含超标准放射性物质或者易溶出有毒有害物质材料的，由海洋行政主管部门处五万元以下的罚款，并责令其停止该建设项目的运行，直到消除污染危害。

第八十四条 违反本法规定进行海洋石油勘探开发活动，造成海洋环境污染的，由国家海洋行政主管部门予以警告，并处二万元以上二十万元以下的罚款。

第八十五条　违反本法规定，不按照许可证的规定倾倒，或者向已经封闭的倾倒区倾倒废弃物的，由海洋行政主管部门予以警告，并处三万元以上二十万元以下的罚款；对情节严重的，可以暂扣或者吊销许可证。

第八十六条　违反本法第五十五条第三款的规定，将中华人民共和国境外废弃物运进中华人民共和国管辖海域倾倒的，由国家海洋行政主管部门予以警告，并根据造成或者可能造成的危害后果，处十万元以上一百万元以下的罚款。

第八十七条　违反本法规定，有下列行为之一的，由依照本法规定行使海洋环境监督管理权的部门予以警告，或者处以罚款：

（一）港口、码头、装卸站及船舶未配备防污设施、器材的；

（二）船舶未持有防污证书、防污文书，或者不按照规定记载排污记录的；

（三）从事水上和港区水域拆船、旧船改装、打捞和其他水上、水下施工作业，造成海洋环境污染损害的；

（四）船舶载运的货物不具备防污适运条件的。

有前款第（一）、（四）项行为之一的，处二万元以上十万元以下的罚款；有前款第（二）项行为的，处二万元以下的罚款；有前款第（三）项行为的，处五万元以上二十万元以下的罚款。

第八十八条　违反本法规定，船舶、石油平台和装卸油类的港口、码头、装卸站不编制溢油应急计划的，由依照本法规定行使海洋环境监督管理权的部门予以警告，或者责令限期改正。

第八十九条　造成海洋环境污染损害的责任者，应当排除危害，并赔偿损失；完全由于第三者的故意或者过失，造成海洋环境污染损害的，由第三者排除危害，并承担赔偿责任。

对破坏海洋生态、海洋水产资源、海洋保护区，给国家造成重大损失的，由依照本法规定行使海洋环境监督管理权的部门代表国家对责任者提出损害赔偿要求。

第九十条 对违反本法规定，造成海洋环境污染事故的单位，除依法承担赔偿责任外，由依照本法规定行使海洋环境监督管理权的部门依照本条第二款的规定处以罚款；对直接负责的主管人员和其他直接责任人员可以处上一年度从本单位取得收入百分之五十以下的罚款；直接负责的主管人员和其他直接责任人员属于国家工作人员的，依法给予处分。

对造成一般或者较大海洋环境污染事故的，按照直接损失的百分之二十计算罚款；对造成重大或者特大海洋环境污染事故的，按照直接损失的百分之三十计算罚款。

对严重污染海洋环境、破坏海洋生态，构成犯罪的，依法追究刑事责任。

第九十一条 完全属于下列情形之一，经过及时采取合理措施，仍然不能避免对海洋环境造成污染损害的，造成污染损害的有关责任者免予承担责任：

（一）战争；

（二）不可抗拒的自然灾害；

（三）负责灯塔或者其他助航设备的主管部门，在执行职责时的疏忽，或者其他过失行为。

第九十二条 对违反本法第十二条有关缴纳排污费、倾倒费规定的行政处罚，由国务院规定。

第九十三条 海洋环境监督管理人员滥用职权、玩忽职守、徇私舞弊，造成海洋环境污染损害的，依法给予行政处分；构成犯罪的，依法追究刑事责任。

第十章　附　则

第九十四条　本法中下列用语的含义是：

（一）海洋环境污染损害，是指直接或者间接地把物质或者能量引入海洋环境，产生损害海洋生物资源、危害人体健康、妨害渔业和海上其他合法活动、损害海水使用素质和减损环境质量等有害影响。

（二）内水，是指我国领海基线向内陆一侧的所有海域。

（三）滨海湿地，是指低潮时水深浅于六米的水域及其沿岸浸湿地带，包括水深不超过六米的永久性水域、潮间带（或洪泛地带）和沿海低地等。

（四）海洋功能区划，是指依据海洋自然属性和社会属性，以及自然资源和环境特定条件，界定海洋利用的主导功能和使用范畴。

（五）渔业水域，是指鱼虾类的产卵场、索饵场、越冬场、洄游通道和鱼虾贝藻类的养殖场。

（六）油类，是指任何类型的油及其炼制品。

（七）油性混合物，是指任何含有油份的混合物。

（八）排放，是指把污染物排入海洋的行为，包括泵出、溢出、泄出、喷出和倒出。

（九）陆地污染源（简称陆源），是指从陆地向海域排放污染物，造成或者可能造成海洋环境污染的场所、设施等。

（十）陆源污染物，是指由陆地污染源排放的污染物。

（十一）倾倒，是指通过船舶、航空器、平台或者其他载运工具，向海洋处置废弃物和其他有害物质的行为，包括弃置船舶、航空器、平台及其辅助设施和其他浮动工具的行为。

（十二）沿海陆域，是指与海岸相连，或者通过管道、沟渠、设施，直接或者间接向海洋排放污染物及其相关活动的一带区域。

（十三）海上焚烧，是指以热摧毁为目的，在海上焚烧设施上，故意焚烧废弃物或者其他物质的行为，但船舶、平台或者其他人工构造物正常操作中，所附带发生的行为除外。

第九十五条 涉及海洋环境监督管理的有关部门的具体职权划分，本法未作规定的，由国务院规定。

第九十六条 中华人民共和国缔结或者参加的与海洋环境保护有关的国际条约与本法有不同规定的，适用国际条约的规定；但是，中华人民共和国声明保留的条款除外。

第九十七条 本法自 2000 年 4 月 1 日起施行。

中华人民共和国矿产资源法

（1986 年 3 月 19 日第六届全国人民代表大会常务委员会第十五次会议通过 根据 1996 年 8 月 29 日第八届全国人民代表大会常务委员会第二十一次会议《关于修改〈中华人民共和国矿产资源法〉的决定》第一次修正 根据 2009 年 8 月 27 日第十一届全国人民代表大会常务委员会第十次会议《关于修改部分法律的决定》第二次修正）

第一章 总 则

第一条 为了发展矿业，加强矿产资源的勘查、开发利用和保护工作，保障社会主义现代化建设的当前和长远的需要，根据中华人民共和国宪法，特制定本法。

第二条　在中华人民共和国领域及管辖海域勘查、开采矿产资源，必须遵守本法。

第三条　矿产资源属于国家所有，由国务院行使国家对矿产资源的所有权。地表或者地下的矿产资源的国家所有权，不因其所依附的土地的所有权或者使用权的不同而改变。

国家保障矿产资源的合理开发利用。禁止任何组织或者个人用任何手段侵占或者破坏矿产资源。各级人民政府必须加强矿产资源的保护工作。

勘查、开采矿产资源，必须依法分别申请、经批准取得探矿权、采矿权，并办理登记；但是，已经依法申请取得采矿权的矿山企业在划定的矿区范围内为本企业的生产而进行的勘查除外。国家保护探矿权和采矿权不受侵犯，保障矿区和勘查作业区的生产秩序、工作秩序不受影响和破坏。

从事矿产资源勘查和开采的，必须符合规定的资质条件。

第四条　国家保障依法设立的矿山企业开采矿产资源的合法权益。

国有矿山企业是开采矿产资源的主体。国家保障国有矿业经济的巩固和发展。

第五条　国家实行探矿权、采矿权有偿取得的制度；但是，国家对探矿权、采矿权有偿取得的费用，可以根据不同情况规定予以减缴、免缴。具体办法和实施步骤由国务院规定。

开采矿产资源，必须按照国家有关规定缴纳资源税和资源补偿费。

第六条　除按下列规定可以转让外，探矿权、采矿权不得转让：

（一）探矿权人有权在划定的勘查作业区内进行规定的勘查

218

作业，有权优先取得勘查作业区内矿产资源的采矿权。探矿权人在完成规定的最低勘查投入后，经依法批准，可以将探矿权转让他人。

（二）已取得采矿权的矿山企业，因企业合并、分立，与他人合资、合作经营，或者因企业资产出售以及有其他变更企业资产产权的情形而需要变更采矿权主体的，经依法批准可以将采矿权转让他人采矿。

前款规定的具体办法和实施步骤由国务院规定。

禁止将探矿权、采矿权倒卖牟利。

第七条 国家对矿产资源的勘查、开发实行统一规划、合理布局、综合勘查、合理开采和综合利用的方针。

第八条 国家鼓励矿产资源勘查、开发的科学技术研究，推广先进技术，提高矿产资源勘查、开发的科学技术水平。

第九条 在勘查、开发、保护矿产资源和进行科学技术研究等方面成绩显著的单位和个人，由各级人民政府给予奖励。

第十条 国家在民族自治地方开采矿产资源，应当照顾民族自治地方的利益，作出有利于民族自治地方经济建设的安排，照顾当地少数民族群众的生产和生活。

民族自治地方的自治机关根据法律规定和国家的统一规划，对可以由本地方开发的矿产资源，优先合理开发利用。

第十一条 国务院地质矿产主管部门主管全国矿产资源勘查、开采的监督管理工作。国务院有关主管部门协助国务院地质矿产主管部门进行矿产资源勘查、开采的监督管理工作。

省、自治区、直辖市人民政府地质矿产主管部门主管本行政区域内矿产资源勘查、开采的监督管理工作。省、自治区、直辖市人民政府有关主管部门协助同级地质矿产主管部门进行矿产资源勘查、开采的监督管理工作。

第二章　矿产资源勘查的登记和开采的审批

第十二条　国家对矿产资源勘查实行统一的区块登记管理制度。矿产资源勘查登记工作，由国务院地质矿产主管部门负责；特定矿种的矿产资源勘查登记工作，可以由国务院授权有关主管部门负责。矿产资源勘查区块登记管理办法由国务院制定。

第十三条　国务院矿产储量审批机构或者省、自治区、直辖市矿产储量审批机构负责审查批准供矿山建设设计使用的勘探报告，并在规定的期限内批复报送单位。勘探报告未经批准，不得作为矿山建设设计的依据。

第十四条　矿产资源勘查成果档案资料和各类矿产储量的统计资料，实行统一的管理制度，按照国务院规定汇交或者填报。

第十五条　设立矿山企业，必须符合国家规定的资质条件，并依照法律和国家有关规定，由审批机关对其矿区范围、矿山设计或者开采方案、生产技术条件、安全措施和环境保护措施等进行审查；审查合格的，方予批准。

第十六条　开采下列矿产资源的，由国务院地质矿产主管部门审批，并颁发采矿许可证：

（一）国家规划矿区和对国民经济具有重要价值的矿区内的矿产资源；

（二）前项规定区域以外可供开采的矿产储量规模在大型以上的矿产资源；

（三）国家规定实行保护性开采的特定矿种；

（四）领海及中国管辖的其他海域的矿产资源；

（五）国务院规定的其他矿产资源。

开采石油、天然气、放射性矿产等特定矿种的，可以由国务院授权的有关主管部门审批，并颁发采矿许可证。

开采第一款、第二款规定以外的矿产资源，其可供开采的矿产的储量规模为中型的，由省、自治区、直辖市人民政府地质矿产主管部门审批和颁发采矿许可证。

开采第一款、第二款和第三款规定以外的矿产资源的管理办法，由省、自治区、直辖市人民代表大会常务委员会依法制定。

依照第三款、第四款的规定审批和颁发采矿许可证的，由省、自治区、直辖市人民政府地质矿产主管部门汇总向国务院地质矿产主管部门备案。

矿产储量规模的大型、中型的划分标准，由国务院矿产储量审批机构规定。

第十七条 国家对国家规划矿区、对国民经济具有重要价值的矿区和国家规定实行保护性开采的特定矿种，实行有计划的开采；未经国务院有关主管部门批准，任何单位和个人不得开采。

第十八条 国家规划矿区的范围、对国民经济具有重要价值的矿区的范围、矿山企业矿区的范围依法划定后，由划定矿区范围的主管机关通知有关县级人民政府予以公告。

矿山企业变更矿区范围，必须报请原审批机关批准，并报请原颁发采矿许可证的机关重新核发采矿许可证。

第十九条 地方各级人民政府应当采取措施，维护本行政区域内的国有矿山企业和其他矿山企业矿区范围内的正常秩序。

禁止任何单位和个人进入他人依法设立的国有矿山企业和其他矿山企业矿区范围内采矿。

第二十条 非经国务院授权的有关主管部门同意，不得在下列地区开采矿产资源：

（一）港口、机场、国防工程设施圈定地区以内；

（二）重要工业区、大型水利工程设施、城镇市政工程设施附近一定距离以内；

（三）铁路、重要公路两侧一定距离以内；

（四）重要河流、堤坝两侧一定距离以内；

（五）国家划定的自然保护区、重要风景区，国家重点保护的不能移动的历史文物和名胜古迹所在地；

（六）国家规定不得开采矿产资源的其他地区。

第二十一条　关闭矿山，必须提出矿山闭坑报告及有关采掘工程、不安全隐患、土地复垦利用、环境保护的资料，并按照国家规定报请审查批准。

第二十二条　勘查、开采矿产资源时，发现具有重大科学文化价值的罕见地质现象以及文化古迹，应当加以保护并及时报告有关部门。

第三章　矿产资源的勘查

第二十三条　区域地质调查按照国家统一规划进行。区域地质调查的报告和图件按照国家规定验收，提供有关部门使用。

第二十四条　矿产资源普查在完成主要矿种普查任务的同时，应当对工作区内包括共生或者伴生矿产的成矿地质条件和矿床工业远景作出初步综合评价。

第二十五条　矿床勘探必须对矿区内具有工业价值的共生和伴生矿产进行综合评价，并计算其储量。未作综合评价的勘探报告不予批准。但是，国务院计划部门另有规定的矿床勘探项目除外。

第二十六条　普查、勘探易损坏的特种非金属矿产、流体矿产、易燃易爆易溶矿产和含有放射性元素的矿产，必须采用省级以上人民政府有关主管部门规定的普查、勘探方法，并有必要的技术装备和安全措施。

第二十七条 矿产资源勘查的原始地质编录和图件，岩矿心、测试样品和其他实物标本资料，各种勘查标志，应当按照有关规定保护和保存。

第二十八条 矿床勘探报告及其他有价值的勘查资料，按照国务院规定实行有偿使用。

第四章　矿产资源的开采

第二十九条 开采矿产资源，必须采取合理的开采顺序、开采方法和选矿工艺。矿山企业的开采回采率、采矿贫化率和选矿回收率应当达到设计要求。

第三十条 在开采主要矿产的同时，对具有工业价值的共生和伴生矿产应当统一规划，综合开采，综合利用，防止浪费；对暂时不能综合开采或者必须同时采出而暂时还不能综合利用的矿产以及含有有用组分的尾矿，应当采取有效的保护措施，防止损失破坏。

第三十一条 开采矿产资源，必须遵守国家劳动安全卫生规定，具备保障安全生产的必要条件。

第三十二条 开采矿产资源，必须遵守有关环境保护的法律规定，防止污染环境。

开采矿产资源，应当节约用地。耕地、草原、林地因采矿受到破坏的，矿山企业应当因地制宜地采取复垦利用、植树种草或者其他利用措施。

开采矿产资源给他人生产、生活造成损失的，应当负责赔偿，并采取必要的补救措施。

第三十三条 在建设铁路、工厂、水库、输油管道、输电线路和各种大型建筑物或者建筑群之前，建设单位必须向所在省、自治区、直辖市地质矿产主管部门了解拟建工程所在地区的矿产资源分布和开采情况。非经国务院授权的部门批准，不得压覆重要矿床。

第三十四条 国务院规定由指定的单位统一收购的矿产品，任何其他单位或者个人不得收购；开采者不得向非指定单位销售。

第五章　集体矿山企业和个体采矿

第三十五条 国家对集体矿山企业和个体采矿实行积极扶持、合理规划、正确引导、加强管理的方针，鼓励集体矿山企业开采国家指定范围内的矿产资源，允许个人采挖零星分散资源和只能用作普通建筑材料的砂、石、粘土以及为生活自用采挖少量矿产。

矿产储量规模适宜由矿山企业开采的矿产资源、国家规定实行保护性开采的特定矿种和国家规定禁止个人开采的其他矿产资源，个人不得开采。

国家指导、帮助集体矿山企业和个体采矿不断提高技术水平、资源利用率和经济效益。

地质矿产主管部门、地质工作单位和国有矿山企业应当按照积极支持、有偿互惠的原则向集体矿山企业和个体采矿提供地质资料和技术服务。

第三十六条　国务院和国务院有关主管部门批准开办的矿山企业矿区范围内已有的集体矿山企业，应当关闭或者到指定的其他地点开采，由矿山建设单位给予合理的补偿，并妥善安置群众生活；也可以按照该矿山企业的统筹安排，实行联合经营。

第三十七条　集体矿山企业和个体采矿应当提高技术水平，提高矿产资源回收率。禁止乱挖滥采，破坏矿产资源。

集体矿山企业必须测绘井上、井下工程对照图。

第三十八条　县级以上人民政府应当指导、帮助集体矿山企业和个体采矿进行技术改造，改善经营管理，加强安全生产。

第六章　法　律　责　任

第三十九条　违反本法规定，未取得采矿许可证擅自采矿的，擅自进入国家规划矿区、对国民经济具有重要价值的矿区范围采矿的，擅自开采国家规定实行保护性开采的特定矿种的，责令停止开采、赔偿损失，没收采出的矿产品和违法所得，可以并处罚款；拒不停止开采，造成矿产资源破坏的，依照刑法有关规定对直接责任人员追究刑事责任。

单位和个人进入他人依法设立的国有矿山企业和其他矿山企业矿区范围内采矿的，依照前款规定处罚。

第四十条　超越批准的矿区范围采矿的，责令退回本矿区范围内开采、赔偿损失，没收越界开采的矿产品和违法所得，可以并处罚款；拒不退回本矿区范围内开采，造成矿产资源破坏的，吊销采矿许可证，依照刑法有关规定对直接责任人员追究刑事责任。

第四十一条　盗窃、抢夺矿山企业和勘查单位的矿产品和其他财物的，破坏采矿、勘查设施的，扰乱矿区和勘查作业区的生产秩序、工作秩序的，分别依照刑法有关规定追究刑事责任；情节显著轻微的，依照治安管理处罚法有关规定予以处罚。

第四十二条　买卖、出租或者以其他形式转让矿产资源的，没收违法所得，处以罚款。

违反本法第六条的规定将探矿权、采矿权倒卖牟利的，吊销勘查许可证、采矿许可证，没收违法所得，处以罚款。

第四十三条　违反本法规定收购和销售国家统一收购的矿产品的，没收矿产品和违法所得，可以并处罚款；情节严重的，依照刑法有关规定，追究刑事责任。

第四十四条　违反本法规定，采取破坏性的开采方法开采矿产资源的，处以罚款，可以吊销采矿许可证；造成矿产资源严重破坏的，依照刑法有关规定对直接责任人员追究刑事责任。

第四十五条　本法第三十九条、第四十条、第四十二条规定的行政处罚，由县级以上人民政府负责地质矿产管理工作的部门按照国务院地质矿产主管部门规定的权限决定。第四十三条规定的行政处罚，由县级以上人民政府工商行政管理部门决定。第四十四条规定的行政处罚，由省、自治区、直辖市人民政府地质矿产主管部门决定。给予吊销勘查许可证或者采矿许可证处罚的，须由原发证机关决定。

依照第三十九条、第四十条、第四十二条、第四十四条规定应当给予行政处罚而不给予行政处罚的，上级人民政府地质矿产主管部门有权责令改正或者直接给予行政处罚。

第四十六条　当事人对行政处罚决定不服的，可以依法申请复议，也可以依法直接向人民法院起诉。

当事人逾期不申请复议也不向人民法院起诉，又不履行处罚决定的，由作出处罚决定的机关申请人民法院强制执行。

第四十七条　负责矿产资源勘查、开采监督管理工作的国家工作人员和其他有关国家工作人员徇私舞弊、滥用职权或者玩忽职守，违反本法规定批准勘查、开采矿产资源和颁发勘查许可证、采矿许可证，或者对违法采矿行为不依法予以制止、处罚，构成犯罪的，依法追究刑事责任；不构成犯罪的，给予行政处分。违法颁发的勘查许可证、采矿许可证，上级人民政府地质矿产主管部门有权予以撤销。

第四十八条 以暴力、威胁方法阻碍从事矿产资源勘查、开采监督管理工作的国家工作人员依法执行职务的，依照刑法有关规定追究刑事责任；拒绝、阻碍从事矿产资源勘查、开采监督管理工作的国家工作人员依法执行职务未使用暴力、威胁方法的，由公安机关依照治安管理处罚法的规定处罚。

第四十九条 矿山企业之间的矿区范围的争议，由当事人协商解决，协商不成的，由有关县级以上地方人民政府根据依法核定的矿区范围处理；跨省、自治区、直辖市的矿区范围的争议，由有关省、自治区、直辖市人民政府协商解决，协商不成的，由国务院处理。

第七章 附 则

第五十条 外商投资勘查、开采矿产资源，法律、行政法规另有规定的，从其规定。

第五十一条 本法施行以前，未办理批准手续、未划定矿区范围、未取得采矿许可证开采矿产资源的，应当依照本法有关规定申请补办手续。

第五十二条 本法实施细则由国务院制定。

第五十三条 本法自 1986 年 10 月 1 日起施行。

关于《中华人民共和国深海海底区域
资源勘探开发法（草案)》的说明

全国人大环境与资源保护委员会主任委员　陆浩

（2015 年 10 月 30 日）

委员长、各位副委员长、秘书长、各位委员：

　　我受第十二届全国人大环境与资源保护委员会的委托，现就《中华人民共和国深海海底区域资源勘探开发法（草案)》（以下简称"草案"）作如下说明。

　　1982 年通过，1994 年生效的《联合国海洋法公约》（以下简称《公约》）将国际海底区域（简称"区域"）及其资源确定为人类的共同继承财产，对"区域"内资源的一切权利由国际海底管理局代表全人类行使。1996 年 5 月 15 日第八届全国人大常委会第十九次会议审议通过了关于批准《公约》的决定，我国成为缔约国。

　　《公约》规定：缔约国有责任确保具有其国籍或者其控制的自然人或者法人依照《公约》开展"区域"内活动，并对此活动提供担保。同时还规定：担保国对承包者因没有履行《公约》规定的义务而造成的损害负有赔偿责任，但如担保国已经制定法律和规章，并采取行政措施有效管控其担保的承包者在"区域"内的活动，则担保国应无赔偿责任。到目前为止，主要发达国家和部分发展中国家已经制定或者正在制定"区域"资源勘探开发法律。我国作为《公约》缔约国和"区域"活动的担保国，应当尽早完成立法工作。

针对《公约》的上述规定，2013年4月，环资委向全国人大常委会提出立法建议。全国人大常委会高度重视，于2013年9月，将深海海底区域资源勘探开发法列入《十二届全国人大常委会立法规划》，交由环资委牵头起草和提请审议。按照立法规划关于任务、时间、组织、责任四落实的要求，环资委成立了立法工作领导小组，制定了工作方案和工作计划。按照科学立法、民主立法的要求，认真研究了《公约》及1994年《关于执行1982年12月10日〈联合国海洋法公约〉第十一部分的协定》、国际海底管理局探矿和勘探规章、国际海洋法法庭海底争端分庭咨询意见（以下分别简称为《执行协定》、《管理局规章》和《咨询意见》）等，比较研究了国外相关立法。两年多来，先后赴10余个省市，深入高等院校、科研院所和企业调研。多次召开座谈会、研讨会，认真听取各方意见和专题讲座，并开展了多个立法项目论证工作。目前形成的草案，共计七章三十二条。2015年7月28日，经环资委第十六次会议审议通过。

一、立法的必要性

（一）"草案"是履行国际义务、维护国家及全人类利益的需要

履行《公约》义务是缔约国的责任。我国一贯重视履行国际承诺和国际义务。根据《公约》的前述规定，通过国家立法有效管控我国担保的承包者在"区域"内的活动，既是履行国际义务，也做到履行国际义务与减免国家赔偿责任相一致。

（二）"草案"有利于管控深海海底区域资源勘探、开发活动，提升深海科学技术水平

我国是实际从事深海海底区域活动的主要国家之一，立法有

229

利于对深海海底区域资源勘探、开发活动的合理管控，促进其向科学、合理、安全和有序的方面发展。与此同时，我国的深海科学技术研究水平和深海资源勘探、开发能力建设与发达国家相比，仍存在较大差距，立法有利于整合资源，避免重复建设，以推进科研水平和勘探、开发能力的提升，促进我国深海事业的健康发展。

二、"草案"的主要内容

（一）关于立法目的和基本原则

"草案"围绕履行国际义务和维护国家利益，在第一条立法目的中明确了五方面内容：一是规范深海海底区域资源勘探、开发活动；二是保护海洋环境；三是提升深海科学技术研究和资源调查能力；四是保障人身和财产安全，五是促进深海海底区域资源可持续利用。同时在第三条中明确了"深海海底区域资源勘探、开发活动应当坚持保护环境、依靠科学、加强合作、维护人类共同利益的原则"，通过确立这一原则，明确我国自然人、法人或者其他组织在"区域"内活动的行为准则，也向国际社会表明我国负责任的态度。同时，将国家保障从事深海海底区域资源勘探、开发活动的我国自然人、法人或者其他组织的合法权益，作为本法的重要原则之一。

（二）关于法律适用范围和管理体制

与其他法律在适用范围上有所不同，"草案"适用的地域范围为国家管辖以外的国际公海区域，而非"中华人民共和国领域及管辖的其他海域"。因此，"草案"第二条有关适用范围的规定，未采用属地管辖，而采用属人管辖，即以中华人民共和国自然人、法人或者其他组织在深海海底区域的行为为主要规范内容。鉴于这个适用范围的特殊性，"草案"在管理体制上，依据国务院部门职责分工，由国务院海洋主管部门统一归口管理，同时赋予外交、发展改革、财政、科技、交通运输等部门相关管理职责。

（三）关于勘探、开发

对深海海底区域资源勘探、开发活动做出规范和管控，是《公约》及《执行协定》、《管理局规章》、《咨询意见》对缔约国的基本要求。为了保证我国自然人、法人或者其他组织按照上述要求，有序、安全、合理地开展深海海底区域资源勘探、开发活动，"草案"第二章，就《公约》明确规定的勘探、开发申请，对申请的审查，承包者的义务、合同变更转让，事故应急措施等主要事项，对我国自然人、法人和其他组织的深海海底区域资源勘探、开发活动做出相应规范，并在监督检查一章和罚则一章中，做出检查和处罚的相关规定。

（四）关于环境保护

有关环境保护的规定，是作为体现和履行我国的国际责任和承诺，维护人类共同利益的重要组成部分，体现可持续发展的要求。对深海海底区域资源勘探、开发活动管控不当，会造成"区域"内及其他相关范围的海洋环境破坏，特别是对海洋生态系统的破坏。因此，"草案"设第三章环境保护，加强对海洋环境保护的规范。

（五）关于深海科学技术研究和能力建设

鉴于我国在深海科学技术研究和深海资源勘探、开发能力建设上存在差距，"草案"设第四章科学技术研究与资源调查，就深海科学技术研究和资源勘探、开发的能力建设做出专门规定。明确了加强深海科学技术研究的公共平台建设、资料汇交与共享的相关内容。同时，还明确了支持并促进有关单位和个人开展深海科学普及活动。

（六）关于制度建设和监督检查

制度建设和监督检查是保证本法效力的重要内容之一，也是落实《公约》对缔约国的要求，管控其担保主体"区域"内活动的重要体现。为此，"草案"明确了许可、环境影响评估、事故应急、环境监测、备案等多项制度，体现我国对自然人、法人或者其他组织在"区域"内活动的安全性、合法性的管控。为保证这些制度的有效实施，专门设立了第五章监督检查一章，以进一步强化对"区域"行为的有效控制，并在罚则中明确了对违法行为的惩罚措施。

《中华人民共和国深海海底区域资源勘探开发法（草案)》和以上说明是否妥当，请审议。

附录三：与本法相关的国际法律

《联合国海洋法公约》第一部分、第十一部分、附件三、附件四

第一部分　用　　语

第一条　用语和范围

1. 为本公约的目的：

（1）"'区域'"是指国家管辖范围以外的海床和洋底及其底土。

（2）"管理局"是指国际海底管理局。

（3）"'区域'内活动"是指勘探和开发"区域"的资源的一切活动。

（4）"海洋环境的污染"是指：人类直接或间接把物质或能量引入海洋环境，其中包括河口湾，以致造成或可能造成损害生物资源和海洋生物、危害人类健康、妨碍包括捕鱼和海洋的其他正当用途在内的各种海洋活动、损坏海水使用质量和减损环境优美等有害影响。

（5）（a）"倾倒"是指：

（一）从船只、飞机、平台或其他人造海上结构故意处置废物或其他物质的行为；

（二）故意处置船只、飞机、平台或其他人造海上结构的行为。

（b）"倾倒"不包括：

（一）船只、飞机、平台或其他人造海上结构及其装备的正常操作所附带发生或产生的废物或其他物质的处置，但为了处置这种物质而操作的船只、飞机、平台或其他人造海上结构所运载或向其输送的废物或其他物质，或在这种船只、飞机、平台或结构上处理这种废物或其他物质所产生的废物或其他物质均除外；

（二）并非为了单纯处置物质而放置物质，但以这种放置不违反本公约的目的为限。

2.（1）"缔约国"是指同意受本公约拘束而本公约对其生效的国家。

（2）本公约比照适用于第三〇五条第 1 款（b）、（c）、（d）、（e）和（f）项所指的实体，这些实体按照与各自有关的条件成为本公约的缔约国，在这种情况下，"缔约国"也指这些实体。

第十一部分 "区域"

第一节 一般规定

第一三三条 用语

为本部分的目的：

（a）"资源"是指"区域"内在海床及其下原来位置的一切固体、液体或气体矿物资源，其中包括多金属结核；

（b）从"区域"回收的资源称为"矿物"。

第一三四条 本部分的范围

1. 本部分适用于"区域"。

2. "区域"内活动应受本部分规定的支配。

3. 关于将标明第一条第 1 款所指范围界限的海图和地理座标表交存和予以公布的规定，载于第六部分。

4. 本条的任何规定不影响根据第六部分大陆架外部界限的划定或关于划定海岸相向或相邻国家间界限的协定的效力。

第一三五条　上覆水域和上空的法律地位

本部分或依其授予或行使的任何权利，不应影响"区域"上覆水域的法律地位，或这种水域上空的法律地位。

第二节　支配"区域"的原则

第一三六条　人类的共同继承财产

"区域"及其资源是人类的共同继承财产。

第一三七条　"区域"及其资源的法律地位

1. 任何国家不应对"区域"的任何部分或其资源主张或行使主权或主权权利，任何国家或自然人或法人，也不应将"区域"或其资源的任何部分据为己有。任何这种主权和主权权利的主张或行使，或这种据为己有的行为，均应不予承认。

2. 对"区域"内资源的一切权利属于全人类，由管理局代表全人类行使。这种资源不得让渡。但从"区域"内回收的矿物，只可按照本部分和管理局的规则、规章和程序予以让渡。

3. 任何国家或自然人或法人，除按照本部分外，不应对"区域"矿物主张、取得或行使权利。否则，对于任何这种权利的主张、取得或行使，应不予承认。

第一三八条　国家对于"区域"的一般行为

各国对于"区域"的一般行为，应按照本部分的规定、《联合国宪章》所载原则，以及其他国际法规则，以利维持和平与安全，促进国际合作和相互了解。

第一三九条　确保遵守本公约的义务和损害赔偿责任

1. 缔约国应有责任确保"区域"内活动，不论是由缔约国、国营企业、或具有缔约国国籍的自然人或法人所从事者，一律依照本部分进行。国际组织对于该组织所进行的"区域"内活动也应有同样义务。

2. 在不妨害国际法规则和附件三第二十二条的情形下，缔约国或国际组织应对由于其没有履行本部分规定的义务而造成的损害负有赔偿责任；共同进行活动的缔约国或国际组织应承担连带赔偿责任。但如缔约国已依据第一五三条第 4 款和附件三第四条第 4 款采取一切必要和适当措施，以确保其根据第一五三条第 2 款（b）项担保的人切实遵守规定，则该缔约国对于因这种人没有遵守本部分规定而造成的损害，应无赔偿责任。

3. 为国际组织成员的缔约国应采取适当措施确保本条对这种组织的实施。

第一四〇条　全人类的利益

1. "区域"内活动应依本部分的明确规定为全人类的利益而进行，不论各国的地理位置如何，也不论是沿海国或内陆国，并特别考虑到发展中国家和尚未取得完全独立或联合国按照其大会第 1514（XV）号决议和其他有关大会决议所承认的其他自治地位的人民的利益和需要。

2. 管理局应按照第一六〇条第 2 款（f）项（1）目作出规定，通过任何适当的机构，在无歧视的基础上公平分配从"区域"内活动取得的财政及其他经济利益。

第一四一条　专为和平目的利用"区域"

"区域"应开放给所有国家，不论是沿海国或内陆国，专为和平目的利用，不加歧视，也不得妨害本部分其他规定。

第一四二条　沿海国的权利和合法利益

1. "区域"内活动涉及跨越国家管辖范围的"区域"内资源矿床时，应适当顾及这种矿床跨越其管辖范围的任何沿海国的权利和合法利益。

2. 应与有关国家保持协商，包括维持一种事前通知的办法在内，以免侵犯上述权利和利益。如"区域"内活动可能导致对国家管辖范围内资源的开发，则需事先征得有关沿海国的同意。

3. 本部分或依其授予或行使的任何权利，应均不影响沿海国为防止、减轻或消除因任何"区域"内活动引起或造成的污染威胁或其他危险事故使其海岸或有关利益受到的严重迫切危险而采取与第十二部分有关规定相符合的必要措施的权利。

第一四三条　海洋科学研究

1. "区域"内的海洋科学研究，应按照第十三部分专为和平目的并为谋全人类的利益进行。

2. 管理局可进行有关"区域"及其资源的海洋科学研究，并可为此目的订立合同。管理局应促进和鼓励在"区域"内进行海洋科学研究，并应协调和传播所得到的这种研究和分析的结果。

3. 各缔约国可在"区域"内进行海洋学研究。各缔约国应以下列方式促进"区域"内海洋科学研究方面的国际合作：

（a）参加国际方案，并鼓励不同国家的人员和管理局人员合作进行海洋科学研究；

（b）确保在适当情形下通过管理局或其他国际组织，为了发展中国家和技术较不发达国家的利益发展各种方案，以期：

（1）加强它们的研究能力；

（2）在研究的技术和应用方面训练它们的人员和管理局的人员；

（3）促进聘用它们的合格人员，从事"区域"内的研究；

（c）通过管理局，或适当时通过其他国际途径，切实传播所得到的研究和分析结果。

第一四四条　技术的转让

1. 管理局应按照本公约采取措施，以：

（a）取得有关"区域"内活动的技术和科学知识；并

（b）促进和鼓励向发展中国家转让这种技术和科学知识，使所有缔约国都从其中得到利益。

2. 为此目的，管理局和各缔约国应互相合作，以促进有关"区域"内活动的技术和科学知识的转让，使企业部和所有缔约国都从其中得到利益。它们应特别倡议并推动：

（a）将有关"区域"内活动的技术转让给企业部和发展中国家的各种方案，除其他外，包括便利企业部和发展中国家根据公平合理的条款和条件取得有关的技术；

（b）促进企业部技术和发展中国家本国技术的进展的各种措施，特别是使企业部和发展中国家的人员有机会接受海洋科学和技术的训练和充分参加"区域"内活动。

第一四五条　海洋环境的保护

应按照本公约对"区域"内活动采取必要措施，以确保切实保护海洋环境，不受这种活动可能产生的有害影响。为此目的，管理局应制定适当的规则，规章和程序，以便除其他外：

（a）防止、减少和控制对包括海岸在内的海洋环境的污染和其他危害，并防止干扰海洋环境的生态平衡，特别注意使其不受诸如钻探、挖泥、挖凿、废物处置等活动，以及建造和操作或维修与这种活动有关的设施、管道和其他装置所产生的有害影响；

（b）保护和养护"区域"的自然资源，并防止对海洋环境中动植物的损害。

第一四六条　人命的保护

关于"区域"内活动，应采取必要措施，以确保切实保护人命。为此目的，管理局应制定适当的规则、规章和程序，以补充有关条约所体现的现行国际法。

第一四七条　"区域"内活动与海洋环境中的活动的相互适应

1. "区域"内活动的进行，应合理地顾及海洋环境中的其他活动。

2. 进行"区域"内活动所使用的设施应受下列条件的限制：

（a）这种设施应仅按照本部分和在管理局的规则、规章和程序的限制下安装、安置和拆除。这种设施的安装、安置和拆除必须妥为通知，并对其存在必须维持永久性的警告方法；

（b）这种设施不得设在对使用国际航行必经的公认海道可能有干扰的地方，或设在有密集捕捞活动的区域；

（c）这种设施的周围应设立安全地带并加适当的标记，以确保航行和设施的安全。这种安全地带的形状和位置不得构成一个地带阻碍船舶合法出入特定海洋区域或阻碍沿国际海道的航行；

（d）这种设施应专用于和平目的；

（e）这种设施不具有岛屿地位。它们没有自己的领海，其存在也不影响领海、专属经济区或大陆架界限的划定。

3. 在海洋环境中进行的其他活动，应合理地顾及"区域"内活动。

第一四八条　发展中国家对"区域"内活动的参加

应按照本部分的具体规定促进发展中国家有效参加"区域"内活动，并适当顾及其特殊利益和需要，尤其是其中的内陆国和地理不利国在克服因不利位置，包括距离"区域"遥远和出入"区域"困难而产生的障碍方面的特殊需要。

第一四九条　考古和历史文物

在"区域"内发现的一切考古和历史文物，应为全人类的利益予以保存或处置，但应特别顾及来源国，或文化上的发源国，或历史和考古上的来源国的优先权利。

第三节　"区域"内资源的开发

第一五〇条　关于"区域"内活动的政策

"区域"内活动应按照本部分的明确规定进行，以求有助于世界经济的健全发展和国际贸易的均衡增长，并促进国际合作，以谋所有国家特别是发展中国家的全面发展，并且为了确保：

(a)"区域"资源的开发；

(b)对"区域"资源进行有秩序、安全和合理的管理，包括有效地进行"区域"内活动，并按照健全的养护原则，避免不必要的浪费；

(c)扩大参加这种活动的机会，以符合特别是第一四四和第一四八条的规定；

(d)按照本公约的规定使管理局分享收益，以及对企业部和发展中国家作技术转让；

(e)按照需要增加从"区域"取得的矿物的供应量，连同从其他来源取得的矿物，以保证这类矿物的消费者获得供应；

(f)促进从"区域"和从其他来源取得的矿物的价格合理而又稳定，对生产者有利，对消费者也公平，并促进供求的长期平衡；

(g)增进所有缔约国，不论其经济社会制度或地理位置如何，参加开发"区域"内资源的机会，并防止垄断"区域"内活动；

(h)按照第一五一条的规定，保护发展中国家，使它们的经济或出口收益不致因某一受影响矿物的价格或该矿物的出口量降低，而遭受不良影响，但以这种降低是由于"区域"内活动造成的为限；

(i)为全人类的利益开发共同继承财产；

240

（j）从"区域"取得的矿物作为输入品以及这种矿物所产商品作为输入品的进入市场的条件，不应比适用于其他来源输入品的最优惠待遇更为优惠。

第一五一条　生产政策

1.（a）在不妨害第一五〇条所载目标的情形下，并为实施该条（h）项的目的，管理局应通过现有议事机构，或在适当时，通过包括生产者和消费者在内的有关各方都参加的新安排或协议，采取必要措施，以对生产者有利对消费者也公平的价格，促进"区域"资源所产商品的市场的增长、效率和稳定，所有缔约国都应为此目的进行合作。

（b）管理局应有权参加生产者和消费者在内的有关各方都参加的关于上述商品的任何商品会议。管理局应有权参与上述会议产生的任何安排或协议。管理局参加根据这种安排或协议成立的任何机关，应与"区域"内的生产有关，并符合这种机关的有关规则。

（c）管理局应履行根据这种安排或协议所产生的义务，以求保证对"区域"内有关矿物的一切生产，均划一和无歧视地实施。管理局在这样作的时候，应以符合现有合同条款和已核准的企业部工作计划的方式行事。

2.（a）在第 3 款指明的过渡期间内，经营者在向管理局提出申请并经发给生产许可以前，不应依据一项核准的工作计划进行商业生产。这种生产许可不得在根据工作计划预定开始商业生产前逾五年时申请或发出，除非管理局考虑到方案进展的性质和时机在其规则和规章中为此规定了另一期间。

（b）在生产许可的申请中，经营者应具体说明按照核准的工作计划预期每年回收的镍的数量。申请中应列有经营者为使其于预定的日期如期开始商业生产而合理地算出的在收到许可以后将

241

予支出的费用款。

（c）为了（a）和（b）项的目的，管理局应按照附件三第十七条规定适当的成绩要求。

（d）管理局应照申请的生产量发给生产许可。除非在过渡期间内计划生产的任何一年中，该生产量和已核准的生产量的总和超过在发给许可的年度依照第4款算出的镍生产最高限额。

（e）生产许可和核准的申请一经发给，即成为核准的工作计划的一部分。

（f）如果经营者申请生产许可依据（d）项被拒绝，则该经营者可随时向管理局再次提出申请。

3. 过渡期间应自根据核准的工作计划预定开始最早的商业生产的那一年一月一日以前的五年开始。如果最早进行商业生产的时间延迟到原定的年度以后，过渡期间的开始和原来计算的生产最高限额都应作相应的调整。过渡期间应为二十五年，或至第一五五条所指的审查会议结束，或至第1款所指的新安排或协议开始生效之日为止，以最早者为准。如果这种安排或协议因任何理由而终止或失效，在过渡期间所余时间内，管理局应重新行使本条规定的权力。

4.（a）过渡期间内任何一年的生产最高限额应为以下的总和：

（1）依据（b）项计算的镍年消费量趋势线上最早的商业生产年度以前那一年和过渡期间开始前那一年数值的差额；加上

（2）依据（b）项计算的镍消费量趋势线上所申请的生产许可正适用的那一年和最早的商业生产年度以前那一年数值的差额的百分之六十。

（b）为了（a）项的目的：

（1）计算镍生产最高限额所用的趋势线数值，应为发给生

242

产许可的年度中计算的趋势线上的镍年消费量数值。趋势线应从能够取得数据的最近十五年期间的实际镍消费量，取其对数值，以时间为自变量，用线性回归法导出。这一趋势线应称为原趋势线；

（2）如果原趋势线年增长率少于百分之三，则用来确定（a）项所指数量的趋势线应为穿过原趋势线上该十五年期间第一年的数值而年增长率为百分之三的趋势线；但过渡期间内任何一年规定的生产最高限额无论如何不得超出该年原趋势线数值同过渡期间开始前一年的原趋势线数值之差。

5. 管理局应在依据第 4 款计算得来的生产最高限额中，保留给企业部为数 38000 公吨的镍，以供其从事最初生产。

6. （a）经营者在任何一年内可生产少于其生产许可内所指明的从多金属结核生产的矿物的年产数量，或最多较此数量高百分之八，但其总产量应不超出许可内所指明的数量。任何一年内在百分之八以上百分之二十以下的超产，或连续两年超产后的第一年以及随后各年的超产，应同管理局进行协商；管理局可要求经营者就增加的产量取得一项补充的生产许可。

（b）管理局对于这种补充生产许可的申请，只有在处理了尚未获得生产许可的经营者所已提出的一切申请，并已适当考虑到其他可能的申请者之后，才应加以审议。管理局应以不超过过渡期间任何一年内生产最高限额所容许的总生产量为指导原则。它不应核准在任何工作计划下超过 46500 公吨的镍年产量。

7. 依据一项生产许可从回收的多金属结核所提炼的铜、钴和锰等其他金属的产量，不应高于经营者依据本条规定从这些结核生产最高产量的镍时所能生产的数量。管理局应依据附件三第十七条制定规则、规章和程序以实施本项规定。

8. 根据有关的多边贸易协定关于不公平经济措施的权利和

义务，应适用于"区域"所产矿物的勘探和开发。在解决因本项规定而产生的争端时，作为这种多边贸易协定各方的缔约国应可利用这种协定的解决争端程序。

9. 管理局应有权按照第一六一条第 8 款制定规章，在适当的条件下，使用适当的方法限制"区域"所产而非产目多金属结核的矿物的产量。

10. 大会应依理事会根据经济规划委员会的意见提出的建议，建立一种补偿制度，或其他经济调整援助措施，包括同各专门机构和其他国际组织进行合作，以协助其出口收益或经济因某一受影响矿物的价格或该矿物的出口量降低而遭受严重不良影响的发展中国家，但以此种降低是由于"区域"内活动造成的为限。管理局经请求应对可能受到最严重影响的国家的问题发动研究，以期尽量减轻它们的困难，并协助它们从事经济调整。

第一五二条　管理局权力和职务的行使

1. 管理局在行使其权力和职务，包括给予进行"区域"内活动的机会时，应避免歧视。

2. 但本部分具体规定的为发展中国家所作的特别考虑，包括为其中的内陆国和地理不利国所作的特别考虑应予准许。

第一五三条　勘探和开发制度

1. "区域"内活动应由管理局代表全人类，按照本条以及本部分和有关附件的其他有关规定，和管理局的规则、规章和程序，予以安排、进行和控制。

2. "区域"内活动应依第 3 款的规定：

（a）由企业部进行，和

（b）由缔约国或国营企业、或在缔约国担保下的具有缔约国国籍或由这类国家或其国民有效控制的自然人或法人、或符合本部分和附件三规定的条件的上述各方的任何组合，与管理局以协作方式进行。

3. "区域"内活动应按照一项依据附件三所拟订并经理事会于法律和技术委员会审议后核准的正式书面工作计划进行。在第2款（b）项所述实体按照管理局的许可进行"区域"内活动的情形下，这种工作计划应按照附件三第三条采取合同的形式。这种合同可按照附件三第十一条作出联合安排。

4. 管理局为确保本部分和与其有关的附件的有关规定，和管理局的规则、规章和程序以及按照第3款核准的工作计划得到遵守的目的，应对"区域"内活动行使必要的控制。缔约国应按照第一三九条采取一切必要措施，协助管理局确保这些规定得到遵守。

5. 管理局应有权随时采取本部分所规定的任何措施，以确保本部分条款得到遵守和根据本部分或任何合同所指定给它的控制和管理职务的执行。管理局应有权检查与"区域"内活动有关而在"区域"内使用的一切设施。

6. 第3款所述的合同应规定期限内持续有效的保证。因此，除非按照附件三第十八和第十九条的规定，不得修改、暂停或终止合同。

第一五四条　定期审查

从本公约生效时起，大会每五年应对本公约设立的"区域"的国际制度的实际实施情况，进行一次全面和系统的审查。参照上述审查，大会可按照本部分和与其有关的附件的规定和程序采取措施，或建议其他机构采取措施，以导致对制度实施情况的改进。

第一五五条　审查会议

1. 自根据一项核准的工作计划最早的商业生产开始进行的

那一年一月一日起十五年后，大会应召开一次会议，审查本部分和有关附件支配勘探和开发"区域"资源制度的各项规定。审查会议应参照这段时期取得的经验，详细审查：

（a）本部分和有关附件支配勘探和开发"区域"资源制度的各项规定，是否已达成其各方面的目标，包括是否已使全人类得到利益；

（b）在十五年期间，同非保留区域相比，保留区域是否已以有效而平衡的方式开发；

（c）开发和使用"区域"及其资源的方式，是否有助于世界经济的健全发展和国际贸易均衡增长；

（d）是否防止了对"区域"内活动的垄断；

（e）第一五〇和第一五一条所载各项政策是否得到实行；和

（f）制度是否使"区域"内活动产生的利益得到公平的分享，特别考虑到发展中国家的利益和需要。

2. 审查会议应确保继续维持人类共同继承财产的原则，为确保公平开发"区域"资源使所有国家尤其是发展中国家都得到利益而制定的国际制度，以及安排、进行和控制"区域"活动的管理局。会议还应确保继续维持本部分规定的关于下列各方面的各项原则：排除对"区域"的任何部分主张或行使主权，各国的权利及其对于"区域"的一般行为，和各国依照本公约参与勘探和开发"区域"资源，防止对"区域"内活动的垄断，专为和平目的利用"区域"、"区域"内活动的经济方面，海洋科学研究，技术转让，保护海洋环境，保护人命，沿海国的权利，"区域"的上覆水域及其上空的法律地位，以及关于"区域"内活动和海洋环境中其他活动之间的相互适应。

3. 审查会议适用的作出决定的程序应与第三次联合国海洋法会议所适用的程序相同。会议应作出各种努力就任何修正案以协商一致方式达成协议，且除非已尽最大努力以求达成协商一致，不应就这种事项进行表决。

4. 审查会议开始举行五年后，如果未能就关于勘探和开发"区域"资源的制度达成协议，则会议可在此后的十二个月以内，以缔约国的四分之三多数作出决定，就改变或修改制度制定其认为必要和适当的修正案，提交各缔约国批准或加入。此种修正案应于四分之三缔约国交存批准书或加入书后十二个月对所有缔约国生效。

5. 审查会议依据本条通过的修正案应不影响按照现有合同取得的权利。

第四节　管理局

A 分节　一般规定

第一五六条　设立管理局

1. 兹设立国际海底管理局，按照本部分执行职务。

2. 所有缔约国都是管理局的当然成员。

3. 已签署最后文件但在第三〇五条第 1 款（c）、（d）、（e）或（f）项中未予提及的第三次联合国海洋法会议中的观察员，应有权按照管理局的规则、规章和程序以观察员资格参加管理局。

4. 管理局的所在地应在牙买加。

5. 管理局可设立其认为在执行职务上必要的区域中心或办事处。

第一五七条　管理局的性质和基本原则

1. 管理局是缔约国按照本部分组织和控制"区域"内活动，特别是管理"区域"资源的组织。

2. 管理局应具有本公约明示授予的权力和职务。管理局应有为行使"关于区域"内活动的权力和职务所包含的和必要的并符合本公约的各项附带权力。

3. 管理局以所有成员主权平等的原则为基础。

4. 管理局所有成员应诚意履行按照本部分承担的义务，以确保其全体作为成员享有的权利和利益。

第一五八条　管理局的机关

1. 兹设立大会、理事会和秘书处作为管理局的主要机关。

2. 兹设立企业部、管理局应通过这个机关执行第一七〇条第 1 款所指的职务。

3. 经认为必要的附属机关可按照本部分设立。

4. 管理局各主要机关和企业部应负责行使对其授予的权力和职务。每一机关行使这种权力和职务时，应避免采取可能对授予另一机关的特定权力和职务的行使有所减损或阻碍的任何行动。

B 分节　大会

第一五九条　组成、程序和表决

1. 大会应由管理局的全体成员组成。每一成员应有一名代表出席大会，并可由副代表及顾问随同出席。

2. 大会应召开年度常会，经大会决定，或由秘书长应理事会的要求或管理局过半数成员的要求，可召开特别会议。

3. 除非大会另有决定，各届会议应在管理局的所在地举行。

4. 大会应制定其议事规则。大会应在每届常会开始时选出其主席和其他必要的高级职员。他们的任期至下届常会选出新主席及其他高级职员为止。

5. 大会过半数成员构成法定人数。

6. 大会每一成员应有一票表决权。

7. 关于程序问题的决定，包括召开大会特别会议的决定，应由出席并参加表决的成员过半数作出。

8. 关于实质问题的决定，应以出席并参加表决的成员三分之二多数作出。但这种多数应包括参加该会议的过半数成员。对某一问题是否为实质问题发生争论时，该问题应作为实质问题处理，除非大会以关于实质问题的决定所需的多数另作决定。

9. 将一个实质问题第一次付诸表决时，主席可将就该问题进行表决的问题推迟一段时间，如经大会至少五分之一成员提出要求，则应将表决推迟，但推迟时间不得超过五历日。此项规则对任一问题只可适用一次，并且不应用来将问题推迟至会议结束以后。

10. 对于大会审议中关于任何事项的提案是否符合本公约的问题，在管理局至少四分之一成员以书面要求主席征求咨询意见时，大会应请国际海洋法法庭海底争端分庭就该提案提出咨询意见，并应在收到分庭的咨询意见前，推迟对该提案的表决。如果在提出要求的那期会议最后一个星期以前还没有收到咨询意见，大会应决定何时开会对已推迟的提案进行表决。

第一六〇条　权力和职务

1. 大会作为管理局唯一由其所有成员组成的机关，应视为管理局的最高机关，其他各主要机关均应按照本公约的具体规定向大会负责。大会应有权依照本公约各项有关规定，就管理局权限范围内的任何问题或事项制订一般性政策。

2. 此外，大会的权力和职务应为：

（a）按照第一六一条的规定，选举理事会成员；

（b）从理事会提出的候选人中，选举秘书长；

（c）根据理事会的推荐，选举企业部董事会董事和企业部总干事；

（d）设立为按照本部分执行其职务认为有必要的附属机关。这种机关的组成，应适当考虑到公平地区分配原则和特别利益，以及其成员必须对这种机关所处理的有关技术问题具备资格和才能；

（e）在管理局未能从其他来源得到足够收入应付其行政开支以前，按照以联合国经常预算所用比额表为基础议定的会费分摊比额表，决定各成员国对管理局的行政预算应缴的会费；

（f）（1）根据理事会的建议，审议和核准关于公平分享从"区域"内活动取得的财政及其他经济利益和依据第八十二条所缴的费用和实物的规则、规章和程序，特别考虑到发展中国家和尚未取得完全独立或其他自治地位的人民的利益和需要。如果大会对理事会的建议不予核准，大会应将这些建议送回理事会，以便参照大会表示的意见重新加以审议；

（2）审议和核准理事会依据第一六二条第 2 款（o）项（2）目暂时制定的管理局的规则、规章和程序及其修正案。这些规则、规章和程序应涉及"区域"内的探矿、勘探和开发，管理局的财务管理和内部行政以及根据企业部董事会的建议由企业部向管理局转移资金；

（g）在符合本公约规定和管理局规则、规章和程序的情形下，决定公平分配从"区域"内活动取得的财政和其他经济利益；

（h）审议和核准理事会提出的管理局的年度概算；

（i）审查理事会和企业部的定期报告以及要求理事会或管理局任何其他机关提出的特别报告；

（j）为促进有关"区域"内活动的国际合作和鼓励与此有关的国际法的逐渐发展及其编纂的目的，发动研究和提出建议；

（k）审议关于"区域"内活动的一般性问题，特别是对发展中国家产生的问题，以及关于"区域"内活动对某些国家，特别是内陆国和地理不利国，因其地理位置而造成的那些问题；

（l）经理事会按照经济规划委员会的意见提出建议，依第一五一条第 10 款的规定，建立补偿制度或采取其他经济调整援助措施；

（m）依据第一八五条暂停成员的权利和特权的行使；

（n）讨论管理局权限范围内的任何问题或事项，并在符合管理局各个机关权力和职务的分配的情形下，决定由管理局那一机关来处理本公约条款未规定由其某一机关处理的任何这种问题或事项。

C 分节　理事会

第一六一条　组成、程序和表决

1. 理事会应由大会按照下列次序选出的三十六个管理局成员组成：

（a）四个成员来自在有统计资料的最近五年中，对于可从"区域"取得的各类矿物所产的商品，其消费量超过世界总消费量百分之二，或其净进口量超过世界总进口量百分之二的那些缔约国，无论如何应有一个国家属于东欧（社会主义）区域，和最大的消费国；

（b）四个成员来自直接地或通过其国民对"区域"内活动的准备和进行作出了最大投资的八个缔约国，其中至少应有一个国家属于东欧（社会主义）区域；

（c）四个成员来自缔约国中因在其管辖区域内的生产而为可从"区域"取得的各类矿物的主要净出口国，其中至少应有两个是出口这种矿物对其经济有重大关系的发展中国家；

（d）六个成员来自发展中国家缔约国，代表特别利益。所代表的特别利益应包括人口众多的国家、内陆国或地理不利国、可从"区域"取得的种类矿物的主要进口国、这些矿物的潜在的生产国以及最不发达国家的利益；

（e）十八个成员按照确保理事会的席位作为一个整体予以公平地区分配的原则选出，但每一地理区域至少应有根据本项规定选出的一名成员。为此目的，地理区域应为非洲、亚洲、东欧（社会主义）、拉丁美洲和西欧及其他国家。

2. 按照第 1 款选举理事会成员时，大会应确保：

（a）内陆国和地理不利国有和它们在大会内的代表权成合理比例的代表；

（b）不具备第 1 款（a）、（b）、（c）或（d）项所列条件的沿海国，特别是发展中国家有和它们在大会内的代表权成合理比例的代表；

（c）在理事会内应有代表的每一个缔约国集团，其代表应由该集团提名的任何成员担任。

3. 选举应在大会的常会上举行。理事会每一成员任期四年。但在第一次选举时，第 1 款所指每一集团的一半成员的任期应为两年。

4. 理事会成员连选可连任；但应妥为顾及理事会成员轮流的相宜性。

5. 理事会应在管理局所在地执行职务，并应视管理局业务需要随时召开会议，但每年不得少于三次。

6. 理事会过半数成员构成法定人数。

7. 理事会每一成员应有一票表决权。

8.（a）关于程序问题的决定应以出席并参加表决的过半数成员作出。

252

（b）关于在下列条款下产生的实质问题的决定，应以出席并参加表决的成员的三分之二多数作出，但这种多数应包括理事会的过半数成员：第一六二条第 2 款（f）项，（g）项，（h）项，（i）项，（n）项，（p）项和（v）项；第一九一条。

（c）关于在下列条款下产生的实质问题的决定，应以出席并参加表决的成员的四分之三多数作出，但这种多数应包括理事会的过半数成员：第一六二条第 1 款；第一六二条第 2 款（a）项；（b）项；（c）项；（d）项；（e）项；（l）项；（q）项；（r）项；（s）项；（t）项；在承包者或担保者不遵守规定的情形下（u）项；（w）项，但根据本项发布的命令的有效期间不得超过三十天，除非以按照（d）项作出的决定加以确认；（x）项；（y）项；（z）项；第一六三条第 2 款；第一七四条第 3 款；附件四第十一条。

（d）关于在下列条款下产生的实质问题的决定应以协商一致方式作出：第一六二条第 2 款（m）项和（o）项；对第十一部分的修正案的通过。

（e）为了（d）项、（f）项和（g）项的目的，"协商一致"是指没有任何正式的反对意见。在一项提案向理事会提出后十四天内，理事会主席应确定对该提案的通过是否会有正式的反对意见。如果主席确定会有这种反对意见，则主席应于作出这种确定后三天内成立并召集一个其成员不超过九人的调解委员会，由他本人担任主席，以调解分歧并提出能够以协商一致方式通过的提案。委员会应迅速进行工作，并于十四天内向理事会提出报告。如果委员会无法提出能以协商一致方式通过的提案，它应于其报告中说明反对该提案所根据的理由。

（f）就以上未予列出的问题，经理事会获得管理局规则、规章和程序或其他规定授权作出的决定，应依据规则、规章和程序所指明的本款各项予以作出，如果其中未予指明，则依据理事会以协商一致方式于可能时提前确定的一项予以作出。

（g）遇有某一问题究应属于（a）项、（b）项、（c）项或（d）项的问题，应根据情况将该问题作为在需要较大或最大多数或协商一致的那一项内的问题加以处理，除非理事会以上述多数或协商一致另有决定。

9. 理事会应制订一项程序，使在理事会内未有代表的管理局成员可在该成员提出要求时或在审议与该成员特别有关的事项时，派出代表参加其会议，这种代表应有权参加讨论，但无表决权。

第一六二条　权力和职务

1. 理事会为管理局的执行机关。理事会应有权依本公约和大会所制订的一般政策，制订管理局对于其权限范围以内的任何问题或事项所应遵循的具体政策。

2. 此外，理事会应：

（a）就管理局职权范围内所有问题和事项监督和协调本部分规定的实施，并提请大会注意不遵守规定的情事；

（b）向大会提出选举秘书长的候选人名单；

（c）向大会推荐企业部董事会的董事和企业部总干事的候选人；

（d）在适当时，并在妥为顾及节约和效率的情形下，设立其认为按照本部分执行其职务所必要的附属机关。附属机关的组成，应注重其成员必须对这种机关所处理的有关技术问题具备资格和才能，但应妥为顾及公平地区分配原则和特别利益；

（e）制定理事会议事规则，包括推选其主席的方法；

（f）代表管理局在其职权范围内同联合国或其他国际组织缔结协定，但须经大会核准；

（g）审查企业部的报告，并将其转交大会，同时提交其建议；

（h）向大会提出年度报告和大会要求的特别报告；

（i）按照第一七〇条向企业部发出指示；

（j）按照附件三第六条核准工作计划。理事会应于法律和技术委员会提出每一工作计划后六十天内在理事会的会议上按照下列程序对该工作计划采取行动：

（1）如果委员会建议核准一项工作计划，在十四天内理事会如无任何成员向主席书面提出具体反对意见，指称不符合附件三第六条的规定，则该工作计划应视为已获理事会核准。如有反对意见，即应适用第一六一条第 8 款（c）项所载的调解程序。如果在调解程序结束时，反对意见依然坚持，则除非理事会中将提出申请或担保申请者的任何一国或数国排除在外的成员以协商一致方式对工作计划不予核准，则该工作计划应视为已获理事会核准；

（2）如果委员会对一项工作计划建议不予核准，或未提出建议，理事会可以出席和参加表决的成员的四分之三的多数决定核准该工作计划，但这一多数须包括参加该次会议的过半数成员；

（k）核准企业部按照附件四第十二条提出的工作计划，核准时比照适用（j）项内所列的程序；

（l）按照第一五三条第 4 款和管理局的规则、规章和程序，对"区域"内活动行使控制；

（m）根据经济规划委员会的建议，按照第一五〇条（h）项，制定必要和适当的措施，以保护发展中国家使其不致受到该项中指明的不良经济影响；

（n）根据经济规划委员会的意见，向大会建议第一五一条第 10 款所规定的补偿制度或其他经济调整援助措施；

（o）（1）向大会建议关于公平分享从"区域"内活动取得的财政及其他

经济利益以及依据第八十二条所缴费用和实物的规则、规章和程序，特别顾及发展中国家和尚未取得完全独立或其他自治地位的人民的利益和需要；

（2）在经大会核准前，暂时制定并适用管理局的规则、规章和程序及其任何修正案，考虑到法律和技术委员会或其他有关附属机构的建议。这种规则、规章和程序应涉及"区域"内的探矿、勘探和开发以及管理局的财务管理和内部行政。对于制定有关多金属结核的勘探和开发的规则、规章和程序，应给予优先。有关多金属结核以外任何资源的勘探和开发的规则、规章和程序，应于管理局任何成员向其要求制订之日起三年内予以制定。所有规则、规章和程序应于大会核准以前或理事会参照大会表示的任何意见予以修改以前，在暂时性的基础上生效；

（p）审核在依据本部分进行的业务方面由管理局付出或向其缴付的一切款项的收集工作；

（q）在附件三第七条有此要求的情形下，从生产许可的申请者中作出选择；

（r）将管理局的年度概算提交大会核准；

（s）就管理局职权范围内的任何问题或事项的政策，向大会提出建议；

（t）依据第一八五条，就暂停成员权利和特权的行使向大会提出建议；

（u）在发生不遵守规定的情形下，代表管理局向海底争端分庭提起司法程序；

（v）经海底争端分庭在根据（u）项提起的司法程序作出裁判后，将此通知大会，并就其认为应采取的适当措施提出建议；

256

（w）遇有紧急情况，发布命令，其中可包括停止或调整作业的命令，以防止"区域"内活动对海洋环境造成严重损害；

（x）在有重要证据证明海洋环境有受严重损害之虞的情形下，不准由承包者或企业部开发某些区域；

（y）设立一个附属机关来制订有关下列两项财政方面的规则、规章和程序草案：

（1）按照第一七一至第一七五条的财务管理；

（2）按照附件三第十三条和第十七条第1款（c）项的财政安排；

（z）设立适当机构来指导和监督视察工作人员，这些视察员负责视察"区域"内活动，以确定本部分的规定、管理局的规则、规章和程序、以及同管理局订立的任何合同的条款和条件，是否得到遵守。

第一六三条　理事会的机关

1. 兹设立理事会的机关如下：

（a）经济规划委员会；

（b）法律和技术委员会。

2. 每一委员会应由理事会根据缔约国提名选出的十五名委员组成。但理事会可于必要时在妥为顾及节约和效率的情形下，决定增加任何一个委员会的委员人数。

3. 委员会委员应具备该委员会职务范围内的适当资格。缔约国应提名在有关领域内有资格的具备最高标准的能力和正直的候选人，以便确保委员会有效执行其职务。

4. 在选举委员会委员时，应妥为顾及席位的公平地区分配和特别利益有其代表的需要。

5. 任何缔约国不得提名一人以上为同一委员会的候选人。任何人不应当选在一个以上委员会任职。

6. 委员会委员任期五年，连选可连任一次。

7. 如委员会委员在其任期届满之前死亡、丧失能力或辞职，理事会应从同一地理区域或同一利益方面选出一名委员任满所余任期。

8. 委员会委员不应在同"区域"内的勘探和开发有关的任何活动中有财务上的利益。各委员在对其所任职的委员会所负责任限制下，不应泄露工业秘密、按照附件三第十四条转让给管理局的专有性资料，或因其在管理局任职而得悉的任何其他秘密情报，即使在职务终止以后，也是如此。

9. 每一委员会应按照理事会所制定的方针和指示执行其职务。

10. 每一委员会应拟订为有效执行其职务所必要的规则和规章，并提请理事会核准。

11. 委员会作出决定的程序应由管理局的规则、规章和程序加以规定。提交理事会的建议，必要时应附送委员会内不同意见的摘要。

12. 每一委员会通常应在管理局所在地执行职务，并按有效执行其职务的需要，经常召开会议。

13. 在执行这些职务时，每一委员会可在适当时同另一委员会或联合国任何主管机关、联合国各专门机构、或对协商的主题事项具有有关职权的任何国际组织进行协商。

第一六四条　经济规划委员会

1. 经济规划委员会委员应具备诸如与采矿、管理矿物资源活动、国际贸易或国际经济有关的适当资格。理事会应尽力确保委员会的组成反映出一切适当的资格。委员会至少应有两个成员来自出口从"区域"取得的各类矿物对其经济有重大关系的发展中国家。

2. 委员会应:

（a）经理事会请求，提出措施，以实施按照本公约所采取的关于"区域"内活动的决定；

（b）审查可从"区域"取得的矿物的供应、需求和价格的趋势与对其造成影响的因素，同时考虑到输入国和输出国两者的利益，特别是其中的发展中国家的利益；

（c）审查有关缔约国提请其注意的可能导致第一五〇条（h）项内所指不良影响的任何情况，并向大会提出适当建议；

（d）按照第一五一条第 10 款所规定，向理事会建议对于因"区域"内活动而受到不良影响的发展中国家提供补偿或其他经济调整援助措施的制度以便提交大会。委员会应就大会通过的这一制度或其他措施对具体情况的适用，向理事会提出必要的建议。

第一六五条　法律和技术委员会

1. 法律和技术委员会委员应具备诸如有关矿物资源的勘探和开发及加工、海洋学、海洋环境的保护，或关于海洋采矿的经济或法律问题以及其他有关的专门知识方面的适当资格。理事会应尽力确保委员会的组成反映出一切适当的资格。

2. 委员会应:

（a）经理事会请求，就管理局职务的执行提出建议；

（b）按照第一五三条第 3 款审查关于"区域"内活动的正式书面工作计划，并向理事会提交适当的建议。委员会的建议应仅以附件三所载的要求为根据，并应就其建议向理事会提出充分报告；

（c）经理事会请求，监督"区域"内活动，在适当情形下，同从事这种活动的任何实体或有关国家协商和合作进行，并向理事会提出报告；

（d）就"区域"内活动对环境的影响准备评价；

（e）向理事会提出关于保护海洋环境的建议，考虑到在这方面公认的专家的意见；

（f）拟订第一六二条第 2 款（o）项所指的规则、规章和程序，提交理事会，考虑到一切有关的因素，包括"区域"内活动对环境影响的评价；

（g）经常审查这种规则、规章和程序，并随时向理事会建议其认为必要或适宜的修正；

（h）就设立一个以公认的科学方法定期观察、测算、评价和分析"区域"内活动造成的海洋环境污染危险或影响的监测方案，向理事会提出建议，确保现行规章是足够的而且得到遵守，并协调理事会核准的监测方案的实施；

（i）建议理事会特别考虑到第一八七条，按照本部分和有关附件，代表管理局向海底争端分庭提起司法程序；

（j）经海底争端分庭在根据（i）项提起的司法程序作出裁判后，就任何应采取的措施向理事会提出建议；

（k）向理事会建议发布紧急命令，其中可包括停止或调整作业的命令，以防止"区域"内活动对海洋环境造成严重损害。理事会应优先审议这种建议；

（l）在有充分证据证明海洋环境有受严重损害之虞的情形下，向理事会建议不准由承包者或企业部开发某些区域；

（m）就视察工作人员的指导和监督事宜，向理事会提出建议，这些视察员应视察"区域"内活动，以确定本部分的规定、管理局的规则、规章和程序、以及同管理局订立的任何合同的条款和条件是否得到遵守；

（n）在理事会按照附件三第七条在生产许可申请者中作出任何必要选择后，依据第一五一条第 2 至第 7 款代表管理局计算生产最高限额并发给生产许可。

3. 经任何有关缔约国或任何当事一方请求，委员会委员执行其监督和检查的职务时，应由该有关缔约国或其他当事一方的代表一人陪同。

D 分节　秘书处

第一六六条　秘书处

1. 秘书处应由秘书长一人和管理局所需要的工作人员组成。

2. 秘书长应由大会从理事会提名的候选人中选举，任期四年，连选可连任。

3. 秘书长应为管理局的行政首长，在大会和理事会以及任何附属机关的一切会议上，应以这项身份执行职务，并应执行此种机关交付给秘书长的其他行政职务。

4. 秘书长应就管理局的工作向大会提出年度报告。

第一六七条　管理局的工作人员

1. 管理局的工作人员应由执行管理局的行政职务所必要的合格科学及技术人员和其他人员组成。

2. 工作人员的征聘和雇用，以及其服务条件的决定，应以必须取得在效率、才能和正直方面达到最高标准的工作人员为首要考虑。在这一考虑限制下，应妥为顾及在最广泛的地区基础上征聘工作人员的重要性。

3. 工作人员应由秘书长任命。工作人员的任命、薪酬和解职所根据的条款和条件，应按照管理局的规则、规章和程序。

第一六八条　秘书处的国际性

1. 秘书长及工作人员在执行职务时，不应寻求或接受任何政府的指示或管理局以外其他来源的指示。他们应避免足以影响其作为只对管理局负责的国际官员的地位的任何行动。每一缔约国保证尊重秘书长和工作人员所负责任的纯粹国际性，不设法影响他们执行其职责。工作人员如有任何违反职责的行为，应提交管理局的规则、规章和程序所规定的适当行政法庭。

2. 秘书长及工作人员在同"区域"内的勘探和开发有关的任何活动中，不应有任何财务上的利益。在他们对管理局所负责任限制下，他们不应泄露任何工业秘密、按照附件三第十四条转让给管理局的专有性资料或因在管理局任职而得悉的任何其他秘密情报，即使在其职务终止以后也是如此。

3. 管理局工作人员如有违反第 2 款所载义务情事，经受到这种违反行为影响的缔约国，或由缔约国按照第一五三条第 2 款（b）项担保并因这种违反行为而受到影响的自然人或法人的要求，应由管理局将有关工作人员交管理局的规则、规章和程序所指定的法庭处理。受影响的一方应有权参加程序、如经法庭建议，秘书长应将有关工作人员解雇。

4. 管理局的规则、规章和程序应载有为实施本条所必要的规定。

第一六九条　同国际组织和非政府组织的协商和合作

1. 在管理局职权范围内的事项上，秘书长经理事会核可，应作出适当的安排，同联合国经济及社会理事会承认的国际组织和非政府组织进行协商和合作。

2. 根据第 1 款与秘书长订有安排的任何组织可指派代表，按照管理局各机关的议事规则，以观察员的身份参加这些机关的会议。应制订程序，以便在适当情形下征求这种组织的意见。

3. 秘书长可向各缔约国分发第 1 款所指的非政府组织就其具有特别职权并与管理局工作有关的事项提出的书面报告。

E 分节　企业部

第一七○条　企业部

1. 企业部应为依据第一五三条第 2 款（a）项直接进行"区

域"内活动以及从事运输、加工和销售从"区域"回收的矿物的管理局机关。

2. 企业部在管理局国际法律人格的范围内，应有附件四所载章程规定的法律行为能力。企业部应按照本公约、管理局的规则、规章和程序以及大会制订的一般政策行事，并应受理事会的指示和控制。

3. 企业部总办事处应设在管理局所在地。

4. 企业部应按照第一七三条第 2 款和附件四第十一条取得执行职务所需的资金，并应按照第一四四条和本公约其他有关条款规定得到技术。

F 分节　管理局的财政安排

第一七一条　管理局的资金

管理局的资金应包括：

（a）管理局各成员按照第一六〇条第 2 款（e）项缴付的分摊会费；

（b）管理局按照附件三第十三条因"区域"内活动而得到的收益；

（c）企业部按照附件四第十条转来的资金；

（d）依据第一七四条借入的款项；和

（e）成员或其他实体所提供的自愿捐款；

（f）按照第一五一条第 10 款向补偿基金缴付的款项，基金的来源由经济规划委员会提出建议。

第一七二条　管理局的年度预算

秘书长应编制管理局年度概算，向理事会提出。理事会应审议年度概算，并连同其对概算的任何建议向大会提出。大会应按照第一六〇条第 2 款（h）项审议并核准年度概算。

263

第一七三条　管理局的开支

1. 在管理局未能从其他来源得到足够资金以应付其行政开支以前，第一七一条（a）项所指的会费应缴入特别帐户，以支付管理局的行政开支。

2. 管理局的资金应首先支付管理局的行政开支。除了第一七一条（a）项所指分摊会费外，支付行政开支后所余资金，除其他外，可：

（a）按照第一四〇条和第一六〇条第 2 款（g）项加以分配；

（b）按照第一七〇条第 4 款用以向企业部提供资金；

（c）按照第一五一条第 10 款和第一六〇条第 2 款（l）项用以补偿发展中国家。

第一七四条　管理局的借款权

1. 管理局应有借款的权力。

2. 大会应在依据第一六〇第 2 款（f）项所制定的财务条例中规定对此项权力的限制。

3. 理事会应行使管理局的借款权。

4. 缔约国对管理局的债务应不负责任。

第一七五条　年度审计

管理局的记录、帐簿和帐目，包括其年度财务报表，应每年交由大会指派的一位独立审计员审核。

G 分节　法律地位、特权和豁免

第一七六条　法律地位

管理局应具有国际法律人格以及为执行其职务和实现其宗旨所必要的法律行为能力。

第一七七条　特权和豁免

为使其能够执行职务，管理局应在每一缔约国的领土内享有本分节所规定的特权和豁免。同企业部有关的特权和豁免应为附件四第十三条内所规定者。

第一七八条 法律程序的豁免

管理局及其财产和资产，应享有对法律程序的豁免，但管理局在特定事件中明白放弃这种豁免时，不在此限。

第一七九条 对搜查和任何其他形式扣押的豁免

管理局的财产和资产，不论位于何处和为何人持有，应免受搜查、征用、没收、公用征收或以行政或立法行动进行的任何其他形式的扣押。

第一八〇条 限制、管制、控制和暂时冻结的免除

管理局的财产和资产应免除任何性质的限制、管制、控制和暂时冻结。

第一八一条 管理局的档案和公务通讯

1. 管理局的档案不论位于何处，应属不可侵犯。

2. 专有的资料、工业秘密或类似的情报和人事卷宗不应置于可供公众查阅的档案中。

3. 关于管理局的公务通讯，每一缔约国应给予管理局不低于给予其他国际组织的待遇。

第一八二条 若干与管理局有关人员的特权和豁免

缔约国代表出席大会、理事会、或大会或理事会所属机关的会议时，以及管理局的秘书长和工作人员，在每一缔约国领土内：

（a）应就他们执行职务的行为，享有对法律程序的豁免，但在适当情形下，他们所代表的国家或管理局在特定事件中明白放弃这种豁免时，不在此限；

（b）如果他们不是缔约国国民，应比照该国应给予其他缔约国职级相当的代表、官员和雇员的待遇，享有在移民限制、外侨登记规定和国民服役义务方面的同样免除、外汇管制方面的同样便利和旅行便利方面的同样待遇。

第一八三条　捐税和关税的免除

1. 在其公务活动范围内，管理局及其资产、财产和收入，以及本公约许可的管理局的业务和交易，应免除一切直接捐税，对其因公务用途而进口或出口的货物也应免除一切关税。管理局不应要求免除仅因提供服务而收取的费用的税款。

2. 为管理局的公务活动需要。由管理局或以管理局的名义采购价值巨大的货物或服务时，以及当这种货物或服务的价款包括捐税或关税在内时，各缔约国应在可行范围内采取适当措施，准许免除这种捐税或关税或设法将其退还。在本条规定的免除下进口或采购的货物，除非根据与该缔约国协议的条件，不应在给予免除的缔约国领土内出售或作其他处理。

3. 各缔约国对于管理局付给非该国公民、国民或管辖下人员的管理局秘书长和工作人员以及为管理局执行任务的专家的薪给和酬金或其他形式的费用，不应课税。

H 分节　成员国权利和特权的暂停行使

第一八四条　表决权的暂停行使

一个缔约国拖欠对管理局应缴的费用，如果拖欠数额等于或超过该国前两整年应缴费用的总额，该国应无表决权。但大会如果确定该成员国由于本国无法控制的情况而不能缴费，可准许该国参加表决。

第一八五条　成员权利和特权的暂停行使

1. 缔约国如一再严重违反本部分的规定，大会可根据理事会的建议暂停该国行使成员的权利和特权。

2. 在海底争端分庭认定一个缔约国一再严重违反本部分规定以前，不得根据第 1 款采取任何行动。

第五节　争端的解决和咨询意见

第一八六条　国际海洋法法庭海底争端分庭

海底争端分庭的设立及其行使管辖权的方式均应按照本节、第十五部分和附件六的规定。

第一八七条　海底争端分庭的管辖权

海底争端分庭根据本部分及其有关的附件，对以下各类有关"区域"内活动的争端应有管辖权：

（a）缔约国之间关于本部分及其有关附件的解释或适用的争端；

（b）缔约国与管理局之间关于下列事项的争端；

（1）管理局或缔约国的行为或不行为据指控违反本部分或其有关附件或按其制定的规则、规章或程序；或

（2）管理局的行为据指控逾越其管辖权或滥用权力；

（c）第一五三条第2款（b）项内所指的，作为合同当事各方的缔约国、管理局或企业部、国营企业以及自然人或法人之间关于下列事项的争端：

（1）对有关合同或工作计划的解释或适用；或

（2）合同当事一方在"区域"内活动方面针对另一方或直接影响其合法利益的行为或不行为；

（d）管理局同按照第一五三条第2款（b）项由国家担保且已妥为履行附件三第四条第6款和第十三条第2款所指条件的未来承包者之间关于订立合同的拒绝，或谈判合同时发生的法律问题的争端；

（e）管理局同缔约国、国营企业或按照第一五三条第2款（b）项由缔约国担保的自然人或法人之间关于指控管理局应依附件三第二十二条的规定负担赔偿责任的争端；

（f）本公约具体规定由分庭管辖的任何争端。

第一八八条　争端提交国际海洋法法庭特别分庭或海底争端分庭专案分庭或提交有拘束力的商业仲裁

1. 第一八七第（a）项所指各缔约国间的争端可：

（a）应争端各方的请求，提交按照附件六第十五和第十七条成立的国际海洋法法庭特别分庭；或

（b）应争端任何一方的请示，提交按照附件六第三十六条成立的海底争端分庭专案分庭。

2.（a）有关第一八七条（c）项（1）目内所指合同的解释或适用的争端，经争端任何一方请求，应提交有拘束力的商业仲裁，除非争端各方另有协议。争端所提交的商业仲裁法庭对决定本公约的任何解释问题不具有管辖权。如果争端也涉及关于"区域"内活动的第十一部分及其有关附件的解释问题，则应将该问题提交海底争端分庭裁定；

（b）在此种仲裁开始时或进行过程中，如果仲裁法庭经争端任何一方请求，或根据自己决定，断定其裁决须取决于海底争端分庭的裁定，则仲裁法庭应将此种问题提交海底争端分庭裁定。然后，仲裁法庭应依照海底争端分庭的裁定作出裁决；

（c）在合同没有规定此种争端所应适用的仲裁程序的情形下，除非争端各方另有协议，仲裁应按照联合国国际贸易法委员会的仲裁规则，或管理局的规则、规章和程序中所规定的其他这种仲裁规则进行。

第一八九条　在管理局所作决定方面管辖权的限制

海底争端分庭对管理局按照本部分规定行使斟酌决定权应无管辖权；在任何情形下，均不应以其斟酌决定权代替管理局的斟酌决定权。在不妨害第一九一条的情形下，海底争端分庭依据第一八七条行使其管辖权时，不应对管理局的任何规则、规章和程

序是否符合本公约的问题表示意见，也不应宣布任何此种规则、规章和程序为无效。分庭在这方面的管辖权应限于就管理局的任何规则、规章和程序适用于个别案件将同争端各方的合同上义务或其在本公约下的义务相抵触的主张，就逾越管辖权或滥用权力的主张，以及就一方未履行其合同上义务或其在本公约下的义务而应给予有关另一方损害赔偿或其他补救的要求，作出决定。

第一九〇条　担保缔约国的参加程序和出庭

1. 如自然人或法人为第一八七条所指争端的一方，应将此事通知其担保国，该国应有权以提出书面或口头陈述的方式参加司法程序。

2. 如果一个缔约国担保的自然人或法人在第一八七条（c）项所指的争端中对另一缔约国提出诉讼，被告国可请担保该人的国家代表该人出庭。如果不能出庭，被告国可安排属其国籍的法人代表该国出庭。

第一九一条　咨询意见

海底争端分庭经大会或理事会请求，应对它们活动范围内发生的法律问题提出咨询意见。这种咨询意见应作为紧急事项提出。

附件三　探矿、勘探和开发的基本条件

第一条　矿物的所有权

矿物按照本公约回收时，其所有权即转移。

第二条　探矿

1. （a）管理局应鼓励在"区域"内探矿。

（b）探矿只有在管理局收到一项令人满意的书面承诺以后才

可进行，申请探矿者应在其中承诺遵守本公约和管理局关于在第一四三和第一四四条所指的训练方案方面进行合作以及保护海洋环境的规则、规章和程序，并接受管理局对其是否加以遵守进行查核。申请探矿者在提出承诺的同时，应将准备进行探矿的一个或多个区域的大约面积通知管理局。

（c）一个以上的探矿者可在同一个或几个区域内同时进行探矿。

2. 探矿不应使探矿者取得对资源的任何权利。但是，探矿者可回收合理数量的矿物供试验之用。

第三条　勘探和开发

1. 企业部、缔约国和第一五三条第 2 款（b）项所指的其他实体，可向管理局申请核准其关于"区域"内活动的工作计划。

2. 企业部可对"区域"的任何部分提出申请，但其他方面对保留区域的申请，应受本附件第九条各项附加条件的限制。

3. 勘探和开发应只在第一五三条第 3 款所指的，并经管理局按照本公约以及管理局的有关规则、规章和程序核准的工作计划中所列明的区域内进行。

4. 每一核准的工作计划应：

（a）遵守本公约和管理局的规则、规章和程序；

（b）规定管理局按照第一五三条第 4 款控制"区域"内活动；

（c）按照管理局的规则、规章和程序，授予经营者在工作计划所包括的区域内勘探和开发指明类别的资源的专属权利。如果申请者申请核准只包括勘探阶段和开发阶段的工作计划，核准的工作计划应只就该阶段给予这种专属权利。

5. 经管理局核准后，每项工作计划，除企业部提出者外，应采取由管理局和一个或几个申请者订立合同的形式。

第四条　申请者的资格

1. 企业部以外的申请者如具备第一五三条第 2 款（b）项所指明的国籍或控制和担保，且如遵守管理局规则、规章和程序所载列的程序并符合其中规定的资格标准，即应取得资格。

2. 除第 6 款所规定者外，上述资格标准应包括申请者的财政和技术能力及其履行以前同管理局订立的任何合同的情形。

3. 每一申请者应由其国籍所属的缔约国担保，除非申请者具有一个以上的国籍，例如几个国家的实体组成的合伙团体或财团，在这种情形下，所有涉及的缔约国都应担保申请；或者除非申请者是由另一个缔约国或其国民有效控制，在这种情形下，两个缔约国都应担保申请。实施担保规定的标准和程序应载入管理局的规则、规章和程序。

4. 担保国应按照第一三九条，负责在其法律制度范围内，确保所担保的承包者应依据合同条款及其在本公约下的义务进行"区域"内活动。但如该担保国已制定法律和规章并采取行政措施，而这些法律和规章及行政措施在其法律制度范围内可以合理地认为足以使在其管辖下的人遵守时，则该国对其所担保的承包者因不履行义务而造成的损害，应无赔偿责任。

5. 缔约国为申请者时，审查其资格的程序，应顾及申请者是国家的特性。

6. 资格标准应规定，作为申请的一部分，每一申请者，一无例外，都应承诺：

（a）履行因第十一部分的规定，管理局的规则、规章和程序，管理局各机关的决定和同管理局订立的合同而产生的对其适用的义务，并同意它是可以执行的；

（b）接受管理局经本公约允许对"区域"内活动行使的控制；

（c）向管理局提出书面保证，表示将诚意履行其依合同应予履行的义务；

（d）遵守本附件第五条所载有关技术转让的规定。

第五条 技术转让

1. 每一申请者在提出工作计划时，应向管理局提交关于进行"区域"内活动所使用的装备和方法的一般性说明，以及关于这种技术的特征的其他非专有的有关情报和可以从何处取得这种技术的情报。

2. 经营者每当作出重大的技术改变或革新时，均应将对依据第1款提出的说明和情报所作的修改通知管理局。

3. 进行"区域"内活动的合同，均应载明承包者的下列承诺：

（a）经管理局一旦提出要求，即以公平合理的商业条款和条件向企业部提供他根据合同进行"区域"内活动时所使用而且该承包者在法律上有权转让的技术。这应以承包者与企业部商定并在补充合同的特别协议中订明的特许方式或其他适当安排来履行。这一承诺只有当企业部认定无法在公开市场上以公平合理的商业条款和条件取得相同的或同样有效而有用的技术时才可援用；

（b）对于根据合同进行"区域"内活动所使用，但通常不能在公开市场上获得，而且为（a）项所不包括的任何技术，从技术所有人取得书面保证，经管理局一旦提出要求，技术所有人将以特许方式或其他适当安排，并以公平合理的商业条款和条件，在向承包者提供这种技术的同样程度上向企业部提供这种技术。如未取得这项保证，承包者进行"区域"内活动即不应使用这种技术；

（c）经企业部提出要求，而承包者又不致因此承担巨大费用时，对承包者根据合同进行"区域"内活动所使用而在法律上无权转让，并且通常不能在公开市场上获得的任何技术，通过一项可以执行的合同，从技术所有人取得转让给企业部的法律权利。在承包者与技术所有人之间具有实质性公司关系的情形下，应参酌这种关系的密切程度和控制或影响的程度来判断是否已采取一切可行的措施。在承包者对技术所有人实施有效控制的情形下，如未从技术所人取得这种法律权利，即应视为同承包者以后申请核准任何工作计划的资格有关；

（d）如企业部决定同技术所有人直接谈判取得技术，经企业部要求，便利企业部以特许方式或其他适当安排，并以公平合理的商业条款和条件，取得（b）项所包括的任何技术；

（e）为了按照本附件第九条申请合同的发展中国家或发展中国家集团的利益，采取（a）、（b）、（c）和（d）项所规定的相同措施，但此项措施应以对承包者所提出的按照本附件第八条已予保留的一部分区域的开发为限，而且该发展中国家或发展中国家集团所申请的根据合同进行的活动须不涉及对第三国或第三国国民的技术转让。根据本项的义务应只在尚未经企业部要求提供技术或尚未由特定承包者向企业部转让的情形下，才对该承包者适用。

4. 关于第3款所要求的承诺的争端，象合同其他规定一样，均应按照第十一部分提交强制解决程序，遇有违反这种承诺的情形，则可按照本附件第十八条命令暂停或终止合同或课以罚款。关于承包者所作提议是否在公平合理的商业条款和条件的范围内的争端，可由任何一方按照联合国国际贸易法委员会的仲裁规则或管理局的规则、规章和程序可能有所规定的其他仲裁规则，提交有拘束力的商业仲裁。如果裁决认为承包者所作提议不在公平合理的商业条款和条件的范围以内，则右管理局按照本附件第十八条采取任何行动以前，应给予承包者四十五天的时间以修改其提议，使其合乎上述范围。

5. 如果企业部未能以公平合理的商业条款和条件取得适当的技术，使其能及时开始回收和加工"区域"的矿物，理事会或大会可召集由从事"区域"内活动的缔约国、担保实体从事"区域"内活动的缔约国、以及可以取得这种技术的其他缔约国组成的一个集团。这个集团应共同协商，并应采取有效措施，以保证这种技术以公平合理的商业条款和条件向企业部提供。每一个这种缔约国都应在其自己的法律制度范围内，为此目的采取一切可行的措施。

6. 在同企业部进行联合企业的情形下，技术转让将按照联合企业协议的条款进行。

7. 第3款所要求的承诺应列入进行"区域"内活动的每一个合同，至企业部开始商业生产后十年为止，在这段期间内可援引这些承诺。

8. 为本条的目的，"技术"是指专用设备和技术知识，包括为装配、维护和操作一个可行的系统所必要的手册、设计、操作指示、训练及技术咨询和支援，以及在非专属性的基础上为该目的使用以上各个项目的法律权利。

第六条　工作计划的核准

1. 管理局应于本公约生效后六个月，以及其后每逢第四个月，对提议的工作计划进行审查。

2. 管理局在审查请求核准合同形式的工作计划的申请时，应首先查明：

（a）申请者是否遵守按照本附件第四条规定的申请程序，并已向管理局提供该条所规定的任何这种承诺和保证。在没有遵守这种程序或未作任何这种承诺和保证的情形下，应给予申请者四十五天的时间来补救这些缺陷；

（b）申请者是否具备本附件第四条所规定的必要资格。

3. 所有提议的工作计划，应按其收到的顺序予以处理。提议的工作计划应符合并遵守本公约的有关条款以及管理局各项规则、规章和程序，其中包括关于作业条件、财政贡献和有关技术转让承诺的那些规则、规章和程序。如果提议的工作计划符合这些条件，管理局应核准工作计划，但须这些计划符合管理局的规则、规章和程序所载的划一而无歧视的条件，除非：

（a）提议的工作计划所包括的区域的一部或全部，包括在一个已获核准的工作计划之中，或者在前已提出，但管理局尚未对其采取最后行动的提议的工作计划之中；

（b）提议的工作计划所包括的区域的一部或全部是管理局按照第一六二条第 2 款（X）项所未予核准的；或

（c）提议的工作计划已经由一个缔约国提出或担保，而且该缔约国已持有：

（1）在非保留区域进行勘探和开发多金属结核的工作计划，而这些区域连同工作计划申请书所包括的区域的两个部分之一，其总面积将超过围绕提议的工作计划所包括的区域任一部分之中心的 40 万平方公里圆形面积的百分之三十；或

（2）在非保留区域进行勘探和开发多金属结核的工作计划，而这些区域合并计算构成海底区域中未予保留或未依据第一六二条第 2 款（X）项不准开发的部分的总面积的百分之二。

4. 为了第 3 款（c）项所指标准的目的，一个合伙团体或财团所提议的工作计划应在按照本附件第四条第 3 款规定提出担保的各缔约国间按比例计算。如果管理局确定第 3 款（c）项所述工作计划的核准不致使一个缔约国或由其担保的实体垄断"区域"内活动的进行，或者排除其他缔约国进行"区域"内活动，

管理局可核准这种计划。

5. 虽有第 3 款 （a） 项，在第一五一条第 3 款所规定的过渡期间结束后，管理局可以通过规则、规章和程序制订其他符合本公约规定的程序和准则，以便在须对提议区域的申请者作出选择的情形下，决定哪些工作计划应予核准。这些程序和准则应确保在公平和无歧视的基础上核准工作计划。

第七条　生产许可的申请者的选择

1. 管理局应于本公约生效后六个月以及其后每逢第四个月，对于在紧接的前一段期间内提出的生产许可申请进行审查，如果核准所有这些申请不会超出第一五一条规定的生产限制或违背管理局按照该条参与的商品协定或安排下的义务，则管理局应发给所申请的许可。

2. 如果由于第一五一条第 2 至 7 款所规定的生产限制，或由于管理局按照第一五一条第 1 款的规定参与的商品协定或安排下的义务而必须在生产许可的申请者中作出选择时，管理局应以其规则、规章和程序中所订客观而无歧视的标准进行选择。

3. 在适用第 2 款时，管理局应对下列申请者给予优先：

（a） 能够提供较好成绩保证者，考虑到申请者的财政和技术资格，及其执行任何以前核准的工作计划的已有成绩；

（b） 预期能够向管理局较早提供财政利益者，考虑到预定何时开始商业生产；

（c） 在探矿和勘探方面已投入最多资源和尽最大努力者。

4. 未在任何期间内被选定的申请者，在随后各段期间应有优先，直到其取得生产许可为止。

5. 申请者的选择应考虑到有必要使所有缔约国，不论其社会经济制度或地理位置如何，都有更多的机会参加"区域"内活动，以避免对任何国家或制度有所歧视，并防止垄断这种活动。

6. 当开发的保留区域少于非保留区域时，对保留区域生产许可的申请应有优先。

7. 本条所述的各项决定，应于每一段期间结束后尽快作出。

第八条　区域的保留

每项申请，除了企业部或任何其他实体就保留区域所提出者外，应包括一个总区域，它不一定是一个单一连续的区域，但须足够大并有足够的估计商业价值，可供从事两起采矿作业。申请者应指明座标，将区域分成估计商业价值相等的两个部分，并且提交他所取得的关于这两个部分的所有资料。在不妨害本附件第十七条所规定管理局的权力的情形下，提交的有关多金属结核的资料应涉及制图、试验、结核的丰度及其金属含量。在收到这些资料后的四十五天以内，管理局应指定哪一个部分专保留给管理局通过企业部或以与发展中国家协作的方式进行活动。如果管理局请一名独立专家来评断本条所要求的一切资料是否都已提交管理局，则作出这种指定的期间可以再延四十五天。一旦非保留区域的工作计划获得核准并经签订合同，指定的区域即应成为保留区域。

第九条　保留区域内的活动

1. 对每一个保留区域企业部应有机会决定是否有意在其内进行"区域"内活动。这项决定可在任何时间作出，除非管理局接到按照第 4 款发出的通知。在这

种情形下，企业部应在合理时间内作出决定。企业部可决定同有兴趣的国家或实体成立联合企业来开发这种区域。

2. 企业部可按照附件四第十二条订立关于执行其部分活动的合同，并可同任何按照第一五三条第 2 款（b）项有资格进行"区域"内活动的实体为进行这种活动成立联合企业。企业部在考虑成立这种联合企业时，应提供发展中国家缔约国及其国民有

效参加的机会。

3. 管理局可在其规则、规章和程序内规定这种合同和联合企业的实质性和程序性要求和条件。

4. 任何发展中国家缔约国，或该国所担保并受该国或受具有申请资格的另一发展中国家缔约国有效控制的任何自然人或法人，或上述各类的任何组合，可通知管理局愿意按照本附件第六条就某一保留区域提出工作计划。如果企业部按照第 1 款决定无意在该区域内进行活动，则应对该工作计划给予考虑。

第十条　申请者中的优惠和优先

按本附件第三条第 4 款（c）项的规定取得核准只进行勘探的工作计划的经营者，就同一区域和资源在各申请者中应有取得开发工作计划的优惠和优先。但如经营者的工作成绩不令人满意时，这种优惠或优先可予撤销。

第十一条　联合安排

1. 合同可规定承包者同由企业部代表的管理局之间采用联合企业或分享产品的形式，或任何其他形式的联合安排，这些联合安排在修改、终止、暂停方面享有与管理局订立的合同相同的保障。

2. 与企业部成立这种联合安排的承包者，可取得本附件第十三条中规定的财政鼓励。

3. 同企业部组成的联合企业的合伙者，应按照其在联合企业中的份额负责缴付本附件第十三条所规定的款项，但须受该条规定的财政鼓励的限制。

第十二条　企业部进行的活动

1. 企业部依据第一五三条第 2 款（a）项进行的"区域"内活动，应遵守第十一部分，管理局的规则、规章和程序及其有关的决定。

2. 企业部提出的任何工作计划应随附证明其财政及技术能力的证据。

第十三条　合同的财政条款

1. 在就管理局同第一五三条第 2 款（b）项所指实体之间合同的财政条款制定规则、规章和程序时，及在按照第十一部分和上述规则、规章和程序谈判这种财政条款时，管理局应以下列目标为指针：

（a）确保管理局从商业生产收益中获得最适度的收入；

（b）为"区域"的勘探和开发吸引投资和技术；

（c）确保承包者有平等的财政待遇和类似的财政义务；

（d）在划一而无歧视的基础上规定鼓励办法，使承包者同企业部，和同发展中国家或其国民订立联合安排，鼓励向它们转让技术，并训练管理局和发展中国家的人员；

（e）使企业部与第一五三条第 2 款（b）项所指的实体能够同时有效地进行海底采矿；和

（f）保证不致因依据第 14 款，按照本附件第十九条予以审查的合同条款或有关联合企业的本附件第十一条的规定向承包者提供财政鼓励，造成津贴承包者使其比陆上采矿者处于人为的竞争优势的结果。

2. 为支付处理关于核准合同形式的勘探和开发工作计划的申请的行政开支，应征收规费，并应规定每份申请的规费为五十万美元。该规费应不时由理事会加以审查，以确保其足以支付处理这种申请的行政开支。如果管理局处理申请的行政开支少于规费数额，管理局应将余额退还给申请者。

3. 承包者应自合同生效之日起，缴纳固定年费一百万美元。如果因为按照第一五一条发出生产许可有所稽延而推迟经核准的商业生产的开始日期，则在这段推迟期间内应免缴固定年费。自商业生产开始之日起，承包者应缴付第4款所指的财政贡献或固定年费，以较大的数额为准。

4. 从商业生产开始之日起一年内，依第3款，承包者应选定下列两种方式之一，向管理局作出财政贡献：

（a）只缴付生产费；或

（b）同时缴付生产费和一份收益净额。

5.（a）如果承包者选定只缴付生产费，作为对管理局的财政贡献，则生产费应为自合同包括的区域回收的多金属结核生产的加工金属的市价的一个百分数；该百分数如下：

（1）商业生产的第一至第十年……百分之五

（2）商业生产的第十一年至商业生产结束……百分之十二

（b）上述市价应为按照第7和第8款的规定，在有关会计年度自合同包括的区域回收的多金属结核生产的加工金属数量和这些金属平均价格的乘积数。

6. 如果承包者选定同时缴付生产费和一份收益净额，作为对管理局财政贡献，这些缴付款项应按以下规定决定：

（a）生产费应为按照（b）项所规定的自合同包括的区域回收的多金属结核生产的加工金属的市价的一个百分数；该百分数如下：

（1）商业生产的第一期……百分之二

（2）商业生产的第二期……百分之四如果在（d）项所规定的商业生产第二期的任何一个会计年度内，按百分之四缴付生产费的结果会使（m）项所规定的投资利得降低到百分之十五以下，则该会计年度的生产费应为百分之二而非百分之四。

（b）上述市价应为按照第7和第8款的规定，在有关会计年度自合同包括的区域回收的多金属结核生产的加工金属数量和这些金属平均价格的乘积数。

（c）（1）管理局在收益净额中的份额应自承包者因开采合同包括的区域资源所得到的那一部分收益净额中拨付，这笔款额以下称为开发合同区域收益净额。

（2）管理局在开发合同区域收益净额中的份额应按照下表累进计算：

开发合同区域收益净额的部分	管理局的份额	
	商业生产的第一期	商业生产的第二期
该部分等于或大于百分之零，但小于百分之十的投资利得	百分之三十五	百分之四十
该部分是等于或大于百分之十，但小于百分之二十的投资利得	百分之四十二点五	百分之五十
该部分是等于或大于百分之二十的投资利得	百分之五十	百分之七十

（d）（1）（a）和（c）项所指的商业生产第一期，应由商业生产的第一个会计年度开始，至承包者的发展费用加上发展费用未收回部分的利息，全部以现金赢余收回的会计年度为止，详细情形如下：在承担发展费用的第一个会计年度，未收回的发展费用应等于发展费用减去该年的现金赢余。在以后的每一人会计年度，未收回的发展费用应等于前一会计年度未收回的发展费用加上发展费用以年利十分计算的利息，加上本会计年度所承担的发展费用，减去承包者本会计年度的现金赢余。未收回的发展费用第一次等于零的会计年度，应为承包者的发展费用，加上发展费用未收回部分的利息，全部以现金赢余收回的会计年度；承包者在任何会计年度的现金赢余，应为其收益毛额减去其业务费用，再减去其根据（c）项缴付管理局的费用；

（2）商业生产的第二期，应从商业生产的第一期终了后下一个会计年度开始，并应继续至合同结束时为止。

（e）"开发合同区域收益净额"是指承包者收益净额乘以在承包者发展费用中其采矿部门发展费用所占比率的乘积数。如果承包者从事开采、运输多金属结核、主要生产三种加工金属，即钴、铜和镍，则开发合同区域收益净额不应少于承包者收益净额的百分之二十五。在（n）项规定的限制下，在所有其他情形，包括承包者从事开采、运输多金属结核、主要生产四种加工金属，即钴、铜、锰和镍的情形下，管理局可在其规则、规章和程序中规定适当的最低限额，这种限额与每一种情形的关系，应与百分之二十五的最低限额与三种金属和情形的关系相同。

（f）"承包者收益净额"是指承包者收益毛额减去其业务费用再减去按照（j）项收回的发展费用。

（g）（1）如果承包者从事开采、运输多金属结核、生产加工金属，则"承包者收益毛额"是指出售加工金属的收入毛额，以及按照管理局财务规则、规章和程序任何其他可以合理地归因于根据合同进行业务所得的款项。

（2）除（g）项（1）目和（n）项（3）目所列举者外，在所有其他情形下，"承包者收益毛额"是指出售自合同包括的区域回收物的金属结核生产的半加工金属所得收入毛额，以及按照管理局财务规则、规章和程序任何其他可以合理地归因于根据合同进行业务所得的款项。

（h）"承包者发展费用"是指：

（1）在（n）项列举者以外的所有其他情形下，在商业生产开始前，为合同所规定的业务而依照一般公认的会计原则所承担的与发展合同包括的区域的生产能力及有关活动直接相关的一切开支，其中除其他外包括：机器、设备、船舶、加工厂、建筑物、房屋、土地、道路、合同包括的区域的探矿和勘探、研究和

发展、利息、所需的租约、特许和规费等费用，以及

（2）在商业生产开始后，为执行工作计划而需要承担的与以上（1）目所载相类似的开支，但可计入业务费用的开支除外。

（i）处理了资本资产所得的收益，以及合同所规定的业务不再需要而又未予出售的那些资本资产的市场价值，应从有关的会计年度的承包者发展费用中扣除。这些扣除的数额超过承包者发展费用时，超过部分应计入承包者收益毛额。

（j）（h）项（1）目和（n）项（4）目所指的在商业生产开始之前承担的承包者发展费用，应从商业生产开始之日起，平均分为十期收回，每年一期。（h）项（2）目和（n）项（4）目所指的在商业生产开始以后承担的承包者发展费用，应平均分为十期或不到十期收回，每年一期，以确保在合同结束前全部收回。

（k）"承包者业务费用"是指在商业生产开始后，为合同所规定的业务，而依照一般公认的会计原则所承担的经营合同包括的区域的生产能力及其有关活动的一切开支，其中除其他外包括：固定年费或生产费（以较大的数额为准）、工资、薪给、员工福利、材料、服务、运输、加工和销售费用、利息、公用事业费、保全海洋环境、具体与合同业务有关的间接费用和行政费用等项开支，以及其中规定的从其前或其后的年度转帐的任何业务亏损净额。业务亏损净额可以连续两年转入下一年度的帐目，但在合同的最后两年除外，这两年可转入其前两年的帐目。

（l）如果承包者从事开采、运输多金属结核并生产加工金属和半加工金属，则"采矿部门发展费用"是指依照一般公认的会计原则和管理局的财务规则、规章和程序，承包者发展费用中

283

与开采合同包括的区域的资源直接有关的部分，其中除其他外包括：申请费、固定年费以及在可适用的情形下在合同包括的区域进行探矿和勘探的费用和一部分研究与发展费用。

（ｍ）任何会计年度的"投资利得"是指该年度的开发合同区域收益净额与采矿部门发展费用的比率。为计算这一比率的目的，采矿部门发展费用应包括采矿部门购买新装备或替换装备的开支减去被替换的装备的原价。

（ｎ）如果承包者只从事开采：

（１）"开发合同区域收益净额"是指承包者的全部收益净额。

（２）"承包者收益净额"的定义与（ｆ）项相同。

（３）"承包者收益毛额"是指出售多金属结核的收入毛额，以及按照管理局财务规则、规章和程序任何其他可以合理地归因于根据合同进行业务所得的款项。

（４）"承包者发展费用"是指如（ｈ）项（１）目所述在商业生产开始前所承担的以及如（ｈ）项（２）目所述在商业生产开始后所承担的按照一般公认的会计原则与开采合同包括的区域资源直接有关的一切开支。

（５）"承包者业务费用"是指如（ｋ）项所述的按照一般公认的会计原则与开采合同包括的区域资源直接有关的承包者业务费用。

（６）任何会计年度的"投资利得"是指该年度的承包者收益净额与承包者发展费用的比率。为计算这一比率的目的，承包者发展费用应包括购买新装备或替装备的开支减去被替换的装备的原价。

（ｏ）关于（ｈ）、（ｋ）（ｌ）和（ｎ）项所指的承包者所付的有关利息的费用，应在一切情形下，只有在管理局按照本附件第

284

四条第 1 款，并顾及当时的商业惯例，认为债务——资产净值比率和利率是合理的限度内，才容许列为费用。

（p）本款所指费用不应解释为包括缴付国家对承包者业务所征收的公司所得税或类似课税的款项。

7.（a）第 5 和第 6 款所指的"加工金属"是指国际中心市场上通常买卖的最基本形式的金属。为此目的，管理局应在财务规则、规章和程序中列明有关的国际中心市场。就不是在这类市场上买卖的金属而言，"加工金属"是指的有代表性的正当交易中通常买卖的最基本形式的金属；

（b）如果管理局无法以其他方式确定第 5 款（b）项和第 6 款（b）项所指自合同包括在区域回收的多金属结核生产的加工金属的数量，此项数量应依照管理局的规则、规章和程序并按照一般公认的会计原则，根据结核的金属含量、加工回收效率和其他有关因素予以确定。

8. 如果一个国际中心市场为加工金属、多金属结核和产自这种结核的半加工金属提供一个有代表性的定价机构，即应使用这个市场的平均价格。在所有其他情形下，管理局应在同承包者协商后，按照第 9 款为上述产品定出一个公平的价格。

9.（a）本条所指的一切费用、开支、收益和收入，以及对价格和价值的一切决定，均应为自由市场或正当交易的结果。在没有这种市场或交易的情形下，则应由管理局考虑到其他市场的有关交易，在同承包者协商后，加以确定，将其视同自由市场或正当交易的结果；

（b）为了保证本款的规定得到遵守和执行，管理局应遵循联合国跨国公司委员会、发展中和发达国家间税务条约专家组以及其他国际组织对于正当交易所制定的原则和所作的解释，并应在其规则、规章和程序中，具体规定划一的和国际上接受的会计规则和程序，以及为了遵照这些规则、规章和程序查核帐目的目的，由承包者选择管理局认可的领有执照的独立会计师的方法。

10. 承包者应按照管理局的财务规则、规章和程序，向会计师提供为决定本条是否得到遵守所必要的财务资料。

11. 本条所指的一切费用、开支、收益和收入以及所有价格和价值，应依照一般公认的会计原则和管理局财务规则、规章和程序决定。

12. 根据第5和第6款向管理局缴付的款项，应以可自由使用货币或可在主要外汇市场自由取得和有效合作的货币支付，或采用承包者的选择，以市场价值相等的加工金属支付。市场价值应按照第5款（b）项加以决定。可自由使用货币和可在主要外汇市场自由取得和有效合作的货币，应按照通行的国际金融惯例在管理局的规则、规章和程序中加以确定。

13. 承包者对管理局所负的一切财政义务，以及本条所指的一切规费、费用、开支、收益和收入，均应按基准年的定值来折算，加以调整。

14. 管理局经考虑到经济规划委员会及法律和技术委员会的任何建议后，可制定规则、规章和程序，在划一而无歧视的基础上，规定鼓励承包者的办法，以推进第1款所列的目标。

15. 如果管理局和承包者间发生有关合同财政条款的解释或适用的争端，按照第一八八条第2款任何一方可将争端提交有拘束力的商业仲裁，除非双方协议以其他方式解决争端。

第十四条　资料的转让

1. 经营者应按照管理局的规则、规章和程序以及工作计划的条款和条件，在管理局决定的间隔期间内，将管理局各主要机关对工作计划所包括的区域有效行使其权力和服务所必要的和有

286

关的一切资料，转让给管理局。

2. 所转让的关于工作计划所包括的区域的资料，视为专有者，仅可用于本条所列的目的。管理局拟订有关保护海洋环境和安全的规则、规章和程序所必要的资料，除关于装备的设计资料外，不应视为专有。

3. 探矿者、合同申请者或承包者转让给管理局的资料，视为专有者，管理局不应向企业部或向管理局以外任何方面泄露，但关于保留区域的资料可向企业部泄露。这些人转让给企业部的资料，企业部不应向管理局或向管理局以外任何方面泄露。

第十五条　训练方案

承包者应按照第一四四条第 2 款制订训练管理局和发展中国家人员的实际方案，其中包括这种人员对合同所包括的一切"区域"内活动的参加。

第十六条　勘探和开发的专属权利

管理局应依据第十一部分和管理局的规则、规章和程序，给予经营者在工作计划包括的区域内就特定的一类资料进行勘探和开发的专属权利，并应确保没有任何其他实体在同一区域内，以对该经营者的业务可能有所干扰的方式，就另一类资料进行作业。经营者按照第一五三条第 5 款的规定，应有合同在期限内持续有效的保证。

第十七条　管理局的规则、规章和程序

1. 管理局除其他外，应就下列事项，按照第一六〇条第 2 款（f）项（2）目和第一六二条第 2 款（n）项（2）目，制定并划一地适用规则、规章和程序，以执行第十一部分所规定的职责：

（a）关于"区域"内探矿、勘探和开发的行政程序；

（b）业务：

（1）区域的大小；

（2）业务的期限；

（3）工作成绩的要求包括依照本附件第四条第 6 款（c）项提出的保证；

（4）资源的类别；

（5）区域的放弃；

（6）进度报告；

（7）资料的提出；

（8）业务的检查和监督；

（9）防止干扰海洋环境内的其他活动；

（10）承包者权利和义务的转让；

（11）为按照第一四四条将技术转让给发展中国家和为这些国家直接参加而制定的程序；

（12）采矿的标准和办法，包括有关操作安全、资源养护和海洋环境保护的标准和办法；

（13）商业生产的定义；

（14）申请者的资格标准；

（c）财政事项：

（1）制定划一和无歧视的成本计算和会计规则以及选择审计员的方法；

（2）业务收益的分配；

（3）本附件第十三条所指的鼓励；

（d）为实施依据第一五一条第 10 款和第一六四条第 2 款（d）项所作的决定；

2. 为下列事项制定的规则、规章和程序应充分反映以下的客观标准：

（a）区域的大小：

管理局应确定进行勘探的区域的适当面积。这种面积可大到两倍于开发区的面积，以便能够进行详探作业。区域的大小应该满足本附件第八条关于保留区域的规定以及按照合同条款所载并符合第一五一条的生产要求，同时考虑到当时的海洋采矿技术水平，以及区域内有关的自然特征。区域不应小于或大于满足这个目标所需的面积；

（b）业务的期限：

（1）探矿应该没有时间限制；

（2）勘探应有足够的时间，以便可对特定区域进行彻底的探测，设计和建造区域内所用的采矿设备，及设计和建造中、小型的加工工厂来试验采矿和加工系统；

（3）开发的期间应视采矿工程的经济寿命而定，考虑到矿体采尽，采矿设备和加工设施的有用年限，以及商业上可以维持的能力等因素。开发应有足够的时间，以便可对区域的矿物进行商业开采，其中并包括一个合理的时间，来建造商业规模的采矿和加工系统，在这段期间，不应要求有商业生产。但是，整个开发期间也不应太长，以便管理局有机会在考虑续订工作计划时，按照其在核准工作计划后所制定的规则、规章和程序，修改工作计划的条款和条件；

（c）工作成绩的要求：

管理局应要求经营者在勘探阶段按期支出费用，其数额应与工作计划包括的区域大小，以及确有诚意要在管理局所定的时限内使该区域达到商业生产阶段的经营者应作的支出有合理的关系。所要求的支出数额不应定到一种程度，使所用技术的成本比一般使用者为低的可能经营者望而却步。从勘探阶段完成到开发阶段开始达到商业生产，管理局应定出一个最大间隔期间。为确定这个间隔期间，管理局应考虑到，必须在勘探阶段结束和开发阶段开始后，才能着手建造大规模采矿和加工系统。因此，使一个区域达到商业生产阶段所需的间隔期间，应该考虑到完成勘探阶段后的建造工程所必需的时间，并合理地照顾到建造日程上不可避免的延迟。一旦达到商业生产，管理局应在合理的限度内并考虑到一切有关因素，要求经营者在整个工作计划期间维持商业生产；

（d）资源的类别：

管理局在确定可以核准工作计划加以开采的资源类别时，除其他外，应着重下列特点：

（1）需要使用类似的采矿方法的某些资源；和

（2）能够同时开发而不致使在一区域内开发某些不同资源的各经营者彼此发生不当干扰的资源。

本项的任何规定，不应妨碍管理局核准同一申请者关于同一区域内一类以上资源的工作计划；

（e）区域的放弃：

经营者应有权随时放弃其在工作计划包括的区域内的全部或一部权利，而不受处罚；

（f）海洋环境的保护：

为保证切实保护海洋环境免受"区域"内活动或于矿址上方在船上对从该矿址取得的矿物加工所造成的直接损害，应制定规则、规章和程序，考虑到钻探、挖泥、取岩心和开凿，以及在海洋环境内处置、倾倒和排放沉积物、废物或其他流出物，可能直接造成这种损害的程度；

（g）商业生产：

如果一个经营者从事持续的大规模回收作业，其所产原料的数量足够明白表示其主要目标为大规模生产，而不是旨在收集情报、分析或试验设备或试验工厂的生产，商业生产应即视为已经开始。

第十八条　罚则

1. 合同所规定的承包者的权利，只有在下列情形下，才可暂停或终止：

（a）如果该承包者不顾管理局的警告而仍进行活动，以致造成一再故意严重违反合同的基本条款，第十一部分，和管理局的规则、规章和程序的结果；或

（b）如果该承包者不遵守对其适用的解决争端机关有拘束力的确定性决定。

2. 在第1款（a）项未予规定的任何违反合同的情形下，或代替第1款（a）项规定的暂停或终止合同，管理局可按照违反情形的严重程度，对承包者课以罚款。

3. 除第一六二条第2款（w）项规定的紧急命令的情形外，在给予承包者合理机会用尽依照第十一部分第五节可以使用的司法补救前，管理局不得执行涉及罚款、暂停或终止的决定。

第十九条　合同的修改

1. 如果已经发生或可能发生的情况，使当事任何一方认为合同将有失公平、或不能实现或不可能达成合同或第十一部分所订的目标，当事各方应进行谈判，作出相应的修订。

2. 依照第一五三条第3款订立的任何合同，须经当事各方同意，才可修改。

第二十条　权利和义务的转让

合同所产生的权利和义务，须经管理局同意，并按照其规则、规章和程序，才可转让。如果提议的受让者是在所有方面的都合格的申请者，并承担转让者的一切义务，而且转让也不授予受让者一项按本附件第六条第3款（c）项禁止核准的工作计划，则管理局对转让不应不合理地拒绝同意。

第二十一条　适用的法律

1. 合同应受制于合同的条款，管理局的规则、规章和程序，第十一部分，以及与本公约不相抵触的其他国际法规则。

2. 根据本公约有管辖权的法院或法庭对管理局和承包者的权利和义务所作的任何确定性决定，在每一缔约国领土内均应执行。

3. 任何缔约国不得以不符合第十一部分的条件强加于承包者。但缔约国对其担保的承包者，或对悬挂其旗帜的船舶适用比管理局依据本附件第十七条第 2 款

(f) 项在其规则、规章和程序中所规定者更为严格的有关环境或其他的法律和规章，不应视为与第十一部分不符。

第二十二条　责任

承包者进行其业务时由于其不法行为造成的损害，其责任应由承包者负担，但应顾及有辅助作用的管理局的行为或不行为。同样地，管理局行使权力和职务时由于其不法行为，其中包括第一六八条第 2 款所指违职行为造成的损害，其责任应由管理局负担，但应顾及有辅助作用的承包者的行为或不行为。在任何情形下，赔偿应与实际损害相等。

附件四　企业部章程

第一条　宗旨

1. 企业部应为依据第一五三条第 2 款 (a) 项直接进行"区域"内活动以及从事运输，加工和销售从"区域"回收的矿物的管理局机关。

2. 企业部在实现其宗旨和执行其职务时，应按照本公约以

及管理局的规则、规章和程序行事。

3. 企业部在依据第 1 款开发"区域"的资源时，应在本公约限制下，按照健全的商业原则经营业务。

第二条　同管理局的关系

1. 依据第一七〇条，企业部应按照大会的一般政策和理事会的指示行事。

2. 在第 1 款限制下，企业部在进行业务时应享有自主权。

3. 本公约的任何规定，均不使企业部对管理局的行为或义务担负任何责任，亦不使管理局对企业部的行为或义务担负任何责任。

第三条　责任的限制

由不妨害本附件第十一条第 3 款的情形下，管理局任何成员不应仅因其为成员，就须对企业部的行为或义务担负任何责任。

第四条　组成

企业部应设董事会，总干事一人和执行其任务所需的工作人员。

第五条　董事会

1. 董事会应由大会按照第一六〇条第 2 款（c）项选出的十五名董事组成。在选举董事时，应妥为顾及公平地区分配的原则。管理局成员在提名董事会候选人时，应注意所提名的候选人必须具备最高标准的能力，并在各有关领域具备胜任的条件，以保证企业部的存在能力和成功。

2. 董事会董事任期四年，连选可连任，并应妥为顾及董事席位轮流的原则。

3. 在其继任人选出以前，董事应继续执行职务。如果某一董事出缺，大会应根据第一六〇条第 2 款（c）项选出一名新的董事任满其前任的任期。

4. 董事会董事应以个人身份行事。董事在执行职责时，不应寻求或接受任何政府或任何其他方面的指示。管理局每一成员应尊重董事会各董事的独立性，并应避免采取任何行动影响任何董事执行其职责。

5. 每一董事应支领从企业部经费支付的酬金。酬金的数额应由大会根据理事会的建议确定。

6. 董事会通常应在企业部总办事处执行职务，并应按企业部业务需要经常举行会议。

7. 董事会三分之二董事构成法定人数。

8. 每一董事应有一票表决权。董事会处理的一切事项应由过半数董事决定，如果某一董事与董事会处理的事项有利益冲突，他不应参加关于该事项的表决。

9. 管理局的任何成员可要求董事会就特别对该成员有影响的业务提供情报。董事会应尽力提供此种情报。

第六条 董事会的权力和职务

董事会应指导企业部的业务。在本公约限制下，董事会应行使为实现企业部的宗旨所必要的权力，其中包括下列权力：

（a）从其董事中选举董事长；

（b）制定董事会的议事规则；

（c）按照第一五三条第 3 款和第一六二条第 2 款（j）项，拟订并向理事会提出正式书面工作计划；

（d）为进行第一七〇条所指明的各种活动制订工作计划和方案；

（e）按照第一五一条第 2 至第 7 款拟具并向理事会提出生产许可的申请；

（f）授权进行关于取得技术的谈判，其中包括附件三第五条第 3 款（a）、（c）和（d）项所规定的技术的谈判，并核准这种谈判的结果；

（g）订立附件三第九和第十一条所指的联合企业或其他形式的联合安排的条款和条件，授权为此进行谈判，核准这种谈判的结果；

（h）按照第一六〇条第 2 款（f）项和本附件第十条建议大会将企业部净收入的多大部分留作企业部的储备金；

（i）核准企业部的年度预算；

（j）按照本附件第十二条第 3 款，授权采购货物和取得服务；

（k）按照本附件第九条向理事会提出年度报告；

（l）向理事会提出关于企业部工作人员的组织、管理、任用和解职的规则草案，以便由大会核准，并制定实施这些规则的规章；

（m）按照本附件第十一条第 2 款借入资金并提供其所决定的附属担保品或其他担保；

（n）按照本附件第十三条参加任何司法程序，签订任何协定，进行任何交易和采取任何其他行动；

（o）经理事会核准，将任何非斟酌决定的权力授予总干事和授予其委员会。

第七条　企业部总干事和工作人员

1. 大会应根据理事会的推荐和董事会的提名选举企业部总干事；总干事不应担任董事，总干事的任期不应超过五年，连选可连任。

2. 总干事应为企业部的法定代表和行政首长，就企业部业务的进行直接向董事会负责。他应按照本附件第六条（l）项所指规则和规章，负责工作人员的组织、管理、任命和解职。他应参加董事会会议，但无表决权。大会和董事会审议有关企业部的事项时，总干事可参加这些机关的会议，但无表决权。

3. 总干事在任命工作人员时，应以取得最高标准的效率和技术才能为首要考虑。在这一考虑限制下，应妥为顾及按公平地区分配原则征聘工作人员的重要性。

4. 总干事和工作人员在执行职责时不应寻求或接受任何政府或企业部以外任何其他来源的指示。他们应避免足以影响其作为只对企业部负责的企业部国际官员的地位的任何行动。每一缔约国保证尊重总干事和工作人员所负责任的纯粹国际性，不设法影响他们执行其职责。工作人员如有任何违反职责的行为，应提交管理局规则、规章和程序中所规定的适当行政法庭。

5. 第一六八条第2款所规定的责任，同样适用于企业部工作人员。

第八条　所在地

企业部应将其总办事处设于管理局的所在地。企业部经任何缔约国同意可在其领土内设立其他办事处和设施。

第九条　报告和财务报表

1. 企业部应于每一财政年度结束后三个月内，将载有其帐目的审计报表的年度报告提交理事会，请其审核，并应于适当间隔期间，将其财务状况简要报表和显示其业务实绩的捐益计算表递交理事会。

2. 企业部应发表其年度报告和它认为适当的其他报告。

3. 本条所指的一切报告和财务报表应分发给管理局成员。

第十条　净收入的分配

1. 在第3款限制下，企业部应根据附件三第十三条向管理局缴付款项或其等值物。

2. 大会应根据董事会的建议，决定应将企业部净收入的多大部分留作企业部的储备金。其余部分应移交给管理局。

296

3. 在企业部作到自力维持所需的一段开办期间，这一期间从其开始商业生产起不应超过十年，大会应免除企业部缴付第 1 款所指的款项，并应将企业部的全部净收入留作企业部的储备金。

第十一条　财政

1. 企业部资金应包括：

（a）按照第一七三条第 2 款（b）项从管理局收到的款项；

（b）缔约国为企业部的活动筹资而提供的自愿捐款；

（c）企业部按照第 2 和第 3 款借入的款项；

（d）企业部的业务收入；

（e）为使企业部能够尽快开办业务和执行职务而向企业部提供的其他资金。

2.（a）企业部应有借入资金并提供其所决定的附属担保品或其他担保的权力。企业部在一个缔约国的金融市场上或以该国货币公开出售其证券以前，应征得该缔约国的同意。理事会应根据董事会的建议核准借款的总额；

（b）缔约国应尽一切合理的努力支持企业部向资本市场和国际金融机构申请贷款。

3.（a）应向企业部提供必要的资金，以勘探和开发一个矿址，运输、加工和销售自该矿址回收的矿物以及取得的镍、铜、钴和锰，并支付初期行政费用。筹备委员会应将上述资金的数额、调整这一数额的标准和因素载入管理局的规则、规章和程序草案；

（b）所有缔约国应以长期无息贷款的方式，向企业部提供相当于以上（a）项所指资金的半数的款项，这项款项的提供应按照在缴款时有效的联合国经常预算会费分摊比额表并考虑到非联合国会员国而有所调整。企业部为筹措其余半数资金而承担的债务，应由所有缔约国按照同一比额表提供担保；

（c）如果各缔约国的财政贡献总额少于根据（a）项应向企业部提供的资金，大会应于其第一届会议上审议短缺的程序，并考虑到各缔约国在（a）和（b）项下的义务以及筹备委员会的任何建议，以协商一致方式制定弥补这一短缺的措施；

（d）（1）每一缔约国应在本公约生效后六十天内，或在其批准书或加入书交存之日起三十天内（以较后的日期为准），向企业部交存不得撤回、不可转让、不生利息的本票，其面额应为其依据（b）项的无息贷款份额；

（2）董事会应于本公约生效后尽可能早的日期，并于其后每年或其他的适当间隔期间，将筹措企业部行政费用和根据第一七〇条以及本附件第十二条进行活动所需经费的数额和时间编列成表；

（3）企业部应通过管理局通知各缔约国按照（b）项对这种费用各自承担的份额。企业部应将所需数额的本票兑现，以支付关于无息贷款的附表中所列的费用；

（4）各缔约国应于收到通知后按照（b）项提供其对企业部债务担保的各自份额；

（e）（1）如经企业部提出这种要求，缔约国除按照（b）项所指分摊比额表提供债务担保外，还可为其他债务提供担保；

（2）代替债务担保，缔约国可向企业部自愿捐付一笔款项，其数额相等于它本应负责担保的那部分债务；

（f）有息贷款的偿还应较无息贷款的偿还优先。无息贷款应按照大会根据理事会的建议和董事会的意见所通过的比额表来偿还。董事会在执行这一职务时，应以管理局的规则、规章和程序中的有关规定为指导。这种规则。规章和程序应考虑到保证企业部有效执行职务特别是其财政独立的至高重要性；

（g）各缔约国向企业部提供的资金，应以可自由使用货币或可在主要外汇市场自由取得和有效使用的货币支付。这些货币应按照通行的国际金融惯例在管理局的规则、规章和程序中予以确定。除第2款的规定外，任何缔约国均不应对企业部持有、使用或交换这些资金保持或施加限制；

（h）"债务担保"是指缔约国向企业部的债权人承允，于该债权人通知该缔约国企业部未能偿还其债款时，该缔约国将按照适当比额表的比例支付其所担保的企业部的债款。支付这些债款的程序应依照管理局的规则、规章和程序。

4. 企业部的资金、资产和费用应与管理局的资金、资产和费用分开。本条应不妨碍企业部同管理局就设施、人员和服务作出安排，以及就任一组织为另一组织垫付的行政费用的偿还作出安排。

5. 企业部的记录、帐簿和帐目，其中包括年度财务报表，应每年由理事会指派的一名独立审计员加以审核。

第十二条　业务

1. 企业部应向理事会建议按照第一七〇条进行活动的各种规划项目。这种建议应包括按照第一五三条第3款拟订的"区域"内活动的正式的书面工作计划，以及法律和技术委员会鉴定和理事会核准计划随时需要的其他情报和资料。

2. 理事会核准后，企业部应根据第1款所指的正式书在工作计划执行其规划项目。

3.（a）企业部如不具备其业务所需的货物和服务，可取得这种货物和服务。企业部应为此进行招标，将合同给予在质量、价格和交货时间方面提供最优综合条件的投标者，以取得所需的货物和服务；

（b）如果提供这种综合条件的投标不止一个，合同的给予应按照下列原则：

（1）无歧视的原则，即不得以与勤奋地和有效地进行作业无关的政治或其他考虑为决定根据的原则；和

（2）理事会所核准的指导原则，即对来自发展中国家，包括其中的内陆国和地理不利国的货物和服务，应给予优惠待遇的原则；

（c）董事会可制定规则，决定在何种特殊情形下，为了企业部的最优利益可免除招标的要求。

4. 企业部应对其生产的一切矿物和加工物质有所有权。

5. 企业部应在无歧视的基础上出售其产品。企业部不得给予非商业性的折扣。

6. 在不妨害根据本公约任何其他规定授与企业部的任何一般或特别权力的情况下，企业部应行使其在营业上所必需的附带权力。

7. 企业部不应干预任何缔约国的政治事务，它的决定也不应受有关的一个或几个缔约国的政治特性的影响，只有商业上的考虑才同其决定有关，这些考虑应不偏不倚地予以衡量，以便实现本附件第一条所列的宗旨。

第十三条　法律地位、特权和豁免

1. 为使企业部能够执行其职务，应在缔约国的领土内给予企业部本条所规定的地位、特权和豁免。企业部和缔约国为实行这项原则，必要时缔订特别协定。

2. 企业部应具有为执行其职务和实现其宗旨所必要的法律行为能力，特别是下列行为能力：

（a）订立合同、联合安排或其他安排，包括同各国和各国际组织的协定；

（b）取得、租借、拥有和处置不动产和动产；

（c）为法律程序的一方。

3.（a）只有在下列情形下，才可在缔约国内有管辖权的法院中对企业部提起诉讼，即企业部在该国领土内：

（1）设有办事处或设施；

（2）为接受传票或诉讼通知派有代理人；

（3）订有关于货物或服务的合同；

（4）有证券发行；或

（5）从事任何其他商业活动；

（b）在企业部未受不利于它的确定性判决宣告以前，企业部的财政和资产，不论位于何处和被何人持有，应免受任何形式的扣押、查封或执行、

4.（a）企业部的财产和资产，不论位于何处和被何人持有，应免受征用、没收、公用征收或以行政或立法行动进行的任何其他形式的扣押；

（b）企业部的一切财产和资产，不论位于何处和被何人持有，应免受任何性质的歧视限制、管制、控制和暂时冻结；

（c）企业部及其雇员应尊重企业部或其雇员可能在其境内进行业务或从事其他活动的任何国家或领土的当地法律和规章；

（d）缔约国应确保企业部享有其给予在其领土内从事商业活动的实体的一切权利、特权和豁免。给予企业部这些权利、特权和豁免，不应低于对从事类似商业活动的实体所给予的权利、特权和豁免。缔约国如给予发展中国家或其商业实体特别特权，企业部应在同样优惠的基础上享有那些特权；

（e）缔约国可给予企业部特别的鼓励、权利、特权和豁免，但并无义务对其他商业实体给予这种鼓励、权利、特权和豁免。

5.企业部应与其办事处和设施所在的东道国谈判关于直接税和间接税的免除。

6.每一缔约国应采取必要行动，以其本国法律使本附件所列

的各项原则生效，并应将其所采取的具体行动的详情通知企业部。

7. 企业部可在其能够决定的范围内和条件下放弃根据本条或第 1 款所指的特别协定所享有的任何特权和豁免。

联合国大会决议第 48/263 号关于执行 1982 年 12 月 10 日《联合国海洋法公约》第十一部分的协定（包括附件）

本协定的缔约国，

认识到 1982 年 12 月 10 日《联合国海洋法公约》（以下简称"《公约》"）对于维护和平、正义和全世界人民的进步的重要贡献，重申国家管辖范围以外的海床和洋底及其底土（以下简称"区域"）以及"区域"的资源为人类的共同继承财产，考虑到《公约》对保护和保全海洋环境的重要性，以及人们对全球环境的日益关切，审议了联合国秘书长关于各国从 1990 至 1994 年就《公约》第十一部分及有关规定（以下简称"第十一部分"）所涉及的未解决问题进行非正式协商的结果的报告，注意到影响第十一部分的执行的各种政治和经济上的变化，包括各种面向市场的做法，希望促使《公约》得到普遍参加，认为一项关于执行第十一部分的协定是达到此一目标的最佳方式，兹协议如下：

第一条　第十一部分的执行

1. 本协定的缔约国承诺依照本协定执行第十一部分。

2. 附件为本协定的组成部分。

第二条　本协定与第十一部分的关系

1. 本协定和第十一部分的规定应作为单一文书来解释和适

302

用。本协定和第十一部分如有任何不一致的情况，应以本协定的规定为准。

2.《公约》第三〇九至第三一九条应如适用于《公约》一样适用于本协定。

第三条　签字

本协定应从通过之日起十二个月内，在联合国总部一直开放供《公约》第三〇五条第 1 款（a）、（c）、（d）、（e）和（f）项所述的国家和实体签字。

第四条　同意接受拘束

1. 本协定通过后，任何批准、正式确认或加入《公约》的文书应亦即表示同意接受本协定的拘束。

2. 任何国家或实体除非先前已确立或亦同时确立其同意接受《公约》的拘束，否则不可以确立其同意接受本协定的拘束。

3. 第 3 条所述的国家或实体可通过下列方式表明其同意接受本协定的拘束：

（a）不须经过批准、正式确认或第 5 条所规定程序的签字；

（b）须经批准或正式确认的签字，随后加以批准或正式确认；

（c）按照第 5 条所规定程序作出的签字；或

（d）加入。

4.《公约》第三〇五条第 1 款（f）项所述实体的正式确认应依照《公约》附件九的规定进行。

5. 批准书、正式确认书或加入书应交存于联合国秘书长。

第五条　简化程序

1. 一个国家或实体如在本协定通过之日前已交存了批准、正式确认或加入《公约》的文书，并已按照第 4 条第 3 款（c）项的规定签署了本协定，即应视为已确立其同意在本协定通过之日起十二个月后接受其拘束，除非该国或实体在该日之前书面通知保管者，表示不想利用本条所规定的简化程序。

2. 如作出了上述通知，则应依照第 4 条第 3 款（b）项的规定确立同意接受本协定的拘束。

第六条　生效

1. 本协定应在已有四十个国家依照第 4 和第 5 条的规定确立其同意接受拘束之日后三十天生效，但须在这些国家之中包括至少七个是第三次联合国海洋法会议决议二（以下简称"决议二"）第 1（a）段所述的国家，且其中至少有五个是发达国家。如果使协定生效的这些条件在 1994 年 11 月 16 日之前已得到满足，则本协定应于 1994 年 11 月 16 日生效。

2. 对于在第 1 款所订要求得到满足后确立其同意接受本协定拘束的每个国家或实体，本协定应在其确立同意接受拘束之日后第三十天生效。

第七条　临时适用

1. 本协定如到 1994 年 11 月 16 日尚未生效，则在其生效之前，由下述国家和实体予以临时适用：

（a）在联合国大会中同意通过本协定的国家，但在 1994 年 11 月 16 日之前书面通知保管者其将不临时适用本协定，或者仅在以后作了签字或书面通知之后才同意临时适用本协定的任何国家除外；

（b）签署本协定的国家和实体，但在签字时书面通知保管者其将不临时适用本协定的任何国家或实体除外；

（c）书面通知保管者表示同意临时适用本协定的国家和实体；

（d）加入本协定的国家。

2. 所有上述国家和实体应依照其本国或其内部的法律和规

章，从 1994 年 11 月 16 日或签字、通知同意或加入之日（如果较迟的话）起，临时适用本协定。

3. 临时适用应于本协定生效之日终止。但无论如何，如到 1998 年 11 月 16 日，第 6 条第 1 款关于至少须有七个决议二第 1 (a) 段所述的国家（其中至少五个须为发达国家）同意接受本协定拘束的要求尚未得到满足，则临时适用应于该日终止。

第八条　缔约国

1. 为本协定的目的，"缔约国"指已同意接受本协定拘束且本协定对其生效的国家。

2. 本协定比照适用于《公约》第三〇五条第 1 款（c）、(d)、(e) 和 (f) 项所述并已按照与其各自有关的条件成为本协定缔约方的实体；在这种情况下，"缔约国"也指这些实体。

第九条　保管者

联合国秘书长应为本协定的保管者。

第十条　有效文本

本协定的原本应交存于联合国秘书长，其阿拉伯文、中文、英文、法文、俄文和西班牙文文本具有同等效力。

为此，下列全权代表，经正式授权，在本协定上签字，以资证明。

一九九四年七月二十八日订于纽约

附件

第一节　缔约国的费用和体制安排

1. 国际海底管理局（以下简称"管理局"）是《公约》缔约国按照第十一部分和本协定为"区域"确立的制度组织和控制"区域"内活动，特别是管理"区域"资源的组织。管理局应具有《公约》明示授予的权力和职务。管理局应有为行使关于"区域"内活动的权力和职务所包含的和必要的并符合《公约》的各项附带权力。

2. 为尽量减少各缔约国的费用，根据《公约》和本协定所设立的所有机关和附属机构都应具有成本效益。这个原则也应适用于会议的次数、会期长短和时间安排。

3. 考虑到各有关机关和附属机构在职务上的需要。管理局各机关和附属机构的设立和运作应采取渐进的方式，以便能在"区域"内活动的各个发展阶段有效地履行各自的职责。

4. 管理局在《公约》生效后初期的职务应由大会、理事会、秘书处、法律和技术委员会和财务委员会执行。经济规划委员会的职务应由法律和技术委员会执行，直至理事会另作决定，或直至第一项开发工作计划获得核准时为止。

5. 在《公约》生效至第一项开发工作计划获得核准之间的期间，管理局应集中于：

（a）按照第十一部分和本协定的规定，处理请求核准勘探工作计划的申请；

（b）按照《公约》第三〇八条第 5 款和决议二第 13 段，执行国际海底管理局和国际海洋法法庭筹备委员会（以下称"筹备委员会"）所作出的关于已登记的先驱投资者及其证明国、包括它们的权利和义务的决定；

（c）监测以合同形式核准的勘探工作计划的履行；

（d）监测和审查深海底采矿活动方面的趋势和发展，包括定期分析世界金属市场情况和金属价格、趋势和前景；

（e）研究"区域"内矿物生产对可能受到最严重影响的这些矿物的发展中陆上生产国经济可能产生的影响，以期尽量减轻它们的困难和协助它们进行经济调整，其中考虑到筹备委员会在这方面所做的工作；

（f）随着"区域"内活动的开发，制定为进行这些活动所需要的规则、规章和程序。虽有《公约》附件三第十七条第2款（b）和（c）项的规定，这些规则、规章和程序仍应考虑到本协定的条款、商业性深海底采矿的长期推延和"区域"内活动的可能进度；

（g）制定保护和保全海洋环境的包含适用标准的规则、规章和程序；

（h）促进和鼓励进行关于"区域"内活动的海洋科学研究，以及收集和传播关于这些研究和分析的可以得到的结果，特别强调关于"区域"内活动的环境影响的研究；

（i）取得与"区域"内活动有关的科学知识和监测这方面的海洋技术的发展情况，特别是与保护和保全海洋环境有关的技术；

（j）评估可以得到的关于探矿和勘探的数据；

（k）适时地拟订关于开发、包括与保护和保全海洋环境有关的规则、规章和程序。

6．（a）请求核准勘探工作计划的申请，应由理事会在收到法律和技术委员会就该项申请作出的建议后加以审议。请求核准勘探工作计划的申请应根据《公约》（包括其附件三）和本协定的规定并依照以下各分段来处理：

（i）以决议二第1（a）（ii）或（iii）段所述的国家或实体或此种实体的任何组成部分（但非已登记的先驱投资者）的名义、或以其利益继承者的名义提出的勘探工作计划，若其在《公约》生效前已在"区域"内进行大量活动。而且其一个或一个以上担保国证明申请者至少已将相当于三千万美元的数额用来进行研究和勘探活动，并且至少已将该数额的百分之十用来勘定、调查和评价工作计划内所指的区域，即应视为已符合核准工作计划所需具备的财政和技术条件。如果该工作计划在其他方面都符合《公约》的要求和按照《公约》制定的任何规则、规章和程序，理事会应以合同形式予以核准。本附件第 3 节第 11 段的规定应相应地加以解释和适用；

（ii）虽有决议二第 8（a）段的规定，一个已登记的先驱投资者仍可在《公约》生效后三十六个月内请求核准勘探工作计划。勘探工作计划应包括在登记前后提交筹备委员会的文件、报告和其他数据，并应随附筹备委员会依照决议二第 11（a）段发出的符合规定证明书，即一份说明先驱投资者制度下各项义务履行情况的实际情况报告。这样的工作计划应视为得到核准。这样核准的工作计划应依照第十一部分和本协定，采取管理局与已登记的先驱投资者签订的合同的形式。按照决议二第 7（a）段缴付的二十五万美元规费，应视为本附件第 8 节第 3 段所规定的勘探阶段的规费。本附件第 3 节第 11 段应相应地加以解释和适用；

（iii）根据不歧视的原则，同（a）（i）分段中所述的国家或实体或此种实体的任何组成部分订立的合同，应类似而且不低于同（a）（ii）分段中所述的任何已登记的先驱投资者议定的安排。如果给予（a）（i）分段中所述的国家、实体或此种实体的任何组成部分较有利的安排，理事会应对（a）（ii）分段中所述的已登记的先驱投资者所承担的权利和义务作出类似和一样有利的安排，但这些安排须不影响或损害管理局的利益；

（iv）依照（a）（i）或（ii）分段的规定为申请工作计划作担保的国家，可以是缔约国，或是根据第 7 条临时适用本协定的国家，或是根据第 12 段作为管理局临时成员的国家；

（v）决议二第 8（c）段应根据（a）（iv）分段加以解释和适用。

（b）勘探工作计划应按照《公约》第一五三条第 3 款的规定加以核准。

7. 请求核准工作计划的申请，应按照管理局所制定的规则、规章和程序，附上对所提议的活动可能造成的环境影响的评估，和关于海洋学和基线环境研究方案的说明。

8. 请求核准勘探工作计划的申请，在符合第 6（a）（i）或（ii）段的情况下，应按照本附件第 3 节第 11 段所规定的程序来处理。

9. 核准的勘探工作计划应为期十五年，勘探工作计划期满时，承包者应申请一项开发工作计划，除非承包者在此之前已经这样做，或者该项勘探工作计划已获延期。承包者可以申请每次不超过五年的延期。如果承包者作出了真诚努力遵照工作计划的要求去做。但因承包者无法控制的原因而未能完成进入开发阶段的必要筹备工作，或者如果当时的经济情况使其没有足够理由进入开发阶段，请求延期的申请应予核准。

10. 按照《公约》附件三第八条指定保留区域给管理局，应与核准勘探工作计划的申请或核准勘探和开发工作计划的申请一起进行。

11. 虽有第 9 段的规定，对于由至少一个临时适用本协定的国家担保的已获核准的勘探工作计划，如果该国停止临时适用本协定，又没有根据第 12 段成为临时成员，也没有成为缔约国，则该项工作计划应予终止。

12. 本协定生效后，本协定第 3 条所述的国家和实体如果已在按照第 7 条的规定临时适用本协定，而协定尚未对其生效，则在协定对其生效之前，这些国家和实体仍可依照以下各分段的规定，继续作为管理局的临时成员：

（a）如果本协定在 1996 年 11 月 16 日之前生效，这些国家和实体应有权通过向本协定的保管者作出通知，表示该国或该实体有意作为临时成员参加，而继续作为管理局临时成员参加。这种成员资格应于 1996 年 11 月 16 日或在本协定和《公约》对该成员生效之时（较早者为准）终止。理事会经有关国家或实体请求，可将这种成员资格在 1996 年 11 月 16 日之后再延期一次或若干次，总共不得超过两年，但须理事会确信有关国家或实体一直在作出真诚努力成为协定和《公约》的缔约方；

（b）如果本协定在 1996 年 11 月 15 日之后生效，这些国家和实体可请求理事会给予它们在 1998 年 11 月 16 日之前一段或若干段期间内继续作为管理局临时成员的资格。如果理事会确信该国或该实体一直在作出真诚努力成为协定和《公约》的缔约方，就应给予它这种成员资格，有效期从它提出请求之日开始；

（c）按照（a）或（b）分段作为管理局临时成员的国家和实体，应依照其本国或其内部的法律、规章和年度预算拨款，适用第十一部分和本协定的条款，并应具有与其他成员相同的权利和义务，包括：

（i）按照会费分摊比额表向管理局的行政预算缴付会费的义务；

（ii）为请求核准勘探工作计划的申请作担保的权利。对于其组成部分是具有超过一个国籍的自然人或法人的实体，除非构成这些实体的自然人或法人所属的所有国家是缔约国或临时成员，否则其勘探工作计划应不予核准；

（d）虽有第 9 段的规定，如果一个作为临时成员的国家的这种成员资格停止，而该国或该实体又未成为缔约国，则由该国根据（c）（ii）分段作担保并以合同形式获得核准的勘探工作计划应予终止；

（e）如果这种成员不缴付分摊会费，或在其他方面未依照本

310

段履行其义务，其临时成员资格应予终止。

13. 《公约》附件三第十条所提到的工作成绩不令人满意，应解释为是指虽经管理局一次或多次向承包者发出书面警告，要求它遵守已核准的工作计划中的要求，但承包者仍不履行。

14. 管理局应有其自己的预算。到本协定生效之年以后那一年的年底为止，管理局的行政开支应由联合国预算支付。其后，管理局的行政开支应根据《公约》第一七一条（a）和第一七三条及本协定的规定，由其成员、包括任何临时成员缴付的分摊会费支付，直到管理局从其他来源得到足够的资金来支付这些开支为止。管理局应不行使《公约》第一七四条第1款所述的权力来借款充作行政预算经费。

15. 管理局应按照《公约》第一六二条第2款（0）项（2）目，并依照以下各分段的规定，拟订和通过以本附件第2、第5、第6、第7和第8节内各项原则为根据的规则、规章和程序，以及为便利勘探或开发工作计划的核准所需要的任何其他规则、规章和程序：

（a）理事会可随时在它认为为了在"区域"内进行活动而需要所有或任何这些规则、规章和程序的时候，或在它判定商业性开发即将开始时，或经一个其国民打算申请核准开发工作计划的国家的请求，着手进行拟订工作；

（b）如果（a）分段内所述的国家提出请求，理事会应按照《公约》第一六二条第2款（0）项，在请求提出后两年内完成这些规则、规章和程序的制定；

（c）如果理事会未在规定时间内完成关于开发的规则、规章和程序的拟订工作，而已经有开发工作计划的申请在等待核准，理事会仍应根据《公约》中的规定和理事会可能已暂时制定的任何规则、规章和程序，或根据《公约》内所载的准则和本附件内的条款和原则以及对承包者不歧视的原则，审议和暂时核准该工作计划。

16. 管理局在根据第十一部分和本协定制定规则、规章和程序时，应考虑到筹备委员会的报告和建议中所载的与第十一部分的规定有关的规则、规章和程序草案及任何建议。

17.《公约》第十一部分第四节的有关规定应根据本协定加以解释和适用。

第二节 企 业 部

1. 管理局秘书处应履行企业部的职务，直至其开始独立于秘书处而运作为止。管理局秘书长应从管理局工作人员中任命一名临时总干事来监督秘书处履行这些职务。

这些职务应为：

（a）监测和审查深海底采矿活动方面的趋势和发展，包括定期分析世界金属市场情况和金属价格、趋势和前景；

（b）评估就"区域"内活动进行海洋科学研究的结果，特别强调关于"区域"内活动的环境影响的研究；

（c）评估可以得到的关于探矿和勘探的数据，包括这些活动的准则；

（d）评估与"区域"内活动有关的技术发展情况，特别是与保护和保全海洋环境有关的技术；

（e）评价关于保留给管理局的各个区域的资料和数据；

（f）评估联合企业经营的各种做法；

（g）收集关于有多少受过培训的人力资源的资料；

（h）研究企业部在各个不同业务阶段的行政管理上各种可供选择的管理政策。

2. 企业部初期的深海底采矿业务应以联合企业的方式进行。

312

当企业部以外的一个实体所提出的开发工作计划获得核准时，或当理事会收到同企业部经营联合企业的申请时，理事会即应着手审议企业部独立于管理局秘书处而运作的问题。如果同企业部合办的联合企业经营符合健全的商业原则，理事会应根据《公约》第一七〇条第 2 款发出指示，允许企业部进行独立运作。

3.《公约》附件四第十一条第 3 款所规定缔约国向企业部一个矿址提供资金的义务应不予适用；缔约国应无任何义务向企业部或在其联合企业安排下的任何矿址的任何业务提供资金。

4. 适用于承包者的义务应适用于企业部。虽有《公约》第一五三条第 3 款和附件三第三条第 5 款的规定，企业部工作计划的核准应采取由管理局和企业部订立合同的形式。

5. 将某一个区域作为保留区域提供给管理局的承包者，对于与企业部订立勘探和开发该区域的联合企业安排有第一选择权。如果企业部在独立于管理局秘书处开始执行其职务后的十五年内，或在将一个区域保留给管理局之日起的十五年内（以较晚者为准），没有提交在该保留区域进行活动的工作计划申请，则提供该区域的承包者应有权申请该区域的工作计划，但它须真诚地提供机会让企业部参加为联合企业的合伙人。

6.《公约》第一七〇条第 4 款、附件四和关于企业部的其他规定，应根据本节加以解释和适用。

第三节　决　　策

1. 管理局的一般政策应由大会会同理事会制订。

2. 作为一般规则，管理局各机关的决策应当采取协商一致方式。

3. 如果为了以协商一致方式作出决定已经竭尽一切努力，大会进行表决时，关于程序问题的决定应以出席并参加表决的成员过半数作出，关于实质问题的决定应按照《公约》第一五九条第 8 款的规定，以出席并参加表决的成员三分之二多数作出。

4. 对于也属于理事会主管范围的任何事项，或对于任何行政、预算或财务事项，大会应根据理事会的建议作出决定。大会若是不接受理事会关于任一事项的建议，应交回理事会进一步审议。理事会应参照大会所表示的意见重新审议该事项。

5. 如果为了以协商一致方式作出决定已经竭尽一切努力，理事会进行表决时，关于程序问题的决定应以出席并参加表决的成员过半数作出，关于实质问题的决定，除《公约》规定由理事会协商一致决定者外，应以出席并参加表决的成员三分之二多数作出，但须第 9 段所述的任一分组没有过半数反对该项决定。理事会在作决定时，应设法促进管理局所有成员的利益。

6. 如果看来还没有竭尽一切努力就某一问题达成协商一致，理事会可延迟作决定，以便利进一步的谈判。

7. 大会或理事会所作具有财政或预算影响的决定应以财务委员会的建议为根据。

8. 《公约》第一六一条第 8 款（b）和（c）项的规定应不适用。

9.（a）为在理事会进行表决的目的，按照第 15（a）至（c）段选出的每一组国家应视为一分组。为在理事会进行表决的目的，按照第 15（d）和（e）段选出的发展中国家应视为单一分组。

（b）大会在选举理事会成员之前，应订出符合第 15（a）至（d）段各组国家成员标准的国家名单。一个国家如果符合不止一组的成员标准，只能由其中一组提名参加理事会选举，并且在理事会表决时只应代表该组国家。

10. 第 15（a）至（d）段的每一组国家应由该组提名的成

员作为在理事会内的代表。每一组应只提名数目与按规定该组应占的席位相等的候选人。当第15（a）至（e）段所述每一组的可能候选人数目超过各该组可以占有的席位数目时，作为一般规则，应适用轮换原则。每一组的成员国应决定如何在本组内适用此项原则。

11. （a）理事会应核准法律和技术委员会关于核准某项工作计划的建议。除非理事会以出席并参加表决的成员三分之二多数，包括理事会每一分组出席并参加表决的成员过半数，决定不核准该项工作计划，如果理事会没有在规定的期间间内就核准工作计划的建议作出决定，该建议应在该段期间终了时被视为已得到理事会核准。规定的期间通常应为六十天，除非理事会决定另订一个更长的期限。如果委员会建议不核准某项工作计划，或没有提出建议，理事会仍可按照其就实质问题作决策的议事规则核准该项工作计划。

（b）《公约》第一六二条第2款（j）项的规定应不适用。

12. 如果由于不核准工作计划而引起争端，应将争端提交《公约》所规定的解决争端程序。

13. 法律和技术委员会表决作决定时，应以出席并参加表决的成员过半数作出。

14.《公约》第十一部分第四节B和C分节应根据本节加以解释和适用。

15. 理事会应由大会按照下列次序选出的三十六个管理局成员组成：

（a）四个成员来自在有统计资料的最近五年中，对于可从"区域"取得的各类矿物所产的商品，其消费量以价值计超过世界总消费量百分之二，或者净进口量以价值计超过世界总进口量百分之二的那些缔约国，且此四个成员中应包括一个东欧区域经济实力以国内总产值计最大的国家和在《公约》生效之日经济实力以国内总产值计最大的国家，如果这些国家愿意代表这一组的话；

（b）四个成员来自直接或通过其国民对"区域"内活动的准备和进行作出了最大投资的八个缔约国；

（c）四个成员来自缔约国中因在其管辖区域内的生产而为可从"区域"取得的各类矿物的主要净出口国，其中至少应有两个是出口这些矿物对其经济有重大关系的发展中国家；

（d）六个成员来自发展中国家缔约国，代表特别利益。所代表的特别利益应包括人口众多的国家、内陆国或地理不利国、岛屿国、可从"区域"取得的各类矿物的主要进口国、这些矿物的潜在生产国以及最不发达国家的利益；

（e）十八个成员按照确保理事会的席位作为一个整体做到公平地域分配的原则选出，但每一地理区域至少应有一名根据本分段选出的成员。为此目的，地理区域应为非洲、亚洲、东欧、拉丁美洲和加勒比及西欧和其他国家。

16.《公约》第一六一条第 1 款的规定应不适用。

第四节　审　查　会　议

《公约》第一五五条第 1、第 3 和第 4 款有关审查会议的规定应不适用。虽有《公约》第三一四条第 2 款的规定，大会可根据理事会的建议，随时审查《公约》第一五五条第 1 款所述的事项。对本协定和第十一部分的修正应依照《公约》第三一四、第三一五和第三一六条所载的程序，但《公约》第一五五条第 2 款所述的原则，制度和其他规定应予维持，该条第 5 款所述的权利应不受影响。

第五节 技 术 转 让

1. 除《公约》第一四四条的规定外，为第十一部分的目的而进行的技术转让还应遵照下列原则：

（a）企业部和希望获得深海底采矿技术的发展中国家应设法按公平合理的商业条件，从公开市场或通过联合企业安排获取这种技术；

（b）如果企业部或发展中国家无法获得深海底采矿技术，管理局可以请所有或任何承包者及其一个或多个担保国提供合作，以便利企业部或其联合企业，或希望取得深海底采矿技术的发展中国家按公平合理的商业条件，在与知识产权的有效保护相符的情况下取得这种技术。缔约国承诺为此目的与管理局充分而有效地合作，并确保它们所担保的承包者也与管理局充分合作；

（c）作为一般规则，缔约国应促进有关各方在"区域"内活动上进行国际技术和科学合作，或通过制订海洋科学和技术及海洋环境的保护和保全方面的培训、技术援助和科学合作方案来促进这种合作。

2.《公约》附件三第五条的规定应不适用。

第六节 生 产 政 策

1. 管理局的生产政策应以下列原则为根据：

（a）"区域"的资源应按照健全的商业原则进行开发；

（b）《关税和贸易总协定》、其有关守则和后续协定或替代协定的规定，应对"区域"内的活动适用；

（c）特别是，除了（b）分段所述的协定许可的情况外，"区域"内的活动不应获得补贴。为这些原则的目的，补贴应依照（b）分段所述的协定加以定义；

（d）对于从"区域"和从其他来源取得的矿物，不应有区别待遇。对于此种矿物或用此种矿物生产的进口商品，不应给予进入市场的优惠，特别是：

（i）不应运用关税或非关税壁垒；并且

（ii）缔约国不应对本国国营企业、或具有其国籍或受它们或其国民控制的自然人或法人所生产的此种矿物或商品给予这种优惠；

（e）管理局核准的每一采矿区域的开发工作计划，应指明预计的生产进程，其中应包括按该工作计划估计每年生产的矿物最高产量；

（f）对于与（b）分段所述协定的规定有关的争端，应适用以下办法予以解决；

（i）如果有关的缔约国都是上述协定的缔约方，应利用上述协定的争端解决程序；

（ii）如果一个或多个有关的缔约国不是上述协定的缔约方，应利用《公约》所规定的争端解决程序；

（g）如果按照（b）分段所述的协定判定某一缔约国违禁提供了补贴，或补贴对另一缔约国的利益造成了损害，而有关的一个或多个缔约国并未采取适当步骤，则缔约国可请求理事会采取适当措施。

2. 在作为第1（b）段所述的协定以及有关的自由贸易和关税同盟协定缔约方的缔约国之间的关系上，第1段所载的原则应不影响那些协定的任何条款所规定的权利和义务。

3. 承包者接受第1（b）段所述的协定许可范围以外的补贴，即违反了构成在"区域"内进行活动的工作计划的合同的基本条款。

4. 任何缔约国如果有理由相信第 1（b）至（d）段或第 3段的规定遭到破坏，可按照第 1（f）或（g）段提起解决争端的程序。

5. 缔约国可在任何时候提清理事会注意它认为与第 1（b）至（d）段不符的活动。

6. 管理局应拟订规则、规章和程序，以确保本节的规定得到执行，其中包括关于工作计划核准的有关规则、规章和程序。

7.《公约》第一五一条第 1 至第 7 款和第 9 款、第一六二条第 2 款（q）项、第一六五条第 2 款（n）项以及附件三第六条第 5 款和第七条应不适用。

第七节　经 济 援 助

1. 管理局向其出口收益或经济因某一受影响矿物的价格或该矿物的出口量降低而遭受严重不良影响（但以此种降低是由于"区域"内活动造成的为限）的发展中国家提供援助的政策应以下列原则为根据：

（a）管理局应从其经费中超出管理局行政开支所需的部分拨款设立一个经济援助基金。为此目的拨出的款额，应由理事会不时地根据财务委员会的建议订定。只有从承包者（包括企业部）收到的付款和自愿捐款才可用来设立经济援助基金；

（b）经确定其经济因深海底矿物生产而受到严重影响的发展中陆上生产国应从管理局的经济援助基金得到援助；

（c）管理局用该基金向受影响的发展中陆上生产国提供援助时，应斟酌情况，同现有的具有执行此种援助方案的基础结构和专门知识的全球性或区域性发展机构合作；

（d）此种援助的范围和期限应在个案基础上作出决定。作决定时，应适当地考虑到受影响的发展中陆上生产国所面临问题的性质和严重程度。

2.《公约》第一五一条第 10 款应以第 1 段所述的经济援助措施加以执行。《公约》第一六〇条第 2 款（1）项、第一六二条第 2 款（n）项、第一六四条第 2 款（d）项、第一七一条（f）项和第一七三条第 2 款（c）项应相应地加以解释。

第八节　合同的财政条款

1. 制订有关合同财政条款的规则、规章和程序应以下列原则为根据：

（a）向管理局缴费的制度应公平对待承包者和管理局双方，并应提供适当方法来确定承包者是否遵守此一制度；

（b）此一制度下的缴费率应不超过相同或类似矿物的陆上采矿缴费率的一般范围，对避免给予深海底采矿者人为的竞争优势或使其处于竞争劣势；

（c）此一制度不应该复杂，且不应该使管理局或承包者承担庞大的行政费用。应该考虑采用特许权使用费制度或结合特许权使用费与盈利分享的制度。如果决定采用几种不同的制度，则承包者有权选择适用于其合同的制度。不过，以后如果改变在几种不同制度之间的选择，应由管理局和承包者协议作出；

（d）自商业生产开始之日起应缴付固定年费。此一年费可以用来抵免按照（c）分段所采用制度应缴付的其他款项。年费数额应由理事会确定；

（e）缴费制度可视情况的变化定期加以修订，任何修改应不歧视地适用。对于已有的合同，这种修改只有承包者自行选择方可适用。以后如要改变在几种不同制度之间的选择，应由管理局和承包者协议作出；

（f）关于根据这些原则制定的规则和规章在解释或适用上的

争端，应按照《公约》所规定的争端解决程序处理。

2.《公约》附件三第十三条第 3 至第 10 款的规定应不适用。

3. 关于《公约》附件三第十三条第 2 款的执行，当工作计划只限于勘探阶段或开发阶段两者中之一时，申请核准的规费应为二十五万美元。

第九节　财务委员会

1. 兹设立财务委员会。此委员会应由财务方面具有适当资格的十五名委员组成。缔约国应提名具备最高标准的能力和正直的候选人。

2. 财务委员会应无任何两名委员为同一缔约国的国民。

3. 财务委员会的委员应由大会选举，选举时应适当顾及公平地域分配和特殊利益得到代表的需要。本附件第 3 节第 15 (a)、(b)、(c) 和 (d) 段所述的每一组国家在委员会内至少应有一名委员作为代表。在管理局除了分摊会费以外有足够资金应付其行政开支之前，委员会的委员应包括向管理局行政预算缴付最高款额的五个国家代表。其后，应根据每一组的成员所作的提名，从每一组选举一名委员，但不妨碍从每一组再选其他委员的可能性。

4. 财务委员会委员的任期应为五年，连选可连任一次。

5. 财务委员会委员若在任期届满以前死亡、丧失行为能力或辞职，大会应从同一地理区域或同一组国家中选出一名委员任满所余任期。

6. 财务委员会委员不应在同委员会有职责作出建议的事项有关的任何活动中有财务上的利益。各委员不应泄露因其在管理局任职而得悉的任何秘密资料，即使在职务终止以后，也应如此。

7. 大会和理事会关于下列问题的决定应考虑到财务委员会的建议：

（a）管理局各机关的财务规则、规章和程序草案，以及管理局的财务管理和内部财务行政；

（b）按照《公约》第一六〇条第 2 款（e）项决定各成员对管理局的行政预算应缴的会费；

（c）所有有关的财务事项，包括管理局秘书长按照《公约》第一七二条编制的年度概算，和秘书处工作方案的执行所涉及的财务方面问题；

（d）行政预算；

（e）缔约国因本协定和第十一部分的执行而承担的财政义务，以及涉及到管理局经费开支的提案和建议所涉的行政和预算问题；

（f）公平分配从"区域"内活动取得的财政及其他经济利益的规则、规章和程序，以及为此而作的决定。

8. 财务委员会关于程序问题的决定应以出席并参加表决的成员过半数作出。关于实质问题的决定应以协商一致方式作出。

9. 在按照本节设立财务委员会之后，《公约》第一六二条第 2 款（y）项设立附属机关来处理财务事项的规定应视为已得到遵行。

"区域"内多金属结核探矿和勘探规章

序　言

《联合国海洋法公约》（以下简称"《公约》"）规定，国家管辖范围以外的海床和洋底及其底土以及该区域的资源为人类的共同继承财产，其勘探与开发应为全人类的利益而进行。国际海底管理局代表全人类行事。本规章为第一套规章，目的是规定多金属结核的探矿和勘探活动。

第一部分　导　言

第1条　用语和范围

1. 《公约》所用用语在本规章内涵义相同。

2. 《关于执行 1982 年 12 月 10 日〈联合国海洋法公约〉第十一部分的协定》（"协定"）规定，协定的条款及 1982 年 12 月 10 日《联合国海洋法公约》第十一部分应作为一个单一文书来解释和适用。本规章和本规章中提及《公约》的条款应相应地加以解释和适用。

3. 为本规章的目的：

（a）"开发"是指在"区域"内为商业目的回收多金属结核和从其中选取矿物，包括建造和操作供生产和销售矿物之用的采矿、加工和运输系统；

（b）"勘探"是指以专属权利在"区域"内探寻多金属结核矿床，分析这些矿床，测试采集系统和设备、加工设施及运输系统，以及对开发时必须考虑的环境、技术、经济、商业和其他有关因素进行研究；

（c）"海洋环境"包括影响和决定海洋生态系统、海洋水域及这些水域的上空，以及海床和洋底及其底土的生产力、状态、状况和素质的物理、化学、地质和生物组成部分、条件和因素；

（d）"多金属结核"是指"区域"的一种资源，包括在深海床表层上或紧贴表层下含有锰、镍、钴和铜的任何结核矿床或积层；

（e）"探矿"是指在不享有任何专属权利的情况下，在"区域"内探寻多金属结核矿床，包括估计多金属结核矿床的成分、大小和分布情况及其经济价值；

（f）"对海洋环境造成严重损害"是指"区域"内活动对海洋环境所造成的任何影响，按照管理局根据国际公认标准和惯例所制定的规则、规章和程序断定，这种影响使海洋环境出现显著不良变化；

4. 本规章不影响按照《公约》第八十七条进行科学研究的自由，或是按照《公约》第一四三条和第二五六条在"区域"内进行海洋科学研究的权利。本规章的任何条款不应理解为限制各国行使《公约》第八十七条所述的公海自由。

5. 本规章可以由其他的，特别是关于保护和保全海洋环境的规则、规章和程序补充。本规章应符合《公约》和协定的规定及与《公约》无抵触的其他国际法规则。

第二部分　探　　矿

第 2 条　探矿

1. 探矿应按照《公约》和本规章进行，并须经秘书长告知探矿者，其通知已按照第 4 条第 2 款记录在案后方可开始。

2. 实质证据显示可能对海洋环境造成严重损害时，不得进行探矿。

3. 不得在一项核准的多金属结核勘探工作计划所包括的区域或在保留区域内进行探矿；亦不得在理事会因有对海洋环境造成严重损害的危险而不核准开发的区域内进行探矿。

4. 探矿不应使探矿者取得对资源的任何权利。但是，探矿者可回收试验所需的合理数量的矿物，但不得用于商业用途。

5. 探矿应没有时限。但是探矿者如收到秘书长的书面通知，表示已就某一特定区域核准勘探工作计划，则应停止在该区域的探矿活动。

6. 一个以上的探矿者可在同一个或几个区域内同时进行探矿。

第 3 条　探矿通知

1. 申请探矿者应将其进行探矿的意向通知管理局。

2. 每份探矿通知应以本规章附件 1 规定的格式提交秘书长，并应符合本规章的要求。

3. 每份通知的提交方式如下：

（a）国家的通知，由它为此目的指定的机构提交；

（b）实体的通知，由其指定代表提交；和

（c）企业部的通知，由其主管机构提交。

4. 每份通知应以管理局的一种语文提出，并应载有：

（a）申请探矿者及其指定代表的名字、国籍和地址；

（b）符合管理局采用的最新公认国际标准，关于准备进行探矿的一个或多个大面积区域的坐标；

（c）对探矿方案的一般说明，包括拟议的开始日期和估计所需时间；

（d）令人满意的书面承诺，表示申请探矿者将：

（一）遵守《公约》和管理局有关下列事项的规则、规章和程序：

a. 合作进行《公约》第一四三条和第一四四条所述的海洋科学研究和技术转让方面的训练方案；和

b. 保护和保全海洋环境；和

（二）接受管理局对遵守承诺情况的查核。

第4条　对通知的考虑

1. 秘书长应书面确认收到根据第3条提交的每份通知，并注明收件日期。

2. 秘书长应在收到通知后45天内对通知进行审查并采取行动。如果通知符合《公约》和本规章的要求，秘书长应将通知的细节记入为此目的置备的登记册，并书面告知探矿者，通知已记录在案。

3. 秘书长应在收到通知后45天内书面告知申请探矿者，如果其通知包括某一已核准的勘探或开发任一资源的工作计划所包括区域的任何部分，或某一保留区域的任何部分，或理事会因有对海洋环境造成严重损害的危险而不核准开发的区域的任何部分，或者书面承诺不能令人满意，并应书面向申请探矿者说明理由。在这种情况下，申请探矿者可以在90天内提交修正的通知。秘书长应在45天内对修正的通知进行审查并采取行动。

4. 通知内的任何资料有变，探矿者应书面通知秘书长。

5. 秘书长不应披露通知中的任何细节，除非探矿者书面表示同意。但秘书长应不时将探矿者的身份和正在进行探矿的大概区域位置告知管理局所有成员。

第5条　年度报告

1. 探矿者应在每一历年终了后90天内，向管理局提出有关探矿情况的报告。秘书长应将报告提交法律和技术委员会。每份报告应载列：

（a）关于探矿情况和所求得结果的一般性说明；和

（b）关于第3条第4款（d）项所述承诺遵守情况的资料。

2. 如果探矿者打算把探矿所涉费用申报为开始商业生产前的部分开发成本，探矿者应就探矿者在进行探矿期间所支付的实际和直接费用提交符合国际公认会计原则并由合格的公共会计师事务所核证的年度报表。

第6条　年度报告内的探矿数据和资料的机密性

1. 依照第35条和第36条的规定，秘书长应确保根据第5条所提交报告内的所有数据和资料的机密性。

2. 秘书长可以在有关的探矿者同意下，随时公布某一已提交通知的区域的探矿数据和资料。如果秘书长断定探矿者不复存在或下落不明，秘书长可以公布这种数据和资料。

第7条　关于对海洋环境造成严重损害的事故的通知

对于探矿引起的对海洋环境造成严重损害的事故，探矿者应立即以最有效方式通知秘书长。秘书长在收到上述通知后应依照第32条规定行事。

第8条　考古或历史文物

在"区域"内发现任何考古或历史文物，探矿者应立即将该事及发现的地点以书面方式通知秘书长。秘书长应将这些资料转交联合国教育、科学及文化组织总干事。

第三部分　请求核准合同形式的勘探工作计划的申请

第1节　一　般　规　定

第9条　通则

在符合《公约》各项规定的情况下，下列各方可向管理局申请核准勘探工作计划：

（a）企业部以自己的名义，或作为一项联合安排的参与方；

（b）缔约国、国营企业，或具有缔约国国籍或在这些国家或其国民有效控制下并由这些国家担保的自然人或法人，或符合本规章规定的上述各方的任何组合。[①]

第2节　申请书的内容

第10条　申请书的格式

1. 每一份请求核准勘探工作计划的申请书，应以本规章附件2规定的格式提交秘书长，并应符合本规章的要求。[②]

2. 每一份申请书的提交方式如下：

（a）缔约国的申请书，由其为此目的指定的机构提交；

（b）实体的申请书，由其指定代表或担保国为此目的指定的机构提交；和

（c）企业部的申请书，由其主管机构提交。

3. 国营企业或第9条（b）项所述实体的每一份申请书还应包括：

（a）足以确定申请者国籍，或有效控制申请者的国家或其国民的身份的资料；和

----

① 已登记的先驱投资者按照协定附件第1节第6（a）（二）段请求核准勘探工作计划的申请，应在《公约》生效后36个月内提出。

② 已登记的先驱投资者按照协定附件第1节第6（a）（二）段请求核准勘探工作计划的申请书，应包括在登记前后提交筹备委员会的文件、报告和其他数据，并应附有筹备委员会依照决议二第11（a）段发出的符合规定证明书，即一份说明在已登记先驱投资者制度下各项义务履行情况的实际情况报告。已登记的先驱投资者如果尚未提供最新资料，应尽可能以第18条各项规定作为指导，提供最新增订资料，并提出最近将来的活动方案，包括一般地评估拟议的活动对环境的潜在影响。

（b）申请者的主要营业地点或住所和在适当时其注册地点。

4. 由实体组成的合伙企业或联营企业所提交的每一份申请书应载有所需的关于每一个合伙者或联营者的资料。

第 11 条　担保书

1. 国营企业或第 9 条（b）项所述实体的每一份申请书，应附有企业为其国民或受该国或该国国民有效控制的国家开具的担保书。[①] 如果申请者具有一个以上国籍，例如由多个国家的实体组成的合伙企业或联营企业，则所涉每一国家均应出具担保书。

2. 如果申请者具有一国国籍，但受另一国或其国民的有效控制，则所涉每一国家均应出具担保书。

3. 每一份担保书应以提交该担保书的国家名义正式签署，并应载有：

（a）申请者名字；

（b）担保国国名；

（c）一份陈述，声明申请者是：

（一）担保国国民；或

（二）受担保国或其国民的有效控制；

（d）担保国表示担保该申请者的陈述；

（e）担保国交存《公约》批准书、加入书或继承书的日期；

（f）担保国按照《公约》第一三九条、第一五三条第 4 款和附件三第四条第 4 款承担责任的声明。

4. 与企业部订立联合安排的国家或实体也应遵守本条的规定。

---

① 如果是已登记的先驱投资者请求核准勘探工作计划，登记时的证明国或其继承国应视为担保国，但这些国家在提出请求时须是《公约》缔约国或是管理局的临时成员。

第 12 条　财政和技术能力

1. 每一份请求核准勘探工作计划的申请书，应载有足够的具体资料，使理事会能够确定申请者是否有财政和技术能力执行提议的勘探工作计划和履行其对管理局的财政义务。①

2. 对于以决议二第 1（a）（2）或（3）段所述并且在《公约》生效前已在"区域"内进行大量活动的国家或实体或此种实体的任何组成部分（但非已登记的先驱投资者）的名义，或以其利益继承者的名义提出的请求核准勘探工作计划的申请书，如果担保国证明，申请者至少已将相当于 3000 万美元的数额用于研究和勘探活动，并且至少已将该数额的 10% 用于定位、勘查和评价勘探工作计划所指的区域，即应视为已符合核准勘探工作计划所需具备的财政和技术条件。

3. 企业部提出的请求核准勘探工作计划的申请书应附有其主管机构的声明，证明企业部拥有所需财政资源承付提议的勘探工作计划的估计费用。

4. 除已登记的先驱投资者或决议二第 1（a）（2）或（3）段所述的实体外，国家或国营企业提出的请求核准勘探工作计划的申请书应附有该国或担保国的声明，证明申请者拥有所需的财政资源承付提议的勘探工作计划的估计费用。

5. 除已登记的先驱投资者或决议二第 1（a）（2）或（3）段所述的实体外，实体提出的请求核准勘探工作计划的申请书应附有其最近三年符合国际公认会计原则并由合格的公共会计师事务所核证的经审计财务报表，包括资产负债表和损益表的副本；和

---

① 按照协定附件第 1 节第 6（a）（二）段请求核准勘探工作计划的已登记的先驱投资者，应视为已符合核准工作计划所需具备的财政和技术能力。

（a）如果申请者是新组成的实体，尚未有经核证的资产负债表，则应提交经申请者的适当职务人员认证的预计资产负债表；

（b）如果申请者是另一个实体的子公司，则应提交该实体符合国际公认会计原则并由合格的公共会计师事务所核证的上述财务报表副本，及该实体证明申请者将有执行勘探工作计划的财政资源的声明；

（c）如果申请者受一个国家或国营企业控制，则应提交该国或国营企业证明申请者将有执行勘探工作计划的财政资源的声明。

6. 如果第 5 款所述的申请者打算以贷款筹措提议的勘探工作计划的经费，其申请书应写明贷款的数额、偿还时限和利率。

7. 除第 2 款所规定的情况外，所有申请书应附有：

（a）关于申请者与提议的勘探工作计划相关的先前经验、知识、技能、技术资格和专长的一般说明；

（b）关于预期用来执行提议的勘探工作计划的设备和方法的一般说明，以及关于这些技术的特点的其他非专有性相关资料；和

（c）关于申请者处理对海洋环境造成严重损害的事件或活动的财政和技术能力的一般说明。

8. 如果申请者是联合安排中由实体组成的合伙企业或联营企业，则每个合伙者或联营者均应提供本规章所要求的资料。

第 13 条　以前同管理局订立的合同

如果申请者，或在申请是联合安排中由实体组成的合伙企业或联营企业提出时，任何合伙者或联营者以前曾同管理局订立任何合同，则申请书应包括：

（a）以前的合同的日期；

（b）就有关合同向管理局提交的每一份报告的日期、编号和标题；和

(c) 已终止合同的，合同的终止日期。

第 14 条　承诺

作为请求核准勘探工作计划的申请书的一部分，每个申请者，包括企业部在内，应向管理局作出下列书面承诺：

(a) 同意因《公约》的规定，管理局的规则、规章和程序，管理局各有关机关的决定及申请者同管理局所订合同的条款而产生的适用义务是可以执行的，并将予以履行；

(b) 接受管理局根据《公约》授权对"区域"内的活动进行控制；和

(c) 向管理局提出书面保证，表示将诚意履行合同规定的义务。①

第 15 条　申请的总区域

每一份请求核准勘探工作计划的申请书应以符合管理局采用的最新公认国际标准的坐标表界定所申请区域的界限。除了第17 条下的申请外，申请应包括一个总区域，它不必是一个单一连续的区域，但应足够大，并有足够的估计商业价值，可供从事两起采矿作业。申请者应列明坐标，将该区域分为估计商业价值相等的两个部分。分配给申请者的区域应受第 25 条各项规定的限制。

第 16 条　在指定保留区域以前应提交的数据和资料

1. 每一份申请书应载有本规章附件 2 第二节所规定的关于申请所涉区域的足够数据和资料，使理事会能根据法律和技术委员会的建议，基于每一部分的估计商业价值指定一个保留区域。这些数据和资料应包括申请者可以得到的关于申请所涉区域两个

---

① 按照协定附件第 1 节第 6 （a）（二）段请求核准勘探工作计划的已登记的先驱投资者，也应作出这样的承诺。

部分的数据，包括用以确定其商业价值的数据。

2. 理事会根据申请者按照本规章附件2第二节的规定所提交，经断定为令人满意的数据和资料，并考虑到法律和技术委员会的建议，应指定申请区域中将来作为保留区域的那一部分。一旦非保留区域的勘探工作计划获得核准并签订合同，该指定区域即成为保留区域。理事会如果断定需要其他符合本规章和附件2的资料来指定保留区域，则应将此事退回委员会作进一步审议，并说明所需的进一步资料。

3. 在核准勘探工作计划并发给合同后，管理局可按照《公约》附件三第十四条第3款的规定，公布申请者就保留区域移交管理局的数据和资料。

第17条 请求核准保留区域的工作计划的申请

1. 任何发展中国家，或该国所担保并受该国或任何其他发展中国家有效控制的任何自然人或法人，或上述各方的任何组合，可通知管理局它希望就某一保留区域提出勘探工作计划。秘书长应将该通知转交企业部，企业部应在六个月内书面通知秘书长企业部是否打算在该区域进行活动。企业部如果打算在该区域进行活动，还应按照第4款书面通知原来在请求核准勘探工作计划的申请书中包括该区域的承包者。

2. 如果企业部决定无意在某一保留区域进行活动，或者企业部在秘书长发出通知后六个月内既未决定是否打算在该区域进行活动，也未书面通知秘书长，说明企业部在正进行有关可能成立联合企业的谈判，即可随时提出请求核准关于该保留区域的勘探工作计划的申请。就联合企业进行谈判时，自通知秘书长之日起企业部应有一年时间决定是否在该区域进行活动。

3. 如果企业部或某一发展中国家或第1款所述的一个实体，在企业部独立于管理局秘书处开始执行其职务后的15年内，或在将某一区域保留给管理局之日起的 15 年内（以较晚者为准），没有提交请求核准在该保留区域进行活动的勘探工作计划的申请，则其请求核准勘探工作计划的申请书原来包括该区域的承包者应有权申请关于该区域的勘探工作计划，但须诚意提供机会让企业部参加为联合企业的合伙者。

4. 对于承包者的请求核准勘探工作计划的申请书所包括并经理事会指定为保留区域的区域，承包者应有与企业部订立勘探该区域的联合企业安排的第一取舍权。

第 18 条　须为核准勘探工作计划提交的数据和资料①

在理事会指定了保留区域后，为了使合同形式的勘探工作计划获得核准，尚未提交下列资料的申请者应提交：

（a）关于提议的勘探方案的一般说明和时间表，包括在未来五年的活动方案，例如将对勘探时必须考虑的环境、技术、经济和其他有关因素进行的研究；

（b）关于按照本规章及管理局制定的任何环境方面的规则、规章和程序进行的海洋学和环境基线研究方案的说明，这些研究是为了能够根据法律和技术委员会提出的建议，评估提议的勘探活动对环境的潜在影响；

（c）关于提议的勘探活动可能对海洋环境造成的影响的初步评估；

（d）关于防止、减少和控制对海洋环境的污染和其他危害以及可能造成的影响的提议措施的说明；

（e）理事会根据第 12 条第 1 款作出决定所需的数据；和

（f）未来五年活动方案的预期年度支出表。

---

① 如果是已登记的先驱投资者按照协定附件第 1 节第 6（a）（二）段请求核准勘探工作计划，本条应参照第 10 条执行。

第 3 节　费用

第 19 条　申请费

1. 请求核准勘探工作计划的申请书的处理费用为 25 万美元或等值的可自由兑换货币。这笔费用应在申请者提交申请书时缴付管理局。①

2. 费用数额应由理事会不时审查，以确保足以支付管理局处理申请书的行政费用。

3. 如果管理局处理申请书的行政费用少于这一规定数额，管理局应把余款退还申请者。

第 4 节　申请书的处理

第 20 条　申请书的收受、确认和妥善保管

秘书长应：

（a）书面确认收到根据本部分提交的每一份请求核准勘探工作计划的申请书，并注明收件日期；

（b）妥善保管申请书及其附文和附件，并确保申请书所载全部机密数据和资料的机密性；和

（c）通知管理局成员收到申请书，并向他们分发关于这项申请的一般性非机密资料。

---

① 如果是已登记的先驱投资者按照协定附件第 1 节第 6（a）（二）段请求核准勘探工作计划，按照决议二第 7（a）段缴付的 25 万美元规费应视为第 1 款所述的勘探阶段费用。

第21条 法律和技术委员会的审议①

1. 一旦收到请求核准勘探工作计划的申请书，秘书长应通知法律和技术委员会成员并在委员会下一次会议议程上列入有关审议该申请书的项目。

2. 委员会应按收件的先后次序审查申请书。

3. 委员会应确定申请者是否：

（a）遵守本规章的规定；

（b）作出第14条所规定的承诺和保证；

（c）具备执行提议的勘探工作计划的财务和技术能力；和

（d）已令人满意地履行了以前同管理局订立的任何合同的有关义务。

4. 委员会应根据本规章及其程序所列的要求，确定提议的勘探工作计划是否将：

（a）有效地保护人体健康和安全；

（b）有效地保护和保全海洋环境；

（c）确保设施不坐落在可能干扰国际航行必经的公认航道的地点或坐落在捕鱼活动集中的区域。

5. 如果委员会根据第3款作出确定，并确定提议的勘探工作

---

① 如果是已登记的先驱投资者按照协定附件第1节第6（a）（二）段请求核准勘探工作计划，秘书长应确定：

（a）在登记前后提交筹备委员会的文件、报告和其他数据是否具备；

（b）是否已提交筹备委员会按照决议二第11（a）段发出的符合规定证明书，即一份说明已登记先驱投资者制度的各项义务履行情况的事实报告；

（c）已登记的先驱投资者是否已经增订了在登记前后提交给筹备委员会的文件、报告和其他数据中所提供的资料，并已提出最近将来的活动方案，包括一般地评估拟议的活动可能引起的环境影响；和

（d）已登记的先驱投资者是否已经作出第14条所规定的承诺和保证。

如果秘书长通知委员会，一个已登记的先驱投资者已经满足（a）、（b）、（c）和（d）项的规定，委员会应建议核准该工作计划。

计划符合第 4 款的要求，委员会应建议理事会核准勘探工作计划。

6. 如果提议的勘探工作计划所涉区域的一部或全部有下列情况，委员会不应建议核准该勘探工作计划：

（a）该区域的一部或全部包括在一项理事会核准的多金属结核勘探工作计划内；或

（b）该区域的一部或全部包括在一项理事会已核准的其他资源勘探或开发工作计划内，如果提议的多金属结核勘探工作计划可能不当地干扰根据这一项已核准的其他资源工作计划所进行的活动；或

（c）该区域的一部或全部位于理事会因有实质证据显示存在对海洋环境造成严重损害的危险而不核准开发的一个区域内；或

（d）提出或担保提议的勘探工作计划的国家已经拥有：

（一）在非保留区域中进行勘探和开发或仅进行开发的工作计划，而且这些区域连同所申请的区域两部分中任何一部分，面积超过在提议的工作计划所包括的区域两个部分中任何一部分的中心周围 40 万平方公里圆形面积的 30%；

（二）在非保留区域中进行勘探和开发或仅进行开发的工作计划，而且这些区域合并计算占"区域"内按照《公约》第一六二条第 2 款（X）项未予保留共开发用或不许可开发的部分的 2%。

7. 除企业部为其本身或某一联合企业提出的申请，及根据第 17 条提出的申请外，如果提议的勘探工作计划所包含区域的一部或全部位于一个保留区域或位于理事会指定为保留区域的区域以内，则委员会不得建议核准该勘探工作计划。

8. 如果委员会认为申请书不符合本规章规定，委员会应通过秘书长书面通知申请者并说明其理由。申请者可以在这种通知发出后 45 天内修正其申请书。如果委员会在进一步审议后认为

委员会不应建议核准勘探工作计划，委员会应将此意见通知申请者，并给予申请者另一次机会，在上述通知发出后 30 天内提出其意见。委员会在拟定提交理事会的报告和建议时应考虑申请者所提意见。

9. 委员会在审议提议的勘探工作计划时应考虑到《公约》第十一部分和附件三以及协定所规定的有关"区域"内活动的原则、政策和目标。

10. 委员会应从速审议申请书，并应考虑到管理局会议的时间表，利用第一个可能的机会向理事会提交关于区域的指定和勘探工作计划的报告和建议。

11. 委员会在履行职责时，应划一而无歧视地适用本规章及管理局的条例、规章和程序。

第22条　理事会对勘探工作计划的审批①

理事会应按照协定附件第 3 节第 11 和第 12 段的规定审议委员会关于核准勘探工作计划的报告和建议。

第四部分　勘探合同

第23条　合同

1. 一项勘探工作计划经理事会核准后，应按本规章附件 3 规定写成管理局与申请者之间的合同。每一项合同都应包括附件 4 中所列，在合同生效之日具有效力的标准条款。

2. 合同应由秘书长代表管理局与申请者签署。秘书长应将

---

① 如果已登记的先驱投资者按照协定附件第 1 节第 6（a）（二）段请求核准勘探工作计划，在委员会建议核准该工作计划，并将其建议提交理事会后，即应根据协定附件第 1 节第 6（a）（二）段视该工作计划为已获理事会核准。

每一项合同的缔结书面通知管理局所有成员。

3. 按照无歧视原则，同协定附件第 1 节第 6 （a）（一）段所述的国家或实体或此种实体的任何组成部分订立的合同所包括的各种安排应类似于而且条件不差于同任何已登记的先驱投资者商定的安排。如果给予协定附件第 1 节第 6 （a）（一）段中所述的国家、实体或此种实体的任何组成部分较有利的安排，理事会应对已登记的先驱投资者所承担的权利和义务作出类似和一样有利的安排，但这些安排须不影响或损害管理局的利益。

第 24 条　承包者的权利

1. 承包者对一项多金属结核勘探工作计划所涉区域享有专属勘探权。管理局应确保其他实本在同一区域就多金属结核以外的资源进行作业的方式不致干扰承包者的作业。

2. 持有一项已核准的勘探工作计划的承包者，只应在那些就同一区域和资源提出开发工作计划的各申请者中享有优惠和优先。在理事会对承包者发出书面通知，指出承包者未遵循的要求后，如果承包者未能在通知规定的时限内依照核准的勘探工作计划的要求行事，理事会可撤消这种优惠或优先。通知内规定的时限应当为合理的时限。在最后决定撤消这种优惠或优先以前，承包者应有合理机会提出意见。理事会应说明建议撤消优惠或优先的理由，并应考虑承包者的回应。理事会的决定应考虑承包者的回应并应以实质证据为基础。

3. 撤消优惠或优先的决定正式生效以前，承包者应有合理机会用尽《公约》第十一部分第五节所规定的司法救济。

第 25 条　区域面积和放弃

1. 根据合同分配给承包者的区域总面积不应超过 15 万平方公里。承包者应按下列时间表，放弃所获分配区域的若干部分，将其恢复为"区域"：

（a）自合同签订之日起三年届满前放弃所分配区域的20%；

（b）自合同签订之日起五年届满前再放弃所分配区域的10%；和

（c）自合同签订之日起八年届满时再放弃所分配区域的20%或超出管理局决定开发的区域的更大面积，

但如果分配给承包者的区域总面积不超过75 000平方公里，则承包者无需放弃此区域的任何部分。

2. 对于已登记的先驱投资者，在适用情况下，合同应根据它登记成为已登记的先驱投资者的条件，考虑到放弃的时间表。

3. 理事会经承包者请求，可根据委员会的建议，在特殊情况下，将放弃时间表延迟。这种特殊情况应由理事会断定，除其他外，包括考虑当时的经济情况或在承包者的作业活动中出现的其他突发特殊情况。

第26条　合同期限

1. 核准的勘探工作计划的期限应为15年。勘探工作计划期满时，承包者应申请开发工作计划，除非承包者已经提出申请，或已获准延长勘探工作计划，或决定放弃其在勘探工作计划所涉区域的权利。

2. 在勘探工作计划期限届满前六个月，承包者可申请延长勘探工作计划，每次延长期限不得超过五年。如果承包者已作出真诚努力遵守工作计划的各项要求，但由于承包者无法控制的原因而不能完成进入开发阶段的必要准备工作，或者在当时的经济环境下没有理由进入开发阶段，则理事会应根据委员会建议核准这种延长。

第27条　训练

1.《公约》附件三第十五条规定，每一项合同都应以附件方式载有承包者与管理局和担保国合作拟订的训练管理局和发展中国家人员的实际方案。训练方案应着重有关进行勘探的训练，由上述人员充分参与合同包括的所有活动。这些训练方案可不时根据需要通过双方协议予以修改和制订。

2. 对于已登记的先驱投资者，合同应考虑到它依照成为已登记先驱投资者的登记条件而提供的训练。

第 28 条　对勘探工作计划执行情况的定期审查

1. 承包者和秘书长应每隔五年共同对勘探工作计划的执行情况进行定期审查。秘书长可请求承包者提交审查可能需要的进一步数据和资料。

2. 承包者应根据审查结果说明其下一个五年期的活动方案，对其上一个活动方案作出必要的调整。

3. 秘书长应向委员会和理事会报告审查结果。秘书长应在报告中说明，审查是否考虑到《公约》缔约国就承包者履行本规章在保护和保全海洋环境方面对其规定的义务的方式向他转递的任何意见。

第 29 条　担保的终止

1. 每一承包者在整个合同期间应有规定的担保。

2. 如果一个国家终止其担保，应立即书面通知秘书长。担保国也应将终止担保的理由告知秘书长。担保的终止应在秘书长收到通知之日起六个月后生效，除非通知中订明一个较后的日期。

3. 如果担保终止，承包者应在第 2 款所述期间内找到另一担保国。该另一担保国应按照第 11 条提交担保书。如果未能在规定期间内找到担保国，合同应予终止。

4. 担保国不应因为拒保终止而免除在作为担保国期间承担的任何义务，担保终止也不应影响在担保期间产生的任何法律权利和义务。

5. 秘书长应将担保的终止或改变通知管理局成员。

第 30 条　责任

承包者和管理局应按照《公约》承担责任。在勘探阶段结束后，承包者应继续对其在作业过程中的不当行为所造成的任何损害，特别是对海洋环境造成的损害承担责任。

第五部分　保护和保全海洋环境

第 31 条　保护和保全海洋环境

1. 管理局应依照《公约》和协定制定并定期审查环境规则、规章和程序，以确保有效保护海洋环境，使其免受"区域"内活动可能造成的有害影响。

2. 为了确保有效保护海洋环境，使其免受"区域"内活动可能造成的有害影响，管理局和担保国对这种活动应采取《里约宣言》[①]原则 15 所阐述的预先防范办法。法律和技术委员会应就本款的执行向理事会提出建议。

3. 根据《公约》第一四五条和本条第 2 款，每一承包者应尽量在合理的可能范围内，利用其可获得的最佳技术，采取必要措施防止、减少和控制其"区域"内活动对海洋环境造成的污染和其他危害。

4. 每一合同应要求承包者参照法律和技术委员会根据第 38 条提出的建议，收集环境基线数据并确定环境基线，供对照评估其勘探工作计划所列的活动方案可能对海洋环境造成的影响，及要求承包者制定监测和报告这些影响的方案。委员会所提出的建

[①]《联合国环境与发展会议的报告，1992 年 6 月 3 日至 14 日，里约热内卢》（联合国出版物，出售品编号：C. 91. I. 8 和更正），第一卷：《环发会议通过的决议》，决议 1，附件一。

议除其他外，可列出据认为不具有对海洋环境造成有害影响的潜在可能的勘探活动。承包者应与管理局和担保国合作制定和执行这种监测方案。

5. 承包者应每年以书面方式向秘书长报告第 4 款所述监测方案的执行情况和结果，并应参照委员会根据第 38 条作出的建议提交数据和资料。秘书长应将这种报告送交委员会按照《公约》第一六五条加以审议。

6. 承包者、担保国和其他有关国家或实体应同管理局合作，制定和执行关于监测和评价深海底采矿对海洋环境的影响的方案。

7. 如承包者申请开发权，承包者应提议专门拨作影响参照区和保全参照区的区域。"影响参照区"是指反映"区域"环境特性，用作评估每一承包者在"区域"内所进行的活动对海洋环境的影响的区域。"保全参照区"是指不得进行采矿以确保海底的生物群具有代表性和保持稳定的区域，以便评估海洋环境的动植物区系的任何变化。

第 32 条　紧急命令

1. 如果秘书长接到承包者通知，或从其他来源获悉，承包者在"区域"内的活动引起或造成已经或者很可能对海洋环境造成严重损害的事故，秘书长应发出有关该事故的一般性通知，应以书面通知承包者和担保国，并应立即向法律和技术委员会及理事会提出报告。报告应分送管理局全体成员、主管国际组织以及各有关的分区域、区域及全球性组织和机构。秘书长应监测所有这种事故的发展，并视情况向委员会和理事会提出有关报告。

2. 在理事会未采取任何行动之前，秘书长应立即采取一切合符情况需要的实际而合理的暂时性措施，以防止、控制和减轻对海洋环境造成严重损害的情况。在理事会根据本条第 5 款决定是否采取任何措施前，上述暂时性措施继续有效，但以 90 天为限。

3. 委员会在接到秘书长的报告后，应根据所收到的证据，并考虑到承包者已采取的措施，确定需要采取什么措施来有效地应付事故，以防止、控制和减轻严重损害，并应向理事会提出其建议。

4. 理事会应审议委员会的建议。

5. 理事会考虑到委员会的建议及承包者提交的任何资料，可发布紧急命令，其中可包括暂停或调整作业的必要合理命令，以防止、控制和减轻"区域"内活动对海洋环境造成严重损害的情况。

6. 如果承包者不迅速遵从紧急命令，防止其"区域"内活动对海洋环境造成严重损害，理事会应自行采取或同他方作出安排代表它采取必要的实际措施，以防止、控制和减轻对海洋环境造成严重损害的情况。

7. 为了使理事会可以在必要时立即采取第 6 款所述的实际措施，防止、控制或减轻对海洋环境造成严重损害的情况，承包者在开始测试采集系统和进行加工作业以前，须向理事会保证承包者具有财政和技术能力，可迅速遵从紧急命令，或确保理事会可以采取这种紧急措施。如果承包者不向理事会提供上述保证，担保国在秘书长提出请求后，应根据《公约》第一三九条和第二三五条采取必要措施，确保承包者提供上述保证，或应采取措施确保向管理局提供协助，以便管理局执行第 6 款规定的职责。①

第 33 条　沿海国的权利

1. 本规章不影响沿海国根据《公约》第一四二条和其他有关条款所享有的权利。

2. 任何沿海国如有理由认为承包者的任何"区域"内活动

---

① 见 ISBA/6/C/12（理事会关于"区域"内多金属结核探矿和勘探规章的决定）。

有可能对其管辖范围内或主权范围内的海洋环境造成严重损害，可书面通知秘书长，说明其看法依据的理由。秘书长应向承包者及其担保国提供合理的机会，审查沿海国作为其看法的根据而提出的任何证据。承包者及其担保国可在合理时间内向秘书长提出其对此的意见。

3. 如果有明确理由相信可能对海洋环境造成严重损害，秘书长应依照第32条行事，或在必要时根据第32条第2款立即采取暂时性措施。

第34条　考古或历史文物

在勘探区域内发现任何考古或历史文物时，承包者应立即将该事及发现的地点以书面方式通知秘书长。秘书长应将这些资料转交联合国教育、科学及文化组织总干事。在勘探区域发现这种考古或历史文物后，承包者应采取一切合理措施避免扰动文物。

第六部分　机　密　性

第35条　专有数据和资料及机密性

1. 按照本规章或按照根据本规章发给的合同提交或转交管理局或任何参与管理局的任何活动或方案的人的数据和资料，经承包者与秘书长协商指明属机密性质的，应视为机密，但下述数据和资料不在此列：

（a）众所周知或可从其他来源公开获取的；

（b）所有人以前曾向对其不负保密义务的其他人提供的；

（c）管理局已掌握但无对其保密义务的。

2. 秘书长以及经秘书长授权的秘书处工作人员及法律和技术委员会成员仅可在有效行使权力和履行职能所必要和相关时利

用机密数据和资料。仅当秘书处工作人员履行职能和任务及法律和技术委员会履行职能和任务而需要有限度地利用这些数据和资料时，秘书长方得准许取用。

3. 在机密数据和资料提交管理局之日起十年后或于勘探合同期满之后，并以后发生者为准，以及此后每隔五年，秘书长和承包者应审查这些数据和资料，以确定是否应保持其机密性。如果承包者确认公开数据和资料很可能造成重大和不公平的经济损害，则应继续保持这些数据和资料的机密性。在承包者有合理机会用尽根据《公约》第十一部分第五节可以使用的所有司法救济之前，任何此种数据和资料均不得公开。

4. 在勘探合同期满后的任何时候，如果承包者就勘探区域的任何部分订立开发合同，则与该部分地区有关的机密数据和资料应依照开发合同继续保密。

5. 承包者可随时放弃数据和资料的机密性。

第36条 确保机密性的程序

1. 秘书长应负责保持所有机密数据和资料的机密性，除事先征得承包者的书面同意外，不应向管理局外部任何人公布这些数据和资料。为确保这些数据和资料的机密性，秘书长应按照《公约》的规定制订程序，规范秘书处成员、法律和技术委员会成员以及参与管理局任何活动或方案的任何其他人对机密资料的处理。这种程序应包括：

（a）在安全的设施内保存机密数据和资料，并制订安全程序，防止未经许可使用或取走这些数据和资料；

（b）建立和维持一个分类、记录和编目系统，记录所收到的所有书面数据和资料，包括其类型和来源以及从收到直至最终处置的收发历程。

2. 根据本规章有权使用机密数据和资料的人，除《公约》

和本规章准许的情况外，不得泄露这些数据和资料。秘书长应规定经授权可使用机密数据和资料的人需在秘书长或其指定代表见证下作出书面声明。声明内容是，获得此种授权的人：

(a) 确认其根据《公约》和本规章，承担不泄露机密数据和资料的法律义务；

(b) 同意遵守为确保这些数据和资料的机密性而制定的适用规章和程序。

3. 法律和技术委员会应保护按照本规章或根据本规章发给的合同提交给它的数据和资料的机密性。《公约》第一六三条第8款规定，该委员会成员不应泄露工业秘密、按照《公约》附件三第十四条转交管理局的专有性数据，或因其在管理局任职而知悉的任何其他机密资料，即使在职务终止以后，也是如此。

4. 秘书长和管理局工作人员不应泄露任何工业秘密、按照《公约》附件三第十四条转交管理局的专有性数据，或因其在管理局所任职务而知悉的任何其他机密资料，即使在职务终止以后，也是如此。

5. 考虑到管理局根据《公约》附件三第二十二条所承担的责任，管理局得对任何因其在管理局所任职务而可接触任何机密数据和资料，但违反《公约》和本规章所规定保密义务的人采取适当的行动。

第七部分　一般程序

第37条　通知和一般程序

1. 与本规章有关的任何申请书、请求、通知、报告、同意书、批准书、放弃权利声明、指令或指示应按情况由秘书长或由探矿者、申请者或承包者指定的代表以书面作出。应以专人手递、用户电报、传真或挂号航空邮件送达管理局总部交秘书长或送达指定的代表。

2. 专人手递于送达时生效。以用户电报传送于发送者用户电报机显示"回答"之日的下一个办公日视为生效。以传真传送于传真机收到"发送证实报告"证实已向收件者的公开传真号码发送传真时生效。以挂号航空信件发出的于寄出21天之后视为生效。

3. 就本规章的所有目的而言，向探矿者、申请者或承包者指定的代表发出的通知，构成为给探矿者、申请者或承包者的有效通知，而且在任何具有管辖权的法院或法庭的诉讼程序中，被指定的代表为探矿者、申请者或承包者接受司法文书或通知的代理人。

4. 就本规章的所有目的而言，发给秘书长的通知构成给管理局的有效通知，而且在任何具有管辖权的法院和法庭的诉讼程序中，秘书长为管理局接受司法文书或通知的代理人。

第38条 指导承包者的建议

1. 法律和技术委员会可以不时作出技术性或行政性建议指导承包者，协助承包者执行管理局的规则、规章和程序。

2. 上述建议全部内容应报告理事会。理事会认为某一建议不符本规章的用意和宗旨时，可要求修改或撤回建议。

第八部分 解决争端

第39条 争端

1. 关于本规章的解释或适用的争端应按照《公约》第十一部分第五节的规定解决。

2. 根据《公约》具有管辖权的法院或法庭就管理局和承包者的权利和义务作出的任何终局裁决，在《公约》每一缔约国境内均可执行。

第九部分 多金属结核以外的其他资源

第 40 条 多金属结核以外的其他资源

如果探矿者或承包者在"区域"内发现多金属结核以外的其他资源，这些资源的探矿、勘探和开发应按照管理局根据《公约》和协定就这些资源制定的规则、规章和程序进行。

附件 1 从事探矿的意向通知

1. 探矿者名字：

2. 探矿者街道地址：

3. 通信地址（如与以上不同）：

4. 电话号码：

5. 传真号码：

6. 电子邮件地址：

7. 探矿者国籍：

8. 如果探矿者是法人，写明探矿者的：

（a）注册地点；和

（b）主要营业地点/住所，

并附上探矿者的注册证书副本。

9. 探矿者指定代表的名字：

10. 探矿者指定代表的街道地址（如与以上不同）：

11. 通信地址（如与以上不同）：

12. 电话号码：

13. 传真号码：

14. 电子邮件地址：

15. 附上准备进行探矿的一个或多个大面积区域的坐标（根据 WGS84 世界大地测量系统）。

16. 附上对探矿方案的一般说明，包括方案的开始日期和大致持续期间。

17. 附上探矿者对下列事项的书面承诺：

（a）遵守《公约》和管理局有关下列事项的规则、规章和程序：

（一）合作进行《公约》第一四三条和第一四四条所述的海洋科学研究和技术转让方面的训练方案；和

（二）保护和保全海洋环境；和

（b）接受管理局对遵守承诺情况的核查。

18. 在下面列出本通知的所有附录和附件（所有数据和资料应以硬拷贝和管理局指定的数字格式提交）：

日期：_____   _____

                                  探矿者指定代表签名

证明：

_____

证明人签名

_____

证明人姓名

_____

证明人职衔

附件 2　请求核准勘探工作计划以取得合同的申请书

第一节　申请者资料

1. 申请者名字：

2. 申请者街道地址：

3. 通信地址（如与以上不同）：

4. 电话号码：

5. 传真号码：

6. 电子邮件地址：

7. 申请者指定代表的名字：

8. 申请者指定代表的街道地址（如与以上不同）：

9. 通信地址（如与以上不同）：

10. 电话号码：

11. 传真号码：

12. 电子邮件地址：

13. 如果申请者是法人，写明申请者的：

（a）注册地点；和

（b）主要营业地点/住所，

并附上申请者的注册证书副本。

14. 列出担保国。

15. 每一担保国须提供该国对 1982 年《联合国海洋法公约》的批准书、加入书或继承书的交存日期，及该国同意接受《关于执行 1982 年 12 月 10 日〈联合国海洋法公约〉第十一部分的协定》拘束的日期。

16. 本申请书须附有担保国开具的担保书。如果申请者具有一个以上国籍，例如由一个以上国家的实体组成的合伙企业或联营企业，则须附有所涉每一个国家开具的担保书。

第二节 关于所申请区域的资料

17. 附上一份地理坐标表（按照 WGS 84 世界大地测量系统），划定所申请区域的界限。

18. 附上一张海图（比例尺和投影法由管理局具体规定）和一份坐标表将总区域分成估计商业价值相等的两个部分。

19. 以一个附件提供足够的资料，使理事会能根据所申请区域每一部分的估计商业价值指定一个保留区域。附件中须包括申请者可以得到的关于所申请区域两个部分的数据，包括：

（a）关于区域内多金属结核的定位、勘查和评价数据，包括：

（一）指定保留区域所需的与多金属结核的回收和加工有关的技术说明；

（二）一份显示海底地形、水深、底流等物理和地质特征的图件和关于这些数据的可靠性的资料；

（三）以千克/平方米（kg/m^2）为单位显示多金属结核平均密度（丰度）的数据和一张显示取样地点的相关丰度图；

（四）根据化学分析得到的以（干）重量百分率为单位显示各种有经济意义的金属平均元素含量（品位）的数据和一张相关品位图；

（五）多金属结核丰度和品位综合图；

（六）按照标准程序，包括统计分析法，用所提交的数据和以下假设作出的计算：以可开采区域内的可回收金属表示，可以预期两个区域所含的多金属结核具有相等的估计商业价值。

（七）关于申请者所用技术的说明。

（b）关于环境参数的资料（季节性的和试验期间的），除其他外，包括风速和风向，波高、波期和波向，流速和流向，盐度和温度，以及生物群落。

20. 如果所申请的区域包括一个保留区域的任何部分，应附上一份显示构成保留区域一部分的有关区域的坐标表，并说明申请者根据规章第 17 条具有的资格。

第三节　财政和技术资料①

21. 附上足够的资料，使理事会能决定申请者是否有财政能力执行提议的勘探工作计划和履行其对管理局的财政义务。

（a）如果企业部提出申请，应附上由其主管机构开具的证明，证明企业部具有所需财政资源承付提议的勘探工作计划的估计费用。

（b）如果国家或国营企业提出申请，应附上该国或担保国的声明，证明申请者具有所需财政资源承付提议的勘探工作计划的估计费用。

（c）如果实体提出申请，应附上其最近三年符合国际公认会计原则并由合格的公共会计师事务所核证的经审计财务报表，包括资产负债表和损益表的副本；和

（一）如果申请者是新组成的实体，尚未有经核证的资产负债表，则应提交经申请者的适当职务人员认证的预计资产负债表；

---

① 以决议二第 1 （a）（2）或（3）段所述并且在《公约》生效前已在"区域"内进行大量活动的国家或实体或此种实体钓任何组成部分（但非已登记的先驱投资者）的名义，或以其利益继承者的名义提出的请求核准勘探工作计划的申请，如果经担保国证明，申请者至少已将相当于 3000 万美元的数额用来进行研究和勘探活动，并且至少已将该数额的 10% 用于定位、勘查和评价工作计划所指的区域，即应视为已符合核准工作计划所需具备的财政和技术条件。

（二）如果申请者是另一个实体的子公司，则应提交该实体的上述财务报表副本以及该实体按照国际公认会计惯例所作，并由具有适当资格的公共会计师事务所核证的，关于申请者将有执行勘探工作计划的财政资源的说明；

（三）如果申请者为一个国家或一家国营企业所控制，则应提交该国或国营企业证明申请者将有执行勘探工作计划的财政资源的说明。

22. 如果打算以贷款方式筹措提议的勘探工作计划的经费，则应附上一份说明，写明贷款额、偿还期和利率。

23. 附上足够的资料，使理事会能确定申请者是否有技术能力执行提议的勘探工作计划，包括：

（a）关于申请者与提议的勘探工作计划相关的经验、知识、技能、技术资格和专长的一般说明；

（b）关于预期将用于执行提议的勘探工作计划的设备和方法的一般说明，以及关于这些技术的特点的其他非专有性相关资料；和

（c）关于申请者应付对海洋环境造成严重损害的事故或活动的财政和技术能力的一般说明。

第四节　勘探工作计划

24. 随附下列与勘探工作计划有关的资料：

（a）关于拟议勘探方案的一般说明和时间表，包括未来五年的活动方案，例如针对勘探时必须考虑的环境、技术、经济和其他有关因素进行的研究；

（b）关于按照本规章及管理局制定的任何环境规则、规章和程序进行的海洋学和环境基线研究方案的说明，这些研究是为了能够在考虑到法律和技术委员会所提任何建议情况下，评估拟

议勘探活动对环境的潜在影响；

（c）关于拟议勘探活动可能对海洋环境造成的影响的初步评估；

（d）关于防止、减少和控制污染及其他危险以及可能对海洋环境造成的影响的拟议措施的说明；

（e）未来五年活动方案的预期年度支出表。

第五节　承　　诺

25. 随附一份书面承诺，表示申请者将：

（a）同意因《公约》的规定，管理局的规则、规章和程序，管理局各有关机关的决定及申请者同管理局所订合同的条款而产生的适用义务是可以执行的，并将予以履行；

（b）接受管理局根据《公约》授权对"区域"内活动进行控制；

（c）向管理局提出书面保证，表示将诚意履行合同规定的义务。

第六节　以前的合同

26. 申请者以前是否获得过管理局颁发任何合同？如果申请者是联合安排中由实体组成的合伙企业或联营企业，合伙者或联营者以前是否获得过管理局颁发任何合同？

27. 如果对第26项的回答是"是"，申请书必须包括：

（a）以前的合同的日期；

（b）就有关合同向管理局提交的每一份报告的日期、编号和标题；

（c）已终止合同的合同终止日期。

第七节 附 件

28. 在下面列出本申请书的所有附录和附件（所有数据和资料应以硬拷贝和管理局指定的数字格式提交）：

日期：＿＿＿＿＿＿＿＿   ＿＿＿＿＿＿＿＿＿＿

申请者指定代表签名

证明：

＿＿＿＿＿＿＿＿

证明人签名

＿＿＿＿＿＿＿＿

证明人姓名

＿＿＿＿＿＿＿＿

证明人职称

＿＿＿＿＿＿＿＿

附件3 勘探合同

本合同由国际海底管理局（以下简称"管理局"）和＿＿＿＿＿
＿＿＿＿＿＿＿＿＿（以下简称"承包者"）通过双方各自的代表，管理局秘书长和＿＿＿＿＿＿＿于＿＿＿＿年＿＿月＿＿日签订，兹协议如下：

条款的并入

A. 《"区域"内多金属结核探矿和勘探规章》附件4所载的标准条款应并入本合同内，并应具有相当于在本合同内详细载列的效力。

356

勘探区域

B. 为本合同的目的，"勘探区域"是指本合同附件1的坐标表所界定，分配给承包者勘探的那部分"区域"，该部分的范围按照标准条款和《规章》的规定分阶段予以缩小。

权利的授予

C. 考虑到：

（1）双方都有兴趣根据《公约》和《协定》在勘探区域进行勘探活动；

（2）管理局有责任组织和管制"区域"内活动，特别是为了依照《公约》第十一部分和《协定》及《公约》第十二部分分别制定的法律制度管理"区域"的资源；和

（3）承包者有兴趣在勘探区域进行活动并为此作出财政承诺，以及双方在此订立的契约，

管理局特此授予承包者专属权利，依照本合同的条款和条件对勘探区域内的多金属结核进行勘探。

生效和合同期限

D. 本合同应在双方签署后生效，并在不违反标准条款的情况下，应在签署后连续生效十五年，除非：

（1）承包者获得在勘探区域进行开发的合同，而且该合同在上述十五年期限届满之前生效；或

（2）合同在期限届满之前终止，但合同的期限可根据标准条款3.2和17.2予以延长。

附件

E. 标准条款第4节和第8节所述的附件在本合同中分别为附件2和附件3。

全部协定

F. 本合同为当事方之间的全部协定，不得以任何口头谅解

或前订文书修改其中的条款。

下列签署人，经各自一方正式授权，于＿＿＿＿年＿＿＿月＿＿＿日在＿＿＿＿＿＿＿签署本合同，以资证明。

附件 1

[勘探区域的坐标和示意图]

附件 2

[不时修订的现行五年活动方案]

附件 3

[管理局按照标准条款第 8 节核准训练方案后，训练方案应成为合同的一个附件。]

附件 4　勘探合同的标准条款

第 1 节　定　　义

1.1 在下列条款内：

（a）"勘探区域"是指本合同附件 1 所述，分配给承包者勘探的那部分"区域"，该部分的范围可按照本合同和《规章》的规定分阶段予以缩小；

（b）"活动方案"是指载于本合同附件 2 的工作方案，该工作方案可不时依照本合同第 4.3 和第 4.4 节予以调整；

（c）"《规章》"是指管理局通过的《"区域"内多金属结核探矿和勘探规章》。

1.2 《规章》界定的用语和短语在本标准条款内具有相同涵义。

1.3 《关于执行 1982 年 12 月 10 日〈联合国海洋法公约〉第十一部分的协定》规定，其条款及《公约》第十一部分应作为一个单一文书来解释和适用；本合同和本合同中提及《公约》

的条款应相应地加以解释和适用。

1.4 本合同包括本合同各附件，这些附件为本合同的组成部分。

第 2 节　使用权的保障

2.1 承包者应享有使用权的保障，而且除本合同第20、21 和24 节规定的情况外，不得暂停、终止或修改本合同。

2.2 承包者应享有依照本合同的条款和条件，对勘探区域内的多金属结核进行勘探的专属权利。管理局应确保在勘探区域内勘探不同类别资源的任何其他实体在作业时不致不合理地干扰该承包者的作业。

2.3 承包者向管理局发出通知后，有权随时放弃其在勘探区域的所有或部分权利而不受罚，但该承包者仍须对宣布放弃之日以前就所放弃区域所产生的所有义务承担责任。

2.4 除本合同明确授予的权利以外，本合同未授予承包者任何其他权利。管理局保留在本合同所述区域内与第三方订立涉及多金属结核以外资源的合同的权利。

第 3 节　合 同 期 限

3.1 本合同应在双方签署后生效，并且应在签署后连续生效十五年，除非：

（a）承包者获得在勘探区域进行开发的合同，而且该合同在上述十五年期限届满之前生效；或

（b）合同在期限届满之前终止，

但合同的期限可依照本合同第3.2 节和第17.2 节予以延长。

3.2 如承包者至迟于本合同到期之前六个月提出申请，则本

合同可予延长，每次延长期限不得超过五年，而且须以管理局和承包者届时根据《规章》商定的条款为准。如果承包者已作出真诚努力遵守本合同的各项要求，但由于承包者无法控制的原因而不能完成进入开发阶段的必要准备工作，或者在当时的经济环境下没有理由进入开发阶段，则此种延长应获核准。

3.3 尽管根据本合同第 3.1 节规定本合同已到期，如承包者在期满之日 90 天前申请开发合同，则本合同规定的承包者权利和义务应予继续，直至审议申请，颁发或拒发开发合同时为止。

第 4 节 勘 探

4.1 承包者应按照本合同附件 2 所列活动方案规定的时间表开始勘探，并应遵守本合同所规定的时限或对时限所作的任何修改。

4.2 承包者应执行本合同附件 2 所述的活动方案。承包者进行这些活动时，每一合同年度内所花的实际和直接勘探费用应不少于该方案所规定的数额，或对方案进行审查后议定的数额。

4.3 承包者经管理局同意，可不时根据采矿业的良好做法，并参考多金属结核所含金属的市场状况和其他有关的全球经济状况，对活动方案及其中所列支出数额作必要和谨慎的调整。管理局不应不合理地拒绝给予同意。

4.4 承包者和秘书长至迟应在本合同根据合同第 3 节生效之日开始的每一个五年期届满之前 90 天，共同对根据本合同执行勘探工作计划的情况进行审查。秘书长可视需要要求承包者提交此一审查所需的进一步数据和资料。承包者应参照审查结果，说明其下一个五年期的活动方案，包括列出预计每年开支的订正表，对其上一个活动方案作出必要的调整。本合同附件 2 应作相应调整。

第 5 节　环 境 监 测

5.1 承包者应在合理可能的范围内利用其可获得的最佳技术，采取必要措施，防止、减少和控制其"区域"内活动对海洋环境造成的污染和其他危害。

5.2 承包者应依照《规章》，随着勘探活动的不断深入和发展，收集环境基线数据，并确定各种环境基线，以此来对照评估承包者的活动可能对海洋环境造成的影响。

5.3 承包者应根据《规章》，制订和执行关于监测和报告对海洋环境的影响的方案。承包者应与管理局合作实施此一监测。

5.4 承包者应于每一日历年结束后 90 天内向秘书长报告本合同第 5.3 节所述监测方案的执行情况和结果，并应根据《规章》提交数据和资料。

5.5 在开始测试采集系统和加工作业之前，承包者应向管理局提交：

（a）根据先前各勘探阶段收集到的现有气象学、海洋学和环境数据编写的特定矿址环境影响说明，内载可用来确定环境基线并据此评估采矿试验的可能影响的数据；

（b）关于拟议采集系统测试对海洋环境的影响的评估；

（c）确定将在拟议采矿试验期间使用的设备对海洋环境的影响的监测方案建议。

第 6 节　应急计划和紧急情况

6.1 承包者在按照本合同开始其活动方案之前，应向秘书长提交一份能有效应付因承包者在勘探区域的海上活动而可能对海洋环境造成严重损害的事故的应急计划。这种应急计划应确定特

361

别程序，并应规定备有足够和适当的设备，以应付此类事件，特别是应包括下列安排：

（a）立即在勘探活动区域发出一般警报；

（b）立即通知秘书长；

（c）警告可能行将进入毗邻水域的船只；

（d）不断向秘书长充分通报已经采取的紧急措施的细节和所需的进一步行动；

（e）适当清除污染物质；

（f）减少并在合理范围内尽可能防止对海洋环境造成严重损害，以及减轻此类影响；

（g）在适当情况下，同管理局的其他承包者合作应付紧急情况；并

（h）定期举行紧急情况演习。

6.2 承包者的活动如引起或可能引起对海洋环境造成严重损害的事故，承包者应迅速向秘书长报告。每一报告应载列事故的详情，其中除其他外，应包括：

（a）已受影响的或可以合理地预期会受影响的区域的坐标；

（b）说明承包者正在采取什么行动来防止、控制、减轻和弥补对海洋环境造成严重损害的情况；

（c）说明承包者正在为监测事故对海洋环境的影响而采取的行动；和

（d）秘书长在合理范围内可能要求提供的补充资料。

6.3 承包者应遵从理事会和秘书长为了防止、控制、减轻或弥补对海洋环境造成严重损害的情况而分别依照《规章》发布的紧急命令和指示立即采取的暂时性措施，包括可能要求承包者立即暂停或调整其在勘探区域内任何活动的命令。

6.4 如果承包者不迅速遵从这种紧急命令或立即采取暂时性

措施，理事会可采取必要的合理措施，以防止、控制、减轻或弥补对海洋环境造成严重损害的情况，费用由承包者承担。承包者应迅速向管理局偿还这种费用。这种费用不包括在根据本合同或《规章》对承包者课处的任何罚款之内。

第7节　考古或历史文物

在勘探区域内发现任何考古或历史文物时，承包者应立即将该事及发现的地点以书面方式通知秘书长。在勘探区域发现这种考古或历史文物后，承包者应采取一切合理措施避免扰动文物。

第8节　训　　练

8.1 根据《规章》，承包者在按照本合同开始勘探之前，应把关于训练管理局和发展中国家人员的拟议训练方案提交管理局核准，其中包括让这些人员参与承包者按照本合同所从事的所有活动。

8.2 训练方案的范围和筹资办法应由承包者、管理局和担保国商订。

8.3 承包者应依照本合同第8.1节所述的并经管理局根据《规章》核准的具体人员训练方案，实施训练方案。具体方案可不时加以修改和发展，并应作为附件3成为本合同的一部分。

第9节　帐簿和记录

承包者应按照国际公认会计原则保存完整和正确的帐簿、帐目和财务记录。保存的帐簿、帐目和财务记录应包括充分披露实际和直接支出的勘探费用的资料和有助于切实审计这些费用的其他资料。

第 10 节　年 度 报 告

10.1 承包者应于每一历年结束后 90 天内，向秘书长提交一份报告，说明其在勘探区域的活动方案，并在适用时提供关于下列方面的详尽资料：

（a）该历年内进行勘探的工作，包括显示已进行工作和已取得结果的地图、海图和图表；

（b）进行勘探工作所使用的设备，包括对拟议采矿技术进行测试的结果，但不包括设备的设计数据；和

（c）训练方案的执行情况，包括对这类方案的任何拟议的修订或发展。

10.2 这种报告也应载列：

（a）环境监测方案的结果，包括对各项环境参数的观察、测量、评价和分析；

（b）一份列有作为样品或为测试目的回收的多金属结核数量的报表；

（c）一份符合国际公认会计原则和经具有适当资格的公共会计师事务所核证的报表，或在承包者为国家和国营企业时经担保国核证的报表，其中载列承包者在其会计年度内为执行活动方案而实际和直接支出的勘探费用。承包者可将这些费用列为承包者在开始商业生产前承担的部分发展费用；和

（d）任何拟对活动方案作出调整的细节和作出这种调整的理由。

10.3 承包者还应按照秘书长不时提出的合理要求，提供更多资料以补充本合同第 10.1 节和第 10.2 节所述的报告，以便管理局根据《公约》、《规章》和本合同履行其职能。

10.4 对于在勘探期间取得的多金属结核样品，承包者应妥

364

善保存一个具有代表性的部分，直至本合同期满为止。管理局可书面请求承包者将任何这种在勘探期间取得的样品的一部分送交管理局作分析之用。

第11节　合同期满时应提交的数据和资料

11.1 承包者应依照本节的规定，向管理局移交管理局对勘探区域有效行使权力和履行职能所必需和相关的一切数据和资料。

11.2 在本合同期满或终止时，尚未向秘书长提交下列数据和资料的承包者应向秘书长提交：

（a）承包者在执行活动方案期间获得的，并为管理局对勘探区域有效行使权力和履行职能所必需和相关的地质、环境、地球化学和地球物理数据的副本；

（b）确定可开采区域后对这些地区的估计，包括关于经证实的、概略的及可能的多金属结核储量的品位和数量以及预计开采条件的细节；

（c）承包者编写或为承包者编写，并为管理局对勘探区域有效行使权力和履行职能所必需和相关的地质、技术、财务和经济报告的副本；

（d）进行勘探工作所使用设备的充分详细资料，包括对拟议采矿技术进行测试的结果，但不包括设备的设计数据；

（e）一份列有作为样品或为测试目的回收的多金属结核数量的报表。

11.3 如果在本合同期满之前，承包者申请核准一项开发工作计划，则应向秘书长提交本合同第11.2节所述的数据和资料；或如果承包者放弃其在勘探区域内的权利，则本合同第11.2节所述的与被放弃区域有关的数据和资料也应提交秘书长。

第 12 节 机 密 性

依照本合同提交管理局的数据和资料应按照《规章》规定视为机密处理。

第 13 节 承 诺

13.1 承包者应依照本合同的条款和条件、《规章》、《公约》第十一部分、《协定》以及符合《公约》规定的其他国际法规则进行勘探。

13.2 承包者承诺：

（a）同意本合同的条款是可以执行的，并将予以遵行；

（b）遵守《公约》的规定，管理局的规则、规章和程序及管理局有关机关的决定所产生的适用义务；

（c）接受管理局根据《公约》授权对"区域"内活动进行控制；

（d）诚意履行本合同规定的义务；和

（e）在合理可行范围内遵从法律和技术委员会可随时公布的建议。

13.3 承包者应以下述方式积极执行活动方案：

（a）认真、高效和节省；

（b）适当顾及其活动对海洋环境的影响；和

（c）合理顾及海洋环境中的其他活动。

13.4 管理局承诺按照《公约》第一五七条诚意履行《公约》和《协定》规定的职权和职能。

第 14 节 检 查

14.1 承包者应准许管理局派其检查员登临承包者用以在勘

探区域内进行活动的船只和设施，以便：

（a）监测承包者对本合同的条款及《规章》的遵守情况；和

（b）监测这些活动对海洋环境的影响。

14.2 秘书长应合理通知承包者，告知检查的预定时间和检查的时间长度，检查员的姓名，以及检查员准备进行的活动，如果这些活动需要特别设备或者需要承包者的人员提供特别协助。

14.3 检查员应有权检查任何船只或设施，包括其航海日志、设备、记录、装备、所有其他已记录的数据以及为监测承包者的遵守情况而需要的任何有关文件。

14.4 承包者及其代理人和雇员应协助检查员履行其职务，并应：

（a）接受检查员并方便检查员迅速而安全地登临船只和设施；

（b）对按照这些程序检查任何船只或设施的活动给予合作和协助；

（c）在任何合理的时间为接触船只和设施上所有有关的设备、装备和人员提供便利；

（d）在检查员履行职务时不加阻挠、恫吓或干预；

（e）向检查员提供合理的便利，包括在适当情况下提供膳宿；和

（f）方便检查员安全离船。

14.5 检查员应避免干扰承包者用于在所检查区域进行活动的船只和设施上的安全和正常作业，并应依照《规章》和为保护数据和信息的机密性而采取的措施行事。

14.6 秘书长及经正式授权的秘书长代表为审计和检查目的，应可查阅承包者所有的任何必要和直接有关的帐薄、凭单、文件和记录，以核实第10.2（c）节所提及的费用。

14.7 需要采取行动时，秘书长应将检查员报告内的有关资料提供承包者及其担保国。

14.8 如承包者以任何原因不开展勘探，并且不要求颁发开发合同，则应在撤出勘探区域之前向秘书长提出书面通知，以期管理局如作出决定，可按照本节规定进行检查。

第 15 节　安全、劳动及健康标准

15.1 承包者应遵守主管国际组织或全体外交会议所制定，关于海上人命安全和防止碰撞的公认国际规则和标准以及管理局可能通过的关于海上安全的规则、规章和程序。用于在"区域"内进行活动的每一船只应持有按照这些国际规则和标准颁发的有效证件。

15.2 承包者在按照本合同进行勘探时，应奉行和遵守管理局可能通过的关于防止就业歧视、职业安全和健康、劳资关系、社会保障、就业保障和工作场所生活条件的规则、规章和程序。这些规则、规章和程序应考虑到国际劳工组织和其他主管国际组织的公约和建议。

第 16 节　责　　任

16.1 承包者应对其本身及其雇员、分包者、代理人及他们为根据本合同进行承包者的业务而雇用为他们工作或代他们行事的所有人员的不当行为或不作为所造成的任何损害，包括对海洋环境的损害的实际数额负赔偿责任，其中包括为防止或限制对海洋环境造成损害而采取的合理措施的费用，但应考虑到管理局的共同行为或不作为。

16.2 对于第三方因承包者及其雇员、代理人和分包者及他

们为根据本合同进行承包者的业务而雇用为他们工作或代他们行事的所有人员的任何不当行为或不作为而提出的一切主张和赔偿要求，承包者应使管理局，其雇员、分包者和代理人免受损失。

16.3 管理局应对在履行其职权和职能时的不当行为，包括违反《公约》第一六八条第 2 款的行为所造成的任何损害的实际数额向承包者负赔偿责任，但应考虑到承包者，其雇员、代理人和分包者及他们为根据本合同进行承包者的业务而雇用为他们工作或代他们行事的所有人员的共同行为或不作为。

16.4 对于第三方因管理局在履行本合同规定的职权和职能时的任何不当行为或不作为，包括违反《公约》第一六八条第 2 款的行为而提出的一切主张和赔偿要求，管理局应使承包者，其雇员、分包者、代理人及他们为根据本合同进行承包者的业务而雇用为他们工作或代他们行事的所有人员免受损失。

16.5 承包者应按公认的国际海事惯例向国际公认的保险商适当投保。

第 17 节 不 可 抗 力

17.1 承包者对因不可抗力而无法避免的延误或因而无法履行本合同所规定的任何义务不负赔偿责任。为本合同的目的，不可抗力指无法合理地要求承包者防止或控制的事件或情况；但这种事件或情况不应是疏忽或未遵守采矿业的良好做法所引起的。

17.2 本合同的履行如果因不可抗力受到延误，经承包者请求，承包者应获准展期，延展期间相当于履行被延误的时间，而本合同的期限也应相应延长。

17.3 发生不可抗力时，承包者应采取一切合理措施，克服无法履行的情况，尽少延误地遵守本合同的条款和条件；但不应责成承包者解决或终止任何劳工纠纷或任何其他涉及第三方的争议，除非承包者对条件感到满意或者有权解决纠纷的机构作出最终决定。

17.4 承包者应合理地尽快将发生的不可抗力事件通知管理局，并应同样地将情况恢复正常的消息通知管理局。

第18节　免责条款

承包者或任何有关联的公司或分包者不得以任何明示或暗示的方式声称或表示，管理局或其任何官员对勘探区域内多金属结核持有任何意见或已表示任何意见。承包者、任何有关联的公司或任何分包者印发的，直接或间接提及本合同的任何计划书、通知、通告、广告、新闻稿或类似文件均不应登载或认可此种内容的声明。为本节的目的，"有关联的公司"是指控制承包者，或由承包者控制，或与承包者共同控制的任何个人、商号或公司或国有实体。

第19节　放弃权利

承包者向管理局发出通知后，有权放弃其权利和终止本合同而不受罚，但承包者仍须对宣布放弃之日以前产生的所有义务和按照《规章》须在合同终止后履行的义务承担责任。

第20节　担保的终止

20.1 如果承包者国籍或控制权发生变化或《规章》所界定的承包者担保国终止其担保，承包者应从速通知管理局。

20.2 在上述两种情况下，如果承包者未能找到另一符合《规章》所定要求的担保国，在《规章》规定的时限内以规定的格式为承包者向管理局提交担保书，则本合同应即予终止。

第 21 节　合同的暂停和终止及罚则

21.1 如果发生以下情况之一，理事会可以暂停或终止合同，但不妨害管理局可能具有的任何其他权利：

（a）虽经管理局书面警告，承包者仍然进行活动，以致造成一再故意严重违反本合同基本条款、《公约》第十一部分、《协定》和管理局的规则、规章和程序的结果；或

（b）承包者不遵守对其适用的争端解决机构作出的有拘束力的终局裁决；或

（c）承包者失去偿付能力，或采取破产行动，或与债权人达成任何清偿协议，或进行清算或被接管，无论是强制性还是自愿的，或根据任何现行或此后生效的破产法、无力偿债法或债务调整法向任何法庭申请指派管理人或其自己的托管人或管理人或展开任何与自己有关的法律程序，但为了改组的除外。

21.2 任何暂停或终止应采用书面通知形式，通过秘书长发出，并应附上关于采取这一行动的理由的说明。暂停或终止应于通知的 60 天后生效，除非承包者在此段时间内按照《公约》第十一部分第五节对管理局暂停或终止本合同的权利提出异议。

21.3 如承包者采取上述行动，本合同只可根据按照《公约》第十一部分第五节作出的有拘束力的终局裁决予以暂停或终止。

21.4 如理事会暂停本合同，理事会可发出通知，要求承包者在通知的 60 天内恢复其作业并遵守本合同的条款和条件。

21.5 对于本合同第 21.1（a）节未予规定的任何违反本合同的行为，或作为本合同第 21.1 节所规定的暂停或终止的代替做法，理事会可对承包者课以与违约行为的严重性相称的罚款。

21.6 理事会不得执行涉及罚款的决定，除非承包者已有合理机会用尽根据《公约》第十一部分第五节可以使用的司法救济。

21.7 在本合同被终止或到期时，承包者应遵守《规章》，从勘探区域撤出所有设施、工厂、设备和材料，使该区成为安全区域，不会对人员、航运或对海洋环境构成危险。

第 22 节　权利和义务的转让

22.1 本合同规定的承包者权利和义务，须经管理局同意，并按照《规章》的规定，才可全部或部分转让。

22.2 如果拟议的受让者根据《规章》的规定是在所有方面都合格的申请者，并且承担承包者的一切义务，在转让没有向受让人转让一项《公约》附件三第六条第 3 款（c）项规定不得核准的工作计划的情况下，管理局不应不合理地拒绝同意转让。

22.3 本合同的条款、承诺和条件应对合同各方，及其各自的继承者和受让者生效，并对它们具有拘束力。

第 23 节　不放弃权利

任何一方放弃因他方在履行本合同条款方面的一项违约行为而产生的权利，不应推定为该一方放弃权利，不追究他方随后在履行同一条款或任何其他条款方面的违约行为。

第 24 节　修　　改

24.1 如果已经发生或可能发生的情况使管理局或承包者认为将使本合同有失公允，或使本合同或《公约》第十一部分和《协定》所订的目标无法或不可能实现，双方应进行谈判，对合同作出相应的修改。

24.2 承包者和管理局也可以协议修改本合同，以便利执行管理局在本合同生效以后通过的任何规则、规章和程序。

24.3 本合同的变更、修正或改动，须得到承包者和管理局的同意，以经由双方授权的代表签署的适当文书为之。

第 25 节　争　　端

25.1 双方关于本合同的解释或适用的争端应依照《公约》第十一部分第五节解决。

25.2 根据《公约》具有管辖权的法院或法庭就管理局和承包者的权利和义务作出的任何终局裁判，在《公约》每一缔约国境内均可执行。

第 26 节　通　　知

26.1 与本合同有关的任何申请书、请求、通知、报告、同意书、批准书、放弃权利声明、指令或指示应按情况由秘书长或由承包者指定的代表以书面作出。应以专人手递、用户电报、传真或挂号航空邮件送达管理局总部交秘书长或送达指定的代表。

26.2 任何一方都有权将任何地址更改为任何其他地址，但应向他方发出不短于十天的通知。

26.3 专人手递于送达时生效。以用户电报传送于发送者用户电报机显示"回答"之日的下一个办公日视为生效。以传真传送于传真机收到"发送证实报告"证实已向收件者的公开传真号码发送传真时生效。以挂号航空信件发出的于寄出 21 天之后视为生效。

26.4 就本合同的所有目的而言，向承包者指定的代表发出的通知，构成为给承包者的有效通知，而且在任何具有管辖权的法院或法庭的任何程序中，被指定的代表为接受送达的令状或通知的承包者代理人。

26.5 就本合同的所有目的而言，发给秘书长的通知构成给管理局的有效通知，而且在任何具有管辖权的法院和法庭的诉讼程序中，秘书长为接受送达的令状或通知的管理局代理人。

第 27 节　适用的法律

27.1 本合同应按照本合同的条款、管理局的规则、规章和程序、《公约》第十一部分、《协定》以及与《公约》不相抵触的其他国际法规则确定。

27.2 承包者，其雇员、分包者、代理人及他们为根据本合同进行承包者的业务而雇用为他们工作或代他们行事的所有人员，应遵守本合同第 27.1 节所提到的适用的法律，并且不应直接或间接地从事适用的法律禁止的任何交易。

27.3 不得视本合同任何条款为免除责任，不必为按照本合同进行的任何活动申请和取得可能需要的任何执照或授权。

第 28 节　解　　释

本合同分成若干节和分节，另加上标题，以便于参考，绝不应影响对合同的解释。

第 29 节　其 他 文 件

为实施本合同的规定，本合同每一当事方同意签署和递送所有必要的进一步文书，并采取或履行所有必要或恰当的进一步行动和事务。

国际海洋法法庭第十七号案件的
咨询意见（摘要）

关于担保个人和实体从事"区域"内活动的国家的责任和义务

1. 请求国际海洋法法庭海底争端分庭（以下简称"分庭"）提供咨询意见的问题，是由国际海底管理局理事会（以下简称"理事会"）在 2010 年 5 月 6 日其第十六届会议上通过的第 IS-BA/16/C/13 号决定中提出的。理事会的决定内容如下：

国际海底管理局理事会决定依据《公约》第 191 条，请求国际海洋法法庭海底争端分庭，依据《法庭规则》第 131 条，就以下问题发表咨询意见：

（1）《公约》缔约国在依照《公约》特别是依照第十一部分以及 1994 年《关于执行 1982 年 12 月 10 日〈联合国海洋法公约〉第十一部分的协定》担保"区域"内的活动方面有哪些法律责任和义务？

（2）如果某个缔约国依照《公约》第 153 条第 2（b）款担保的实体没有遵守《公约》特别是第十一部分以及 1994 年《协定》的规定，该缔约国应担负何种程度的赔偿责任？

（3）担保国必须采取何种适当措施来履行《公约》特别是第 139 条和附件三以及 1994 年《协定》为其规定的义务？

2. 该请求位列案件第 17 号，名为"担保个人和实体从事'区域'内活动的国家的责任和义务"。

……

242. 鉴此，

分庭，

（1）全体一致地，

裁定本庭对发表咨询意见的请求有管辖权；

（2）全体一致地，

裁定就该请求发表咨询意见；

（3）全体一致地，

就理事会提交的问题1答复如下：

依《公约》和相关法律文书规定，担保国负有两项义务：

A. 确保被担保的承包者履行合同条款和《公约》及相关法律文书所述义务的义务。

这是一项"尽职"的义务。担保国必须尽最大努力确保被担保的承包者履行义务。"尽职"的标准可随时间发生变化并取决于风险的水平和具体的活动。

这项"尽职"的义务要求担保国在本国法律制度范围内采取措施。这些措施必须由法律、规章和行政措施构成。适用的标准是这些措施必须"合理适当"。

B. 担保国必须遵守的直接义务，这些义务独立于其确保被担保的承包者遵守特定行为的义务之外。

担保国对于这些义务的履行同样可被视为满足"尽职"义务的一个相关要素。

担保国最重要的直接义务是：

（a）根据《公约》第153条第4款的规定协助管理局的义务；

（b）适用《里约宣言》第15项原则中所体现的，以及《结核规章》、《硫化物规章》所阐述的预防性措施的义务；这项义务也被认为是担保国"尽职"义务的不可或缺的一部分，并适用于两规章之外的范围；

（c）《硫化物规章》中适用的"最佳环境做法"义务同样适用于《结核规章》；

（d）在管理局为保护海洋环境发布紧急命令的情形下，有采取措施确保担保条款履行的义务；

（e）提供追索赔偿的义务；

担保国承担"尽职"义务以确保被担保的承包者遵守《1994年协定》附件第1节第7条中规定的进行环境影响评估的义务。进行环境影响评估的义务同时也是习惯法中的一般义务，《公约》第206条将其规定为对各国的直接义务，《公约》第153条第4款将其规定为担保国协助管理局义务的一个方面。

两项义务同等适用于发达国家和发展中国家。除非在适用条款中另有规定，如在《结核规章》和《硫化物规章》中提及的《里约宣言》第15项原则，各国应按照这些规定"根据自身的能力"适用预防性措施。

为使发展中国家能够在深海海底采矿中处于与发达国家同等的地位，《公约》中考虑发展中国家特殊利益和需求的条款应得到有效执行。

（4）全体一致地，

就理事会提交的问题2答复如下：

担保国的赔偿责任源于担保国未履行《公约》及相关法律文书中的义务。被担保的承包者未能履行其义务本身不能造成担保国的赔偿责任。

担保国赔偿责任的产生条件是：

（a）没有履行《公约》规定的义务；和

（b）发生了损害

担保国因未能履行"尽职"义务而承担赔偿责任的要求是：

未履行与损害之间存在因果关系。被担保的承包方未能履行义务导致损害引发此责任。

担保国的未能履行义务和损害之间的因果联系属实际存在，而不能基于推定。

如果担保国已采取"一切必要和适当的措施"以确保被担保的承包者有效遵守其义务，则免除担保国的赔偿责任。此种责任的免除不适用于担保国未履行其直接义务的情形。

担保国和被担保的承包者分别并行地承担赔偿责任而非连带责任。担保国不承担剩余赔偿责任。

多方担保者间产生连带责任，除非管理局的规章中另有规定。

担保国的赔偿责任要和实际损害数额相当。

根据《结核规章》和《硫化物规章》，即使在勘探阶段完成之后承包者依然要对损害负有赔偿责任，这一条同样适用于担保国的赔偿责任。

《公约》和相关法律文书中有关赔偿责任的规则不妨碍国际法规则的适用。如果担保国履行了义务，被担保的承包者造成的损害不会引起担保国的赔偿责任。如果担保国未能履行义务但是没有损害产生，此种不法行为的后果由习惯国际法确定。

可考虑建立一个信托基金用于《公约》下未赔偿的那部分损害。

（5）全体一致地，

就理事会提交的问题 3 答复如下：

《公约》要求担保国在本国法律制度内，采取法律、规章和行政措施，这有两个不同的作用，即确保承包者遵守其义务和免除担保国的责任。

法律、规章和行政措施的范围和程度取决于担保国的法律制度。

法律、规章和行政措施可包括为有效监管被担保的承包者的活动和为协调担保国与管理局的活动而构建的执行机制。

法律、规章和行政措施应在与管理局的合同有效期间一直有效。虽然这种法律、规章和行政措施的存在不是与管理局签订合同的条件，但是这种存在是担保国履行应有的"尽职"义务和在寻求免责时的必要条件。

如《结核规章》第 30 条和《硫化物规章》第 32 条所规定，这些国内措施应当同样涵盖承包者在完成勘探阶段以后承担的义务。

按照要求，担保国采取的措施应包括法律、规章和行政措施，仅与承包者签订合同安排不能被认为是履行了义务。

担保国在制定法律、规章以及采取行政措施方面没有绝对的自由裁量权。担保国必须善意履行并且以合理、相关和有益于全人类利益的方式考虑不同选择。

在海洋环境保护方面，担保国的法律、规章和行政措施不得比管理局所采取的宽松，或比国际规则、规章和程序低效。

担保国可能认为有必要在国内法中规定的条款涉及被担保的承包者的财务和技术能力，颁发担保证书的条件和对承包者不遵守义务的惩罚。

担保国的"尽职"义务包括确保被担保的承包者的义务可以得以履行。

担保国采取的国内措施的内容在《公约》及相关法律文书的各项规定中有具体说明。特别是《规约》第 39 条规定，分庭的裁判应以需要在其境内执行的缔约国最高法院的判决或命令的同样执行方式，在该缔约国领土内执行。

本咨询意见于 2011 年 2 月 1 日在汉堡自由汉萨城用英语和

法语写成，两种文本均为作准文本，一式三份，其中一份由海洋法法庭存档，另外两份送交国际海底管理局秘书长和联合国秘书长。

图书在版编目（CIP）数据

中华人民共和国深海海底区域资源勘探开发法解读 /
陆浩主编 . —北京：中国法制出版社，2017. 10
ISBN 978 – 7 – 5093 – 8494 – 7

Ⅰ. ①中… Ⅱ. ①陆… Ⅲ. ①深海 – 海底矿物资源 –
资源开发 – 法规 – 法律解释 – 中国 Ⅳ. ①D922. 675

中国版本图书馆 CIP 数据核字（2017）第 082114 号

策划编辑：谢 雯　　　责任编辑：谢 雯　　　封面设计：李 宁

中华人民共和国深海海底区域资源勘探开发法解读
ZHONGHUARENMINGONGHEGUO SHENHAI HAIDI QUYU ZIYUAN KANTAN KAIFAFA JIEDU

主编/陆浩
经销/新华书店
印刷/海纳百川印刷有限公司
开本/880 毫米 × 1230 毫米　32 开　　　　印张 / 12. 25　字数 / 213 千
版次/2017 年 10 月第 1 版　　　　　　　　2017 年 10 月第 1 次印刷

中国法制出版社出版
书号 ISBN 978 – 7 – 5093 – 8494 –7　　　　　　定价：56. 00 元

北京西单横二条 2 号　　　　　　　　　　值班电话：66026508
邮政编码 100031　　　　　　　　　　　　　传真：66031119
网址：http：//www. zgfzs. com　　　　　编辑部电话：66010493
市场营销部电话：66033393　　　　　　　邮购部电话：66033288

（如有印装质量问题，请与本社编务印务管理部联系调换。电话：010 – 66032926）